가장 야멸친 존재들은 침입자

1992년 유가협 회원들과 나들이.
강원도 양양의 낙산사에서 박래군과 이소선 어머니.
사진 저자 제공.

안아주고, 손잡아 끌고 밥 먹고 가라고 했다. 나이가 적다고, 여자라고, 장애인이라고 무시하지 않았다. 속바지 주머니에 꼬깃꼬깃 모아둔 돈을 손에 꼭 쥐여 주면서 힘내라고 등을 두들겨주고는 했다.

그런 그는 무한 낙천주의자였다.

"박정희 때 이런 민주의 날이 올 거라고 생각이나 했냐."

그게 이소선이었다. 그는 유난히 단결을 강조했다. 한 명씩 잡혀가지 말고 모두 잡혀가자고, 그러면 권력도 굴복시킬 수 있다고, 민주노총과 한국노총이 단결해야 한다고, 정규직과 비정규직이 단결해야 한다고 말하고는 했다.

그 어머니가 마지막으로 이루고 싶었던 일은 '민주유공자법 제정'이었다. 투쟁 중에 자결하거나 국가 폭력으로 사람들이 세상을 떠날 때면 "목숨마저 버리고 민주화하려고 했던 사람을 나라가 기억해 줘야 하지 않냐"는 이소선의 바람은 아직 미완이다. 하지만 나는 실망하지 않는다.

"될 일은 언제건 되더라고."

이소선 어머니의 이 말을 낙담하고 있는 사람들에게 들려주고 싶다. 평등주의자, 이소선은 나의 영원한 스승이다.

렇게 말했다.

"노동자 속에서 노동조합이 있어야지, 몇몇 운동가끼리 모여 어떻게 노동운동을 하냐. (중략) 노동자 속에 들어가 노동조합을 튼튼히 꾸려, 그 힘으로 노동운동도 하고 정치운동도 해야 옳지 않냐."

대중과 함께해야 한다는 생각은 죽을 때까지 변하지 않았다. 운동 경력을 발판 삼아서 출세의 길로 간 사람들과는 확연히 달랐다. 마지막 거처도 창신동 월세방이었다.

"인간 차별이라고 하는 건 대가리 터지도록 싸워. 왜냐면 인간은 날 때부터 인권은 똑같이 갖고 타고났어. 배우고 돈 있다고 인권을 제 맘대로 휘두르고 그러면 돈 없고 권력 없는 사람들은 사람 아닌가. 타고날 때 똑같이 타고났어. 얻다 대고 무시하고 그러냐고."

"될 일은 언제건 되더라고"

그는 어디에서건 싸울 때면 가장 높은 사람들을 찾아서 상대했다. 장관이고, 국회의원이고, 장군이라고 해서 주눅 들지 않았다. 자식 잃은 어미가 겁날 게 뭐냐는 그런 당당한 태도, 그러면서도 노동자나 힘든 사람들에게는 한없이 약한, 눈물 많은 사람이었다. 그런 이유로 한울삶에는 이소선을 만나러 참으로 많은 사람이 찾아왔다. 당시만 해도 운동권 사람들도 꺼렸던 비전향 장기수들, 조작 간첩의 가족들도 만나서 덥석 손을 잡고 "고생했다"며

끝까지 사람 안에, 사람 곁에 서서

이소선은 타고난 이야기꾼이었다. 나와 유가협 회원들은 어머니의 1970년대의 투쟁 이야기를 시간 가는 줄 모르고 들었다. 자연스럽게 어머니를 중심으로 빙 둘러앉아서 어머니의 얘기에 귀를 기울였다.

"어머니 얘기를 들으면서 배웠어야. 이소선 어머니가 우리 스승이지."

배은심 어머니가 했던 말이 정말이었다. 말은 어렵지 않았고, 구수했다. 울고 웃으면서 얘기를 듣다 보면 자신도 모르게 상황을 이해하고, 어떻게 행동해야 하는지를 알게 된다.

2009년 용산 참사로 수배 중일 때 나를 찾아와서는 이렇게 말했다.

"내가 유가협 회장 할 때 뭐 아는 게 있어야지. 만날 래군이한테 물어보며 했지."

그런데 이 말은 어폐가 있었다. 이소선은 머리 회전이 무척 빨랐다. 상황을 죽 꿰고 있었다. 다 알고 있으면서도 사람들에게 의견을 물어본다. 그리고 마지막에 여러 사람의 의견을 종합해서 결론을 짓고는 했다. 이소선은 공을 다른 이에게 돌릴 줄 아는 사람이었다.

1985년 김문수(전 고용노동부 장관) 등의 주도로 창립된 '서노련(서울노동연합)'은 경제주의적인 노동조합운동을 부정하고 노동자들의 직접적인 정치투쟁을 주창하고 나섰다. 그때 이소선은 이 중앙정보부에서도 "북에서는 김일성 아버지라고 하고, 남에서는 이소선 어머니라고 하는데, 당신이 빨갱이 원조"라면서 다그쳤다고 하지 않는가. 1970년대에서 1980년대까지는 이소선의 집 앞에 경찰 초소를 세워 어머니를 감시했다. 전담 형사가 있었고, 안기부 담당이 있었다. 이소선은 청계피복노동조합을 넘어서 투쟁이 있는 노동 현장은 자기 일인 양 찾아다녔다. 그러다가 민주화운동으로 활동이 넓어졌는데, 그 과정이 너무도 자연스러웠다.

이소선의 전설 같은 이야기는 지금 들어도 경이롭다. 전태일 열사 사망 뒤에 중앙정보부와 노동부 등 관계자들이 돈을 한 보따리 쌓아 놓고 어머니를 회유하더란다. 그때 이소선은 그 돈을 흩뿌리며 회유를 뿌리쳤고, 그 결과 청계피복노동조합은 전태일 분신 2주 만인 1970년 11월 27일에 결성될 수 있었다. 노동조합을 지키기 위해서 뭐든 했다. 헌 옷가지를 수거해다가 수선해 팔아서 생긴 돈으로 노동조합 간부들 국수를 해 먹였다고 했다. 하지만 결국 노동조합 사무실을 빼앗겼고, 노동 교실도 여러 번 폐쇄되었다.

1975년 12월 16일 저녁 8시, 평화시장에 불이 꺼졌다. 야근에 특근을 밥 먹듯이 해야 했던 노동자들에게 경비들이 퇴근하라고 독촉을 했다. 이런 일이 있을 수 있구나, 노동자들은 그날을 벅차게 기억한다. 그 모든 일을 노동자들과 함께했다. 그러다가 연행되고, 구류 살고, 수배도 당하고, 감옥에도 갔다. 감옥에 갔을 때 평화시장 노동자들이 야근을 마치고 구치소로 달려와 어머니를 부르면서 매일 집회를 했다.

2000년 6월 10일 제11회 민족민주열사·희생자 범국민추모제에서.
맨 오른쪽에서 둘째 인물이 이소선 어머니다. 사진 저자 제공.

어머니는 모두의 어머니십니다

"여러분이 없다면 어떻게 전태일이 있겠습니까? 여러분이 전태일입니다. 자신의 권리를 찾고 모든 노동자가 인간답게 살아갈 수 있도록 외치는 사람 모두가 전태일입니다!"

이게 이소선의 진심이었다. 그는 전태일의 어머니를 넘어서 모두의 어머니로 추앙받았다. 유가협 시절에 이소선 어머니를 모시고 김대중 당시 평화민주당 총재를 만나러 동교동 자택으로 간 적이 있었다. 김대중 총재가 이소선 어머니에게 말했다.

"어머니는 모두의 어머니십니다. 나도 어머니라고 말하잖아요."

그의 말처럼 이소선은 모두의 어머니였다. 오죽하면 경찰이나 계셨고 나는 늦은 밤 사무실로 쓰던 문간방에서 일하고 있었다.

"래군아! 래군아!"

어머니가 고함을 치듯이 나를 불러서 다급하게 방으로 뛰어 들어갔다.

"어머니, 왜 그러세요?"

어머니가 진땀을 흘리면서 앉아계셨다. 물을 한 잔 떠다 드리니 가슴을 진정한 뒤에 말씀하셨는데, 벽에 걸린 영정 사진 주인공들이 꿈속에서 어머니에게 말하더란 거다. 깨진 얼굴, 불탄 얼굴, 퉁퉁 부어오른 얼굴, 눈도 없는 얼굴, 그 얼굴들이 어머니에게 얼굴을 디밀면서 말하더란다.

"어머니, 우리를 지켜 주세요."

그래서 답을 했다고 하셨다.

"내가 너희 한을 풀어줄게, 이 엄마가 싸워서 너희가 원하는 세상을 만들어줄게."

1970년 큰아들 전태일이 분신으로 죽어 갈 때 전태일은 이소선에게 약속하라고 다그쳤다. 죽어 가는 아들과 약속을 했다. 태일이가 이루려던 세상이 자신의 목표가 되었다. 약속대로 몸이 부서져라 싸웠다. 그때의 약속을 지키며 살았던 41년이었다. 그가 큰아들 전태일을 잃은 건 그의 나이 만 41세였다. 이소선은 전태일의 어머니로 41년을 살았고, 나머지 41년은 전태일을 넘어 모든 노동자의 어머니, 더 나아가 모든 이의 어머니로 살았다. 나는 감히 말한다. 이소선의 분투가 없었다면, 오늘 우리가 아는 전태일도 없었을 거라고.

스승

모든 이의 어머니, 나의 스승 이소선

2011년 9월 3일, 제주도 강정마을에 행사가 있어서 김포공항으로 가는 택시를 탔다. 공항에 도착하기 전에 전화가 왔다.

"어머님이 돌아가셨어."

내 인생의 스승은 이소선이다. 이소선을 보면서 운동을 배웠다.

이소선 어머니는 나를 소개할 때 '동거인'이라고 말하고는 했다. 내가 유가협에 발을 들이고, 사무국장을 한 5년 동안 이소선과 거의 붙어살다시피 했다. 1989년 하반기에서 약 1년 동안 한울삶을 거처로 삼아서 살았다. 어머니도 쌍문동에 집이 있었지만 한울삶을 지켰다. 오래도록 집에 가시지 않을 때면 식구들이 집에서 옷가지들을 챙겨 한울삶으로 왔다.

1989년 12월 어느 날, 그날 어머니는 방에서 혼자 주무시고 분노를 잠재울 수 없었던 나는 유가협을 떠나야겠다고 생각했다. 장문의 편지를 썼다. '어머님 아버님들을 믿고 뼈를 갈아 넣으면서 일을 해왔지만 제가 부족했습니다. 제가 할 수 있는 건 여기까지인 것 같습니다' 같은 내용이었다. 유가족들과 울고 웃던 수많은 일이 주마등처럼 스쳤다. 동생을 떠나보낸 1988년 이후 5년 넘게 정들었던 유가협과, 열사와 의문사 사건 자료를 정리하고 사건들을 해결하려고 부심했던 나날들, 그 모든 것이 부질없는 일이었다. 유가족들을 믿었는데, 그 믿음 하나로 버텼는데, 모든 게 허사가 되었다. 믿음이 무너진 그 자리에 더는 있을 수 없었다. 나는 유가협을 떠날 생각이 없었지만, 더는 이곳에서 일할 수 없다고 생각하니 피눈물이 났다. 그 편지를 복사해서 전국의 유가족들에게 보내고, 짐을 꾸려서 한울삶을 나왔다.

유가족들과 후원회분들, 함께 일했던 사무국 간사들이 눈에 밟혔지만, 이제 다른 길을 찾아야 했다. 정든 그 사람들은 그 뒤에 한울삶이 아닌 다른 곳에서 만나야 했다.

관대에서 열렸다. 총회 전날, 전국에서 유가족들이 올라오셨다. 오랜만에 만난 유가족들은 서로를 반갑게 맞이했고 밤 늦게까지 얘기를 나누었다. 나도 늦은 밤까지 총회 준비에 여념이 없었다.

그런데 막상 총회 현장에서는 분위기가 확 달랐다. 일부 유가족들이 집행부를 성토하는 발언을 쏟아냈다. 당시 회장은 박종철 열사의 부친인 박정기 아버님이었는데, 회장단이 정치권으로부터 돈을 받았다는 얘기를 비롯해 말도 안 되는 소문을 그대로 옮겼다. 나는 무척 당황했다. 어젯밤만 해도 오순도순 화기애애했던 분위기의 유가족들이 낯빛을 바꿔서 주로 '유가협 3인방(이소선, 박정기, 배은심)'을 집중 성토했다. '이게 뭐지? 뭐가 잘못된 거지?' 하는 생각에 무척 혼란스러웠다. 말도 안 되는 소문들에 대해서 해명해도 듣지를 않았다. 평소와 다른 분위기에서 박정기 회장은 연임할 수 없었고, 다른 분이 회장이 되었다. 박정기 회장에 대한 불신임은 사무국장이었던 나에 대한 불신임이기도 했다. 그때의 상황에 대해 할 말은 참 많지만, 더 말하고 싶지 않다.

피눈물을 쏟는 심정으로

총회가 끝나고 난 후 화가 나서 견딜 수가 없었다. 어떻게 그럴 수 있는가 말이다. 근거 없는 소문만 듣고 회장을 바꾸기로 미리 말을 맞추고 총회에 온 것이었다. 총회에서 투표로 회장을 바꿀 수 있고, 유가협 회원이니 누구라도 회장이 될 수 있는 것이 맞지만, 터무니없는 이유를 들어서 회장을 경질한 행위는 용납되지 않았다.

모든 눈물에는 온기가 있다

세계인권대회에 참가한 한국 민간 단체들이 주최한 행사에서, 전 세계에서 온 활동가들이 연대의 의미로 서로의 손을 잡고 있는 모습. 사진 저자 제공.

빈에서 돌아오니 최봉규(최우혁 열사의 부친) 총무님이 나를 불러, "문화제 재정 펑크 난 거, 잘 정리되었으니 걱정 마라"고 하셨다. 빈에 나가 있으면서도 1000만 원 이상 적자 난 게 고민이었는데, 총무님이 해결해주셨다. 총무님이 문화제를 기획하고 준비했던 '문화 일꾼'들에게 전화로 미안하다는 말을 전했고, 사정을 안 그들은 최소한의 경비만 받고 정리하기로 했던 것이다. 판을 벌여놓고 책임지지 못해서 참 많이 미안했다.

귀국한 후에도 빈에서 가지고 온 자료를 정리할 새도 없이 다시 바쁜 나날을 보냈다. 1993년 9월 18일 유가협 제8차 총회가 성균

인권운동가의 꿈을 안고

세계인권대회 기간 열흘 중 이틀은 빈 시내에 나가게 되었다. 세상 물정 모르는 내게 그런 기회를 만들어준 사람은 당시 '간첩 조작 사건'을 알리는 일에 집중하고 있던 서준식 선배였다. 서준식 선배는 비전향 장기수로는 최초로 석방된 사람이었다. 선배가 한울삶에 자주 들러서 알고 있었다. 선배를 따라서 나간 빈 시내에는 고색창연한 중세의 건물들이 곳곳에 자리하고 있었다. 그 유명한 슈테판 대성당도 보았다.

회의장은 빈 국제 센터, 숙소는 인근 공원의 캠핑장이었다. 회의장과 숙소까지는 재독 동포가 승합차로 데려다주고는 했다. 일주일 정도 지나니 슈퍼마켓에서 손짓 발짓으로 물건을 구매할 정도가 되었다.

세계인권대회 이후 한국의 인권운동은 국제적인 시야를 얻게 되었다. 이 대회에서 국가보안법을 주제로 심포지엄을 연 경험은 2년 뒤에 국내에서 '국가보안법 국제 심포지엄'으로 이어지게 된다. UN을 비롯한 인권 관련 국제기구와 앰네스티(국제사면위원회) 같은 국제적인 인권 단체들도 알게 되었다. UN 회의장에 모인 정부 대표단을 압박하는 비정부기구NGO들, 남녀 동수로 발언자를 정하던 회의 규칙, 젊은 청년들이 거침없이 발언하는 모습, 인종과 피부색, 문화와 상관없이 동등하게 연대하는 활동가들의 모습을 인상 깊게 간직하고 귀국했다. 세계인권대회를 계기로 나는 '인권운동은 해볼 만한 매력적인 운동'이라는 생각을 갖게 되었다.

부를 둔 국제고문피해자재활협회IRCT 관계자를 만난 기억이 특별하다.

"3일 동안 잠을 안 재우면서 고문을 가하면 70퍼센트 정도는 정신병을 얻는다."

이름도 얼굴도 기억나지 않는 그 단체 관계자가 자료를 설명하면서 했던 말이 인상적이었다. 한국에서는 수사기관에 끌려가 3일 동안 잠 안 재우기 고문을 당하는 것 정도는 비일비재했기 때문에 이해가 가지 않았다. 유럽에서는 경찰이 교통법규를 위반한 시민을 둥그런 금을 그어놓고 그 안에서 몇 시간 서 있게 하는 일도 모욕을 준 것이므로 고문에 해당한다는 설명도 들었다. 그런 식이면 한국의 수사기관은 일상적으로 고문을 행하고 있는 것이지 않은가. 한국의 인권 상황은 국제 인권 기준과는 너무도 동떨어졌음을 알 수 있었다.

그 단체는 제3세계 고문 생존자들의 재활을 위해서 전문적인 시설과 프로그램을 운영한다고 했다. 외상후스트레스장애란 용어도, 고문과 같은 반인도적 범죄는 공소시효를 적용하지 않는다는 것도 알게 됐다. 남미 단체들로부터는 '불처벌Impunity(책임자를 처벌하지 않는 문제)'이 민주화로 이행하는 과정에서 특별히 중요하다는 얘기도 들었다. 통역이 전해주는 단편적인 얘기들이었지만, 내게는 너무도 중요한 정보였다. 우리 대표단은 그곳에서 UN이 회원국들에 국가 인권 기구를 권고하고 있음도 알게 되었다. 이 권고를 기억한 대표단은 훗날 국가인권위원회 설립 싸움을 벌이게 된다.

대회에 참가했지만 이런 중요한 의미에 대해서 사실 그 당시에는 잘 몰랐다. 나는 실종이나 고문에 꽂혀 있었다. 박종철 고문치사 사건, 최동 고문 사건 등 고문과 관련한 죽음을 유가협에서 풀어야 한다는 생각이 있었기 때문에 세계인권대회에 나가기 전부터 고문 문제에 특별히 관심을 가졌다.

최동은 '인노회(인천부천지역노동자회) 사건'으로 구속되어 고문을 당했고, 석방된 다음에는 고문 후유증을 앓았다. 그는 1990년 8월, 고통 속에서 분신으로 생을 마감했다. 아들이 자살로 세상을 떠나자 낙담한 최동의 아버지마저 아들의 49재 뒤에 생을 마치는 비극적인 일도 있었다. 최동 사건 관련해서 경찰에 밀고한 사람으로 의심받는 자가 같은 인노회에 있었던 김순호였다(그는 경찰에 특채되었고, 윤석열 정권에 들어와 경찰국장이 되었다). 이런 사건들로 유가협에서는 고문 관련 사업을 고민하고 있었다.

몇 시간 서 있게 하는 것도 고문이라니

1993년 5월 말에 연세대 선배 문국진의 고문 사건을 알게 되었다. 문 선배 부인 윤연옥 씨가 진영종 선배의 소개로 나를 찾아왔다. 문 선배는 1986년 수배 중에 경찰에 자수하였는데 그때부터 정신 분열 증세를 보였다. 매년 10월이면 어김없이 증세가 반복되었고, 고인이 된 이을호 선배도 그런 증세를 보였다. 고문 후유증이 심각했던 것이다.

세계인권대회에서 알게 된 고문 전문 단체였던, 네덜란드에 본

> 만남과 이별

희망을 만난 자리, 믿음을 잃은 자리

1993년 오스트리아 빈에서 열린 세계인권대회는 '비엔나 선언 및 행동계획'을 채택했다. 이에 대해 조효제 교수가 《한겨레》에 쓴 칼럼에서 다음과 같이 정리한 적이 있다.

"비엔나 선언은 사회권이든 자유권이든 모든 인권은 서로 나눌 수 없는 한 덩어리이고(불가분), 모든 권리들이 서로 기대어 있으며(상호의존), 모든 권리들이 서로 연결된다(상호연관)는 원칙을 재확인했다. 또한 민주주의, 발전, 인권을 함께 추구해야 한다는 '자유로서의 발전' 원칙도 이때 나왔다." 그렇지만, 이 선언에서 "인류에 심각한 영향을 끼친 거시적 요인들을 다루지 않은 건 결정적인 오류"라고 지적했다. 생태, 세계화, 신자유주의, 불평등과 같은 문제는 다루지 않았다는 것이다.

그렇게 묻는 그들에게 여기서 신념을 굽히지 않는다는 이유로 30~40년 넘게 사는 사람들이 있다고 하면 너무 놀라워했다.

모형은 뉴욕의 재미한국청년연합 사람들이 목재로 만들어서 공수해왔다. 참으로 놀라운 일이 아닐 수 없었다. 재미한국청년연합은 5·18 때 미국으로 밀항한 윤한봉[2] 선배가 미국 현지에서 조직한 단체였다. 그들은 풍물도 잘 쳤다. 한국 대표단이 퍼포먼스를 할 때는 이들이 앞장서서 풍물을 쳤는데, 풍물은 사람들을 모으는 데 효과가 좋았다.

나는 'missing' 'torture(고문)'란 키워드가 들어있는 자료들을 열심히 모았다. 우리나라 의문사에 해당하는 영어는 따로 없었다. 비슷한 개념의 자료들을 열심히 모았다. 그때 마구잡이로 모았던 자료들이 나중에 한국에서 유용하게 쓰일 줄은 그때는 정말 몰랐다.

---

[2] 1948년 2월 1일~2007년 6월 27일. 전남 강진에서 태어난 그는 70~80년대 광주를 중심으로 펼쳐진 민주화운동의 핵심 주역이었다. 민청학련 사건과 긴급조치 위반 혐의로 세 차례나 투옥된 데 이어, 5·18 민주화운동 당시 수배자가 되어 미국으로 망명을 떠났다. 망명 중에는 민족학교와 재미한국청년연합을 설립해 해외에서 한국 민주화운동을 조직적으로 지원하며 영향력을 넓혀 갔다. 이후 귀국한 뒤에는 5·18기념재단과 들불열사기념사업회 창립을 주도해 민주화운동의 역사적 기억을 보존하고 계승하는 데 크게 기여했다.

인상을 받았다. 1970년대부터 1980년대 중반까지 남미에는 친미 군부독재 정권들이 들어섰고, 미 중앙정보국CIA의 배후 조종을 받으며 '더러운 전쟁Dirty War' 시기를 거쳤다. 이 시기 각국에서는 수천에서 수만 명이 납치되어 고문당하고, 실종되었다. 오월광장 어머니회는 군부독재하에서 돌아오지 않는 자식들을 돌려 달라며 대통령궁 앞에서 시위를 벌였다. 흰 스카프를 두른 백발의 어머니들은 단단했다. 그들은 세계에서 벌어지는 국가 폭력에 항의하고, 피해자들과 연대하고 있었다.

대회 기간에 행진이 있었다. 도나우강 가를 따라서 행진을 벌였고, 우리도 참가했다. 그때의 주제는 '사람들의 증발을 멈춰라 Stop Disappearances'였다. 영어 'disappearance'는 'missing(실종)' 보다 더 넓은 의미다. 세계에서 사라져 버린 사람들을 기억하고, 국가에 의해서 이런저런 이유로 살해되는 일을 중단하라는 호소였다. 사라진 사람들을 의미하는 사람 모양의 검은색 피켓을 들고 행진했다. 나는 아프리카 수단에서 사라진 사람을 의미하는 피켓을 들고 행진에 참여했다.

0.75평 감옥에 놀라는 사람들

한국의 민간 단체 활동은 다른 나라 활동가들의 주목을 받았다. 특히 0.75평의 감옥 모형이 사람들의 눈길을 사로잡았다. 그 감옥 모형 안에 들어가 보는 사람들도 있었다. 사람들은 물었다.

"이렇게 좁아요? 여기서 어떻게 살아요?"

핏빛과 핑크빛의 세계인권대회

그다음의 빛깔은 핑크빛이었다. '동방예의지국'인 대한민국에서만 살아온 나는 문화적인 충격을 받았다. 그곳에서 처음 동성애자들을 만났다. 복장부터 충격적이었다. 어떤 사람들은 엉덩이가 나오는 옷을 입고 춤을 추기도 했고 남남, 여여 붙어 다니면서 키스를 했다. 그들이 나눠주는 모든 유인물은 핑크빛이었다. 그 외에도 여성, 장애인, 선주민(원주민), 이주민 등 소수자들의 이슈도 많이 접할 수 있었다. 인권 범위의 광대함에 놀랐다.

그 앞에서 나는 우물 안 개구리였음을 솔직히 고백했다.

"우리가 알던 인권과는 너무 달라. 이 모든 문제가 다 인권 문제라니."

그곳에서 이철규[1] 추모사업회 황차은 국장과 나는 세계 각지에서 온 사람들을 상대로 의문사 진상 규명 서명을 받았다. 서명지는 연세대학교에서 영어 강사로 있던 진영종 선배(현재 참여연대 공동대표)가 만들어주었던 것을 사용했다. 독일에서 온 양영미 씨(그는 나중에 참여연대에서 국제 연대 담당자가 된다)가 영어가 안되는 우리를 많이 도와주었다.

아르헨티나에서 오신 '오월광장 어머니회' 분들에게도 강렬한

---

[1] 1964년 5월 6일 전남 장성 출생. 조선대학교 전자공학과 재학 중 학생운동과 학원민주화 운동에 적극 참여하였다. 1989년 4월 국가보안법 위반 혐의로 수배를 받은 그는 1989년 5월 3일 경찰 검문 후 행방불명, 5월 10일 광주 제4수원지에서 의문사체로 발견되었다. 그의 죽음은 '이철규 의문사 사건'으로 불리며, 노태우 정권 시기에 일어난 1980년대 학생운동 시기의 대표적인 의문사 사건이다.

있었다. 대회의 규모가 어마어마했다. 정부 대표들, UN과 국제 인권 기구 대표들, 세계에서 몰려든 민간 단체들로 북적였다. 세계에서 모인 민간 단체 활동가의 수가 누구는 7000명이라고도 했고, 누구는 2만 명이라고도 했다. 국제회의장 지하 1층은 세계 인권박람회였다. 당시 진행 중이던 보스니아 전쟁에서 희생된 이들의 신발을 산더미처럼 쌓아놓은 것도 보았다. 저 많은 사람이 죽었고, 그때도 죽어 가고 있었다. 그곳만이 아니었다. 세계에서는 엄청난 규모의 학살을 비롯한 끔찍한 인권유린이 진행되었고, 진행 중임을 알리고 있었다. 민간 단체들이 모인 지하 1층의 분위기를 색깔로 말한다면, 핏빛이었다.

1993년 6월 UN 세계인권대회 참가자들이 'Stop Disappearances(사람들의 증발을 멈춰라)'라고 적힌 펼침막을 내걸고 행진하고 있다. 사진 저자 제공.

영삼-문민정부가 들어서며 개혁에 박차를 가하고 있었다. 하나회 척결, 금융실명제 도입 등으로 김영삼 정부에 대한 여론의 지지가 뜨거웠다. 대학생들은 통일운동을 활발하게 전개하고 있었고, 노동운동도 크게 성장하고 있었다. 변화의 한가운데에서 나는 유가협의 울타리 안에 머물러 있었다.

'내가 하는 운동이 변혁운동인가? 정말 지금 나는 옳게 운동을 하고 있는 것일까?' 하는 회의도 들었다. 누구 하나 그에 대한 답을 주지는 못하고 있었다. 그런 가운데 새로운 세계를 만났다.

추모문화제를 정리도 못 하고 나는 비행기에 올랐다. UN 세계인권대회에 참가하기 위해서였다. 김포공항에 아내가 갓 백일 지난 큰딸 성아를 안고 배웅을 나왔다. 방긋방긋 웃으며, 손을 흔드는 딸과 아내를 뒤로하고 오스트리아 빈으로 향했다.

UN은 냉전체제가 붕괴한 뒤 매년 주요한 의제들을 다루는 세계대회를 개최하고 있었다. 1992년 리우환경회의, 1994년 북경 여성회의 같은 식이었다. 1993년에는 인권 회의였다. 빈에서 열리는 인권 회의에 참가하기 위해서 한국의 인권 단체들은 '유엔 세계인권대회를 위한 민간단체공동대책위원회'를 구성하여 준비해왔다. 거기에는 민주사회를위한변호사모임, 민가협, 민주주의법학연구회, 국제노동기구ILO 전국노동자공대위, 한국기독교교회협의회 인권위원회, 천주교인권위원회 등의 인권 단체들이 참여했다. 대회는 6월 14일부터 25일까지 열렸고, 그전에 6월 10일부터 13일까지는 민간 단체 포럼이 열린다고 했다. 나는 뒤늦게 합류했다.

오스트리아 수도 빈의 외곽 지역에 UN 사무국 국제회의장이 일로 분주했다. 그러면서도 죽은 이들의 명예 회복이나 진상 규명을 위한 일들을 만들어야 했다. 전국에 흩어져 있던 열사들이나 희생자들의 추모 단체, 기념사업회들의 연대 기구가 범국민추모제를 준비하는 과정에서 조직되었고, 1992년 3월에 '전국 민족민주열사 추모(기념)사업회 연대회의'가 창립되었다.

1993년 6월, 나는 제4회 범국민추모제 준비로 바빴다. 범국민추모제를 준비할 때면 유가협은 언제나 분주했다. 1년 동안 다락에 올려놓은 열사, 희생자들의 영정을 내려서 손보는 일부터 했다. 파손된 액자 틀을 다시 맞추고, 먼지를 깨끗이 닦아냈다. 유가족들과 추모사업회 일꾼들이 정성껏 영정을 닦는 모습을 보고는 그 일을 조금도 소홀히 할 수 없었다.

지쳐 있던 나의 첫 외국 출장

1993년 6월 12일, 경희대에서 열린 제4회 범국민추모제는 잘 진행되었다. 그다음이 문제였다. 그날 대학생들은 남북 학생 회담을 열기 위해 연세대에서 집회를 한 뒤 판문점으로 향하던 중 연신내에서 경찰과 충돌했다. 이 과정에서 진압을 하던 김춘도 순경이 사망하는 사건이 일어났다. 6월 13일, 경희대 노천극장에서 열린 범국민추모문화제 때 비가 억수로 쏟아졌다. '열사여, 일어나라' 추모 문화 공연은 망했다. 사람들은 오지 않았다. 장대비 속에서 나는 속으로 울었다.

세계는 급격히 변했다. 냉전체제가 붕괴되었고, 국내에서는 김

UN 세계인권대회

우물 안 개구리, 드넓은 인권의 세계로

1991년 이후 우울한 나날들을 보냈던 것 같다. 그해 7월에 강경대 치사 사건 첫 재판이 열렸을 때 유가족들이 법정소란을 일으켜서 박정기(박종철의 부친), 강민조(강경대의 부친) 회원이 구속되고, 오영자(박선영 모친), 이오순(송광영 모친) 회원이 수배되는 일이 일어났다. 흥분하시지 말라고 신신당부했지만, 강경대를 죽인 경찰을 보자 유가족들은 즉각적으로 흥분했던 것이다.

 1991년 분신 정국 이후 유가협에는 회원이 늘었다. 유가협 회원이 는다는 건 그만큼 새로운 죽음이 있었다는 말이기도 해서 반가운 일이 아니었다. 매년 열리는 범국민추모제 제단에 올라가는 영정 수가 늘어만 갔다. 나의 유가협 생활은 열사들이나 의문사 죽음을 쫓아다니고, 전국에서 벌어지는 추모제에 찾아다니는 것만은 막아야 했다. 백병원 영안실은 도로변에 있었다. 셔터 하나만 열면 바로 도로였다. 동이 트기도 전에 백골단이 최루탄을 쏴대면서 쳐들어왔다. 셔터 안의 우리는 불안했다. 최루탄 터지는 소리가 가슴을 옥죄였고, 돌이 날아들었고, 쇠와 쇠가 격렬하게 부딪히는 날카로운 소리가 어지럽게 들렸다. 방어선이 뚫릴 것만 같았다. 그런데 백병원을 지키던 성균관대생들은 경찰의 공격을 한 차례, 두 차례, 세 차례나 싸워서 물리쳤다. 대단한 싸움이었다. 하지만 공권력에 의해서 여대생이 사망한 사건이었는데도 국민의 분노는 다시 살아나지 않았다.

6월 3일, 한국외국어대학교에서 국무총리 서리로 임명된 정원식의 고별 강연이 예정되어 있었다. 정원식은 문교부(지금의 교육부) 장관 시절 전교조 교사들을 대량 해직시킨 장본인이었다. 그런 그가 노태우 정권의 국무총리가 된다고 하니 학생들은 그를 용서할 수 없었다. 학교에 나타난 정원식에게 학생들은 밀가루와 계란을 던졌다. 밀가루와 계란 범벅이 된 모습이 언론에 가감 없이 보도되었고 학생운동 세력은 스승마저 테러하는 '패륜 집단'으로 매도되었다.

그해 6월 20일에 시행된 광역의회 선거에서 여당인 민자당이 압승했다. 6월 24일, 명동성당에서 결백을 주장하며 버티던 강기훈이 검찰에 출두하고, 6월 29일 범국민대책회의 지도부는 명동성당을 떠났다. 7월 1일 박창수 한진중공업 노조위원장 장례식이 치러졌다. 1991년 5월 분신 정국은 깊은 상처를 남긴 채 막을 내렸다.

회의 명칭은 '공안통치분쇄와 민주정부수립을 위한 범국민대책회의'로 변경됐다. 명칭으로는 투쟁 수위가 한 단계 높아졌지만, 시민들은 계속되는 분신과 거리 시위에 등을 돌렸다. 거기에는 당시 언론들의 총공세가 한몫했다.

특히 전민련 사회부장 김기설의 유서를 같은 단체의 총무부장 강기훈이 대필했다는 검찰의 발표를 언론은 한 걸음 더 나아가서 과장, 확대했다. 운동권은 목적을 위해서라면 동료의 목숨마저 이용하는 부도덕한 집단이라며 낙인을 찍었다. 이 사건은 강기훈 개인만이 아니라 민주운동 진영 전체를 매도하는 일이었다. 점점 말도 안 되는 조작극이 기정사실로 받아들여지는 분위기였다. '기레기'는 그때도 '기레기'였다. '한국판 드레퓌스 사건'으로 불린 '강기훈 유서 대필 조작 사건'의 전모는 24년 뒤에 드러나게 된다.

5월 25일, '폭력살인 민생파탄 노태우 정권퇴진 제3차국민대회'에서 성균관대생 김귀정이 경찰의 토끼몰이 진압으로 사망했다. 김귀정은 유가협 장터에서 만났던 그 여학생이었다. 소식을 듣고 나는 곧장 시신이 안치된 백병원 영안실로 들어갔다. 중앙시장에서 노점을 하던 그의 어머니, 김종분 씨가 달려와서 딸의 시신을 부여잡고 통곡했다. 유가협 부모님들이 김귀정 어머니를 끌어안고 함께 울면서 눈물바다가 되었다.

백병원 영안실을 지켜라

검찰은 김귀정의 시신을 부검하겠다고 했다. 어떤 일이 있어도 이

유가협 장터에서 만났던 그 여학생마저

이날 장례 행렬이 연세대 정문을 나선 뒤 바로 연세대 정문 앞 굴다리에서 이정순 씨가 몸에 불을 붙이고 떨어져 사망했다. 나는 행렬의 뒤를 따라나서다가 소식을 듣고 현장으로 달려갔다. 주위 사람들이 불을 끄고 난 뒤였지만 그녀는 절명했다. 나는 광주로 가는 걸 포기하고 다시 세브란스병원 영안실로 돌아왔다. 39살의 여성이었던 그는 유서에 "백골단 해체, 군사독재 물러가시오"라고 썼다. 천주교 신자였던 그의 장례를 천주교 단체분들과 함께 준비하여 치러야 했다. 이정순, 윤용하, 정상순 같은 평소 활동하던 조직이 없는 시민이 분신해서 죽는 경우는 장례를 치르는 비용 마련도 어려워서 간소하게 지내야 했다.

계속되는 열사들의 죽음과 장례에 나는 지쳐 가고 있었다. 당시 나는 초조했던 것 같다. 제2의 6월 항쟁으로 발전시켜야 한다는, 그래야 열사들의 죽음을 헛되이 하지 않을 거라는 일종의 강박이 있었던 것 같다. 생각만큼 투쟁이 시민 항쟁으로까지 진전되지 않으면서 나의 무력감도 커졌다. 이화여대 앞 도로를 가로막았던 거대한 차 벽이 상징하는 것처럼 권력의 힘은 막강했다. 노태우 정권은 관계 기관 대책 회의를 수시로 열면서 범국민대책회의를 비롯한 운동권을 부도덕한 폭력 집단으로 몰아가고 있었다.

5월 18일 전후 노태우 정권은 5월 투쟁 지도부들에 대한 수배령을 내리고 공개수사를 하면서 압박했다. 범국민대책회의는 연세대학교를 떠나 명동성당에서 농성에 들어갔다. 이때 국민대책 통해 운동권에 대한 대대적인 공세가 이어졌다.

그런 중에도 '백골단 해체, 민자당 해체, 노태우 퇴진'을 주장하는 투쟁은 고조되고 있었다. 5월 4일에는 20만 명, 5월 9일에는 30만 명, 5월 18일에는 전국 81개 지역에서 40만 명이 시위에 참여했다. 국민대책회의가 주도한 시위는 서울에서 전국으로, 대학생에서 노동자, 농민, 빈민, 지식인 등으로 퍼져 갔다. 제2의 6월 항쟁이 올 것만 같은 분위기였다. 공안 탄압에 짓눌려 있던 민주운동 진영이 전대협(전국대학생대표자협의회)의 조직 동원력에 힘입어서 6공화국 이후 최대의 시위를 이끌고 있었다.

그렇지만, 5월 14일 연세대학교에서 출발한 강경대 장례 행렬은 아현동 고개를 넘지 못했다. 1987년 이한열 장례식 때처럼 서울시청 광장에서 시민 참여 노제를 지내려던 범국민대책위원회의 계획은 이대역 앞 도로를 차단한 경찰의 차 벽에 막혔다. 경찰은 이날 쓰레기차를 동원해서 도로를 차단했다. 전대협 전투조들이 차 벽을 무너뜨리려고 애썼지만, 육중한 차 벽은 끄떡도 하지 않았다. 5월 18일, 광주민중항쟁 11주기에 2차로 강경대 장례 행렬이 연세대를 출발했지만 이번에는 공덕동 로터리에서 경찰에 막혔다. 서울시청으로 가는 길을 포기하고 광주로 직행해야 했다. 광주에서는 경찰의 저지선을 뚫고 금남로 노제와 망월동 묘역 안장까지 해냈다. 광주의 힘이었다.

정치, 공안 통치에 대해서는 한마디 언급도 없었다. 그러잖아도 계속되는 분신으로 누구보다 가슴 아팠던 유가족들은 엄청난 충격에 빠졌다. '시체선호증'이라니? 이건 지독한 배신이었다. 유가협은 즉각 규탄 성명을 냈다.

쓰레기차가 막아선 장례 행렬

김지하 시인의 칼럼 발표 다음 날인 5월 6일 새벽에는 안양병원에 입원해 있던 박창수 한진중공업 노조위원장이 사망했다. 서울구치소 수감 중에 부상을 당해서 안양병원에 입원해 있었는데, 그의 죽음 과정은 의문투성이였다. 그의 죽음에는 안기부의 그림자가 어른거렸다. 수감 중인 그에게 안기부는 한진중공업 노동조합이 '전국노동조합협의회(전노협)'에서 탈퇴할 것을 집요하게 종용했다. 교도관들이 감시하는 병원에서 그가 옥상까지 올라가 투신, 자살했다고 하는 경찰의 발표도 믿을 수 없었다. 다음 날인 5월 7일 저녁 7시에는 안양병원에서 노태우 정권 규탄 집회가 열렸다. 경찰은 집회가 끝난 뒤 백골단과 전경 22개 중대를 투입해 영안실 벽을 뚫고 시신을 탈취했다.

5월 8일 오전 8시 7분, 서강대에서 전국민족민주운동연합(전민련) 사회부장 김기설이 분신, 자결했다. 그러자 서강대 박홍 총장(신부)은 기자들 앞에서 성경에 손을 올리고, "죽음을 선동하고 이용하려는 반생명적인 어둠의 세력이 있다"고 말했다. 이 사건은 위기에 몰렸던 노태우 정권에게 반격의 빌미를 제공했다. 언론을

분신 정국 2

깊은 상처를 남긴 '5월 투쟁'

1991년 4월 26일부터 5월 4일까지 열흘 동안 연이은 대학생들의 분신과 사망은 그 시기를 살았던 모두에게 큰 충격이었다. 그렇지만 이때까지의 충격은 1991년 5월 분신 정국의 서막에 불과했다. 5월 5일 〈죽음의 굿판 당장 걷어치워라〉라는 김지하 칼럼이 《조선일보》에 실렸다. "지금 곧 죽음의 찬미를 중지하라. 그리고 그 굿판을 당장 걷어치워라. (중략) 지금 당신들 주변에는 검은 유령이 배회하고 있다. 그 유령의 이름을 분명히 말한다. 네크로필리아 시체선호증이다. 싹쓸이 충동, 자살특공대, 테러리즘과 파시즘의 시작이다."

대표적인 저항 시인이었던 김지하의 칼럼이라니. 너무도 일방적인 공격이었다. 대학생들의 사망을 불러온 노태우 정권의 폭압가협 어머니 아버지들이었다. 1991년 5월 4일 유가협은 연세대 학생회관에서 기자회견을 열고 '국민에게 드리는 글'을 발표했다. "우리에게는 더 이상의 열사가 필요치 않다. 젊은이들의 계속되는 죽음은 민주 세력 전체의 손실이다. (중략) 목숨을 아끼지 않는 젊은이들의 순수한 열정은 충분히 이해되지만 새날이 올 때까지 살아서 싸우는 것만이 진정한 투쟁의 길이다."

유가족들은 학생들이나 노동자들을 만나면 "죽지 말고, 살아서 싸우자"고 진심으로 호소했다. 성명을 발표한 유가족들은 연세대학교 백양로를 행진하면서 그 간절함을 전했다.

"니 맘 내 다 안다. 마지막까지 포기하지 말그라."

아버지는 다시 한번 손을 잡아주셨다. 그러고는 병실을 나왔는데, 얼마 지나지 않아서 김영균이 사망했다는 소식이 들렸다. 그의 마지막 순간을 지켜본 것이다.

죽지 말고 살아서 싸우자

그다음 날에는 경원대(현 가천대학교) 천세용이 분신했다. 처음에는 한강성심병원으로 갔는데 응급처치 뒤 세브란스 신촌병원으로 옮겼다는 소식이 들렸다. 중환자실을 찾았다. 그 복도에서 천세용의 고등학교 다니는 동생을 만났다. 부모님이 이혼하시고 두 형제가 의지하며 살던 처지였다. 그런데 형이 분신했으니 얼마나 기가 막혔을까?

"우리 형 죽는 거예요?"

그 상황에서 내가 무슨 말을 할 수 있었을까.

"아냐, 아냐."

그를 꼭 안아주었다. 기가 막힌 세월이었다. 지금도 나는 김영균의 눈물이, 그리고 천세용의 동생이 종종 생각난다. 그때부터였던 것 같다. 가슴이 쿵쾅거리며 뛰고 진땀이 흐르면서 숨도 제대로 쉴 수 없는 고통이 밀려오는 증세가 나타났다가 사라지곤 했다. 사랑은 가슴을 뛰게 한다고 했는데, 나는 죽은 자들을 사랑한 것일까? 그것도 사랑이라면 사랑일까?

연이은 대학생들의 분신 소식에 누구보다 가슴 아파한 건 유람들이 분신을 결행하고 죽어가자 이소선 어머니는 "태일이 분신한 게 사람이 살자고 한 건데, 왜들 분신을 하냐. 태일이 때문인 거 같아 미치겠어" 하면서 우셨다.

5월 1일, 안동대학교에서 김영균이 분신했다는 소식을 들었다. 다음 날 급히 와 달라는 전갈이 왔다. 나는 박정기 아버지와 박관현 누님 박행순과 함께 대구로 내려갔다. 경북대병원은 경찰에 장악되어 있었다. 살벌한 풍경이었다. 누군가 와서 '김영균이 중환자실에 있는데 가족들이 협조를 하지 않아서 상태조차 모른다'고 했다. 나와 박정기 아버지는 바로 중환자실로 갔다. 역시 경찰이 안 된다고 가로막았다.

"이놈들아, 내는 종철이 애비여. 김영균이 여기 있는 거 알어. 썩 비켜!"

경찰이 당황한 사이 나는 뒤에서 아버지를 밀어 넣었다. 중환자실은 텅 비어 있었고 김영균만 병상에 있었다. 온몸을 붕대로 칭칭 동여맨 모습이었다. 말도 하지 못했다. 그의 발을 만져보았다. 얼음덩이처럼 차가웠다. 얼마 못 갈 것 같았다. 저렇게 분신해서 누워있는 모습을 여러 차례 보아왔다. 분신한 이들은 온몸에 수포가 올라오고 진물이 흐른다. 심장 박동을 재는 기계의 녹색 그래프는 겨우겨우 이어지고 있는 것처럼 보였다.

"내는 종철이 애비데이. 희망을 놓지 말그라. 마지막까지 용기를 잃어선 안 된데이."

박정기 아버지가 영균의 손을 잡고 말했다. 그 말을 들은 것일까? 누워 있는 그의 오른쪽 눈에서 한줄기 눈물이 흘렀다.

1991년 4월 19일 '어머니의 노래' 공연을 연습하고 있는 유가협 회원들. 사진 유가협 제공.

신문 보기 두려웠던 날들

그런데 그 뒤로 박승희(4월 29일), 김영균(5월 1일), 천세용(5월 3일), 김기설(5월 8일), 윤용하(5월 12일), 이정순(5월 18일), 정상순(5월 29일), 김철수(6월 2일)가 연이어 분신하면서 죽어 갔다. 노태우 정권 타도, 백골단 해체 등 주장은 동일했다. 6월에는 노동자 이진희(6월 15일)와 석광수(6월 24일)가 노동조합 탄압에 저항하면서 분신, 자결했다. 거기에 한진중공업 노조위원장 박창수는 안양병원에서 의문사했고(5월 6일), 김귀정은 경찰의 토끼몰이 진압 중에 압사했다(5월 25일).

한 치 앞을 내다볼 수 없는 분신 정국이 펼쳐지고 있었다. 유가협은 세브란스 영안실로 사무국을 옮겨서 일을 봤다. 전국에서 올라오는 '속보!'가 두려웠다. 아침에 신문 보기가 겁이 났다. 나는 세브란스 병원 영안실을 지키면서 전국으로 다녀야 했다. 매일 사서 대학교 1학년생이 백골단에 맞아 죽은 것이니 이 싸움은 쉽게 끝나지 않으리라 생각했다. 다시 기회가 없을 듯해 준비된 공연을 강행하기로 했다

4월 27일, 연세대학교는 전쟁터였다. '고 강경대 열사 폭력살인규탄 및 공안통치종식을 위한 범국민대책위원회'가 결성되었다. 전국에서 모인 학생들이 결의대회를 열고 교문으로 진출하려고 했다. 이를 저지하려는 전경들과 공방이 치열했다.

그런 중에 '어머니의 노래' 공연이 막을 올렸다. 전체 2000석 객석 중에 500석. 텅 빈 공연장이었지만, 유가족들은 준비한 노래를 마음을 다해 불렀다. 저기 다시 내 자식과도 같은 경대가 죽어서 세브란스 영안실에 누워 있는 상황에서, 툭 건드리기만 해도 금세 울음이 터질 것 같은 마음을 안고 유가족들이 무대에 올랐다. 공연은 감동 그 자체였다. 그때의 공연 실황을 녹화라도 해 놓았다면 얼마나 좋겠는가만, 그때는 그럴 정신이 아니었다.

공연을 마치자마자 유가족들은 세브란스 영안실로 넘어갔다. 대책위원회에서 나의 역할은 '영안상황실장'이었다. 한마디로 영안실을 지키는 일이었다. 유가족들을 돌보는 일과 함께 강제 부검을 막는 일이 주요한 임무였다. 언제든 검찰이 경찰을 앞세워 들이닥칠 수 있는 상황이라 영안실에는 늘 긴장이 감돌았다. 당시에는 국립과학수사연구소(현 국립과학수사연구원)의 부검이 사인을 왜곡시킬 수 있었기 때문에 부검은 꼭 막아야 하는 일이었다. 결국 부검은 막아냈고 검시, 검안으로 끝냈다. 경대는 맞아 죽은 사람답지 않게 편안한 얼굴이었다.

식으로 구성이 다채로웠다.

공연 제목은 '어머니의 노래'였다. 1991년 4월 27일 오후 3시와 6시에 연세대 대강당에서 하기로 했다. 마침 과 후배인 임헌태가 연세대학교 총학생회장을 하고 있어서 장소 대관은 수월하게 할 수 있었다. 언론에 공연 기사가 나가자 참가 문의가 쇄도했다. 공연 날짜가 다가오면서 공연이 살짝 대박 날 것 같은 느낌도 들었다. 유가족들이 노래 공연을 한다는 게 그때는 없었던 일이었기 때문이다.

1991년 4월 26일 오후에 우리는 연세대 대강당에서 공연 연습을 하고 있었다. 그런데 그때, 명지대 1학년생 강경대가 백골단의 쇠 파이프에 맞아서 세브란스 병원으로 옮겼지만 사망했다는 충격적인 소식이 들려왔다.[1] 유가족들은 고민에 빠졌다. 이런 마당에 공연을 밀고 갈 것인가? 연기할 것인가?

여운 느낄 새도 없이 영안실로

서울 강남구 수서지구 택지 분양 과정에서 일어난 6공화국 최대 비리 사건인 '수서 비리'가 터졌다. 물가와 집값은 폭등했고, '범죄와의 전쟁'으로 대표되던 공안 탄압으로 양심수가 급증하면서 노태우 정권은 위기에 몰리고 있었다. 민심이 폭발할 지경인 상황에

---

[1] 강경대의 희생은 1991년 봄 민주화운동의 기폭제가 되어 전국적인 정권 퇴진 촉구 운동으로 확산되었고, 국가 폭력에 대한 분노로 이어졌다. 이후 벌어진 분신 정국은 6월 항쟁 이후 잠잠했던 민심에 다시 불을 붙였다.

분신 정국 1

잊을 수 없는 한줄기 눈물

1991년을 맞는 유가협은 무척 바빴다. 유가협 후원회에서 노래 공연을 하자고 꼬드겼다. 노래도 하고, 작곡도 하는 김제섭을 비롯해 음악 하는 사람들이 후원회에 많았고, 어머니들이 서너 번 무대에서 노래한 적이 있어서였다. 자신 없다며 뒤로 빼던 어머니들이 점점 솔깃해져서 알아서 노래 연습을 하는 분위기가 되었다.

처음에는 소박한 노래 공연 판이었는데, 노래마을의 백창우를 비롯해 민중가수 정세현, 박미선, 강일철, 윤정숙, 박재화와 한돌이 가세했고, 민족음악연구회, 민족극패 울력도 끌어들여 판을 엄청 키웠다. 가수들의 노래 사이사이에 김성수·김윤기·박선영·이한열의 어머니, 박관현의 누님, 박종철의 아버지가 독창과 중창을 하고, 배우 문성근 씨가 시 낭독, 이재식 딸 이근혜가 편지를 읽는

쳤다. 너무 잘 따라 하시고, 예습도 잘해오셨다. 방바닥에 배를 깔고 미리 자료를 읽고 복습하던 그 모습이 지금도 눈에 선하다.

폭설을 뚫고 강원도 강릉에서부터 한나절 걸려서 오시던 김성수 어머니, 광주에서 새벽밥 해먹고 오시던 이재호 어머니 같은 분들이 기억난다. 유가족들은 지금도 만나면 그때의 가족 교실 이야기를 많이 하신다. 매일 어머니 아버지들과 대화하고 부대끼며 살다 보니 친부모님만큼 가까워졌다. 유가족들은 아무에게도 말하지 못하는 고민과 슬픔과 한을 나에게만은 모두 나눠 주셨던 것 같다. 지금은 대부분 고인이 되셨고, 몇 분은 늙으셔서 거동조차 못 하신다. 그분들이 많이 그립다.

배 정종숙이 간사로 들어왔다. 나보다 5살 연하였다. 우리는 비좁은 사무실에서 온종일 붙어 지내다가 사랑하는 관계로 발전했다. 비밀 연애를 하고 결혼 날짜를 잡고서야 부모님들에게 말씀드리니 모두 깜짝 놀랐다. 1990년 하반기에 부모님이 안양에 전셋집을 마련해줘서 나는 그곳에서 출퇴근했고, 정종숙 간사는 부천에서 출퇴근했다. 퇴근할 때면 우리는 밤마다 구로역에서 안양과 부천으로 헤어져야 했다. 매일 헤어지는 걸 끝내고 싶어 결혼을 서둘렀다. 유가협은 우리 부부가 연애하고, 사랑을 시작했던 곳이다. 결혼하여 딸 둘을 얻어 행복한 가정을 만들어 살고 있으니 우리 가족이 탄생한 고마운 곳이다.

왜 죽었는지 알고 싶어 시작한 세상 공부

유가족들은 늘 죽은 자식에게 못 해준 게 많아서 미안했다. 살아 있을 때 이해하고 격려해 주지 못해서도 미안해했다. 세상에 준비된 유가족은 없었다. 자결한 열사들의 부모이건 국가 폭력 희생자의 부모이건 내 자식이 왜 죽었는지를 알고 싶어 했다. 그것이 너무 궁금했다. 그래서 외부 강사를 불러 몇 번 강의를 들은 적이 있었지만, 가족들은 어려워서 이해 못 하겠다고 했다. 1990년 겨울에는 우리 사무국에서 직접 해보자고 했다. 내가 교장을 맡고 간사들이 강사가 되었다. 우리나라의 현대사, 정치 정세도 공부했고, 유가족의 삶에 대해서도 공부하는 시간을 만들었다. 읽고 쓰는 일을 어려워하시니 한글 공부 시간도 마련했다. 투쟁가도 가르하러 오는 사람들이 점점 많아졌다. 그런 사람들이 모여서 '추모 음악회' 같은 행사들을 꾸려 갔다. 그들을 주축으로 후원회가 만들어졌다. 후원회장은 극구 문익환 목사가 맡아야 한다는 게 가족들의 중론이었고, 감옥까지 찾아가 부탁을 드려 승낙을 얻었다. 문익환 목사님은 1990년 겨울에 가석방으로 출소했다. 한울삶 골목에서 1990년 11월 24일에 문익환 목사님 석방 환영대회와 함께 후원회 현판식을 가졌다. 후원 회원은 300명까지 불어났다. 십시일반으로 돈을 만들어서 봉고차도 구입해 기증했다. 늙은 어머니 아버지들이 이동하시는 데 불편하지 않게 하자는 뜻이었다. 후원회가 생기고 나서 재정도 좋아졌다. 그래서 한때 사무국 간사가 5명까지 불어났다.

부모님들의 활동도 아주 활발해졌다. 서울대, 연세대, 성균관대 등의 대학 축제를 돌아다니면서 장터를 열었다. 활동에 필요한 재정을 마련하기 위해서였지만, 유가협 활동을 알리려는 의도도 있었다. 우리보다 먼저 장터를 시작한 곳은 민가협이었다. 민가협과 경쟁적으로 퍼주기를 했다. 장터는 학생들에게 인기가 좋았다. 1990년 가을 성균관대 축제 때의 장터가 가장 많이 생각난다. 그때 눈에 띄게 예쁜 여학생이 있었다. 장터를 준비하면서 한울삶에도 다녀갔던 학생이었다. 어머니 아버지들은 그 여학생을 기억했다. 김귀정 동아리연합회 회장이었다. 우리는 다음 해 봄에 그녀를 다시 만나게 된다.

한울삶에서 사무실은 문간방을 썼다. 책상 세 개 들어가면 꽉 차는 방이었다. 나와 정미경 간사 둘이 일할 때, 래전이 숭실대 후

유가협은 1989년 12월 한울삶 집들이에 앞서 열사들의 영정 사진부터 만들어 벽을 채웠다. 사진은 2007년 12월 인혁당 유가족들의 성금으로, 20년 사이 늘어난 열사들의 영정 사진을 추가로 제작해 전시한 날이다. 가운데는 고 이소선 어머니의 모습. 사진 유가협 제공.

동료에서 부부로, 유가협이 이어준 사랑

그 시절에 나는 부모님들로부터 '밤도깨비'라는 별명을 얻었다. 낮에는 아버지 어머니들의 얘기를 들어주고, 찾아오는 사람들과 얘기를 하고, 회의도 하고, 그러다가 저녁에는 술도 한잔했다. 그때 원조 곱창집에서 곱창볶음을 참 많이도 사다 먹었다. 곱창집 주인도 우리를 알아보고 다른 손님들보다 더 많이 주고는 했다. 그러다가 늦은 밤이 되어서야 책상에 앉아 일했다.

집이 있으니 사람들이 찾아왔다. 인사드리러 오는 사람, 의논영복 선생님이 내놓은 작품이었다.

"이 집은 한 울타리에서 한 가족처럼 같이 사는 집, 한울삶이어야 해."

신영복 선생님에게 부탁해서 글씨를 얻었고, 그걸로 현판을 만들어 달았다. 나는 서울에 어디 갈 곳도 없던 처지라 1년을 한울삶에서 어머니 아버지들과 한솥밥을 먹으면서 살았다.

유가협을 방문하는 사람들은 벽면을 가득 채운 영정 사진을 보고 멈칫했다. 왜 안 그러겠는가? 수십 명의 죽은 사람들 얼굴 사진이 벽면에 가득 걸린 그런 방에 들어오면 당연히 주눅이 들 수밖에 없었다. 그런 방에서 내어주는 밥상에 앉는데 밥이 제대로 넘어갈 리 없었다. 그럴 때마다 이소선 어머님이 한 말씀 하셨다.

"싸우려면 힘이 있어야지. 왜 그렇게 깨지락거리노. 밥 많이 먹고 힘내서 싸워야지."

처음에는 그랬지만, 여러 번 다녀가게 되면 이내 자연스럽게 그곳에 앉아 밥도 먹고 술도 마시면서 어머니 아버지들과 어울렸다. 유가협에만 오면 사람들이 밥맛이 좋다고 했다. 팔도에서 오신 어머님들이 경쟁적으로 음식 솜씨를 자랑하는데 맛이 없을 수가 없었다. 박선영 어머니는 누구든 손을 잡아끌어다가 자꾸 밥을 더 퍼줬다. "난 내 딸을 잃었지만, 수백 배 많은 아들, 딸을 얻었어, 잉. 운동하려면 얼마나 배고프겠어. 더 먹어."

사회단체에서 처음 받은 직책이었다.

한 울타리에서, 한 가족처럼

유가협은 점점 활기가 넘쳐 갔다. 창신동 봉제공장 골목의 정면에 있는 허름한 한옥이 유가족들의 집이었다. 왼편에는 민가협 사무실이 있었다. 이 집을 구입하는 데 서화전 수익금만으로는 턱없이 부족했는데, 모자란 돈은 가족들이 십시일반 갹출을 해서 마련했다. 이소선 어머니가 나서서 유가족들을 설득했다.

"사무실을 얻으려고 해도 아이들 영정 건다고 못 내준다고 하고, 지방에서 오면 친척 집에 가서 묵어야 하는데 말도 안 통하잖아. 정말 우리 집이 있어야 하는 기라 하루를 자도 맘 편히 자고 갈 수 있는 그런 집, 우리 아이들 사진 걸어놓고 남 눈치 안 보고 울고 싶으면 울고, 웃고 싶으면 웃을 수 있는 그런 집 하나 만들자고."

어머니는 한 사람 한 사람을 붙잡고 설득했다. 그렇게 마련한 집에서 누구 눈치 보지 않고 자식들 얘기를 할 수 있었고, 웃고 울 수 있었다. 밥도 같이 해 먹고, 술도 한잔하고 그러다가 흥이 나면 노래도 하고 고스톱도 쳤다. 가족들은 벽에 걸린 당신들의 자식 얼굴을 쓰다듬으며 말을 하시고는 했다. "얘들아, 집 잘 지키고 있어." 일 보고 돌아와서는 "집 잘 보고 있었냐"면서 다시 영정 사진을 쓰다듬었다. 이렇게 맘 놓고 영정 걸어놓고 말을 걸고 대화를 해도 누구 하나 이상하게 쳐다보지 않는 그런 공간이었다.

박정기 부회장은 집 이름을 고민했다. '한울삶'은 서화전 때 신

한울삶

눈치 보지 않고 울고 웃는 곳

1989년 8월 12일, 연세대학교 장기원기념관에서 유가협 제4차 정기총회가 열렸다. 이날 총회는 구속되어 8개월 동안 수감생활을 하신 두 분(정연관 모친 임분이, 박선영 모친 오영자) 석방 환영대회와 같이 열렸다. 그날 나는 총회에서 유가협 사무국장으로 임명됐다. 유가협에서 해야 할 일은 넘쳐나고 있는데, 언제까지 정미경 혼자서 일을 보게 할 수는 없어서 사무국을 만들자고 내가 제안을 했다. 그런데 어른들은 사무국장을 맡길 사람이 없다고 주저하셨다.

"사람이 딱히 없으면 제가 할게요."

내가 왜 그런 말을 했는지 모른다. 그냥 할 수 있을 것 같았다. 어른들은 모두 반겼고, 정미경도 손뼉을 치면서 좋아했다. 내가

하늘을 땅으로 땅을 하늘로 뒤엎는 일이라구
맨발로 바위를 걷어차 무너뜨리고
그 속에 묻히는 일이라고
넋만은 살아 자유의 깃발로 드높이
나부끼는 일이라고
벽을 문이라고 지르고 나가야 하는
이 땅에서 오늘 역사를 산다는 건 말이야
온몸으로 분단을 거부하는 일이라고
휴전선은 없다고 소리치는 일이라고
서울역이나 부산, 광주역에 가서
평양 가는 기차표를 내놓으라고
주장하는 일이라고

―문익환, 〈잠꼬대 아닌 잠꼬대〉 중에서

문익환 목사가 방북을 하면서 남긴 시는 오랫동안 마음에 남았다.

서화전과 문익환 목사 방북 사건

'유가족 만남의 집 마련을 위한 서화전'은 인사동에 있는 아랍미술관에서 그해 3월 31일부터 열흘 동안 성황리에 열렸다. 처음에는 《조선일보》가 적극적으로 나서서 미술관도 무료 대관해 주고, 도록도 만들어준다고 해서 서화전을 조선일보미술관에서 하기로 했는데, 《조선일보》는 이한열 열사의 모친인 배은심 어머니가 마치 최루탄 생산 기업인 삼영화학과 화해한 것처럼 왜곡 보도한 일이 있어 유가족들은 그 제안을 거부했다. 박정기 부회장이 책임지고 전국을 돌면서 부탁해 서화 200여 점이 모였다. 김대중, 김영삼 같은 당대 정치 지도자들의 글씨도 나왔다. 그 수익금으로 서울 동대문구 창신동에 27평의 작은 한옥을 구입할 수 있었다. 처음에 그 집의 안채는 세를 주었다가 나중에 돈을 모아 집 전체를 쓸 수 있게 됐다. 그러자 그 벽에 열사들, 의문사한 이들의 영정 사진을 걸었다.

 서화전을 준비하던 중 유가족들은 근심이 생겼다. 평소 유가족들에게 각별한 애정을 보여주던 문익환 목사가 그해 3월 25일 방북을 결행하고 북한의 김일성 주석을 만난 것이다. 처음 공개적으로 방북을 결행한 그 사건은 한국 사회에 엄청나게 큰 충격을 주었다. 분단의 벽을 한걸음에 훌쩍 넘어버린 대사건이었다.

역사를 산다는 건 말이야
밤을 낮으로 낮을 밤으로 뒤바꾸는 일이라구

모든 눈물에는 온기가 있다

이었다. 국회에서 청문회도 무산됐다. 가해자 쪽 증인들이 청문회 불참을 선언했기 때문이다. 그래서 텔레비전 생중계도 취소됐다. 텔레비전 생중계를 통해 전 국민에게 의문사를 알릴 수 있는 기회를 놓친 것이다. 의문사 가족들도 청문회 불참을 선언했다.

어찌 보면 의문사 농성은 아무런 성과도 없이 끝난 것처럼 보였다. 그렇지만, 이 싸움은 이후 10년 뒤 의문사진상규명특별법 제정으로 가는 출발점이었다. 이 싸움은 수십 년 동안 말도 할 수 없었던 '국가 폭력=국가 범죄' 문제가 부상하는 계기를 만들었다. 당사자들에게 용기를 준 일이었다.

1989년 '유가족 만남의 집 마련을 위한 서화전'에서 기자와 인터뷰하고 있는 모습(왼쪽).
사진 저자 제공.

아들이자고 제안했다. 다수의 회원들은 찬성했지만, 반대 의견도 있었다.

"의문사 유가족이라고 다 가입하면 유가협이 뭐가 됩니까? 민주화운동 하다가 떠난 분으로 한정해야 합니다."

한때 '옥돌(분신 등으로 자결한 열사)', '흑돌(국가 폭력으로 사망한 열사)'을 가려야 한다고 주장한 아버지였다. 그분의 본심은 의문사를 회원으로 받아들일 수 없다는 것이었다. 나도 손들고 의견을 말했다.

"의문사 가족들을 우리가 받지 않으면 이분들은 어디로 갑니까? 지금은 의문사이지만, 나중에 진실이 밝혀져서 민주화운동을 했다는 게 밝혀질 수 있습니다. 함께해야…"

나는 말을 끝맺지 못했다. 한 아버지가 성질을 못 이기고 득달같이 달려들어 내 뺨을 후려쳐서 왼쪽 뺨에 불이 났기 때문이다. 회원들이 달려들어서 그 아버지를 떼어냈다. 그 아버지는 퇴장당했다. 소란스러웠던 논의는 박정기(고 박종철 열사 부친) 부회장의 말로 정리됐다.

"다 같이 죽은 자식 끌어안고 사는 가족들인데 구분이 무에 필요합니까? 이 자리에서 함께 밥 먹고 싸우고 있으면 됐지. 저분들도 우리 유가족입니다."

이 안건은 표결에 부쳐졌고, 다수의 찬성으로 통과됐다. 그래서 유가협 안에 의문사 지회가 생겼다.

1989년 2월 27일, 135일간의 농성이 끝났다. 그날은 법정소란으로 구속된 오영자, 임분이 어머니가 징역 8월의 실형을 받은 날 돌아오는 일이 반복됐다.

함께 밥 먹고 싸우는 우리 모두 같은 유가족이다

어쩌다가 어머니들보다 먼저 경찰에 잡혀서 버스에 타면 기다렸다는 듯이 경찰들은 나와 같은 젊은 사람들에게 가차 없이 곤봉을 휘두르고, 군홧발을 날렸다. 경찰에 대들기도 했지만 대부분 일방적으로 폭행을 당했다. 그럴 때마다 머리를 두 손으로 감싸고, 몸을 최대한 웅크리면서 가격당하는 몸의 부위를 최소화했다. 군대와 감옥에서부터 맞고 살아온 게 몸에 배어서 그랬을 것이다. 나는 경찰들에 맞으면서 활동가로 단련되어 갔다.

1989년 1월 15일, 농성장에서 임시총회가 열렸다. 안건은 서화전 개최의 건과 신입회원 승인의 건이었다. 유가협은 집을 만들기로 하고 서화전을 준비하고 있었다. 그러던 중에 의문사 농성을 맞은 것이었다. 서화전을 준비하던 분들은 불만이 많았다. 서화전을 하려면 준비할 게 많은데 회장단이 농성에 매달려 있어 진척이 잘 안되었기 때문이다.

"서화전은 어떻게 할 것이냐. 유가족 집 만드는 건 포기하는 거냐"고 따지시는 분들도 있었다. 3월에 서화전을 개최하기로 결정하고, 그 안건은 대충 넘어갔다. 다음 안건이 문제였다.

"저분들도 억울하게 돌아가신 분의 유가족들 아닙니까? 여러분들 생각은 어떻습니까?"

이소선 회장은 의문사 가족들을 유가협의 신입 회원으로 받

내다 버려져도 다시 농성장으로

그러므로 나는 유가족들과 거리에만 나가면 긴장해야 했다. 감상에 빠져서는 안 된다. 언제 무슨 일이 벌어질지 모르고, 그러면 어머니들이 다칠 수도 있기 때문이었다. 어머니들 중에는 송광영 열사 어머님 이오순 씨가 가장 전투적이었다. 어머니는 자신만의 비장의 무기를 갖고 있었다. 손가방 안에 동전 주머니를 넣고 다녔다. 그걸로 방패를 잡은 전경의 손등을 후려치면 전경들이 아파서 소리를 질렀다.

"이놈의 새끼들, 전두환 졸개 노릇 좀 그만해!"

이오순 어머니는 경찰 무전기를 보면 잽싸게 낚아채서 땅바닥에 패대기치고는 했다. 유가족들이 흥분하면 걷잡을 수 없이 순식간에 몸싸움이 일어나고, 시위대까지 합세하는 상황이 벌어졌다. 1988년 12월 24일에는 양심수 전원 석방을 요구하는 과천 정부종합청사 농성 중에 김종태 모친과 이이동 부친이 병원에 입원하고, 몇몇 분들은 안산, 광명, 안양경찰서에서 연행되기까지 했다.

경찰로서는 거리의 무법자(?)인 민가협과 유가협이 골칫거리였다. 초로의 여성들인지라 무조건 연행해서 구속시키기도 부담스러웠다. 경찰이 택한 방법은 주로 경찰버스에 태워서 멀리 내다 버리는 식이었다. 처음에는 난지도(지금의 상암동)나 수색 정도에 내다 버렸으나, 점점 더 멀리 고양이나 미사리 같은 곳에 내다 버렸다. 어두운 밤에 버스도 끊긴 길에 한 사람씩 드문드문 내려주면 불빛도 없는 길을 걸어서 버스 있는 데까지 와서 농성장으로

유가족 활동가

곤봉에 맞고 군홧발에 짓밟혀도

의문사 유가족 농성 135일은 내가 유가족 활동가가 되어가는 과정이었다. 유가족들은 거리에서 경찰만 보면 이성을 잃고 흥분했다. 자식을 잃었을 때 경찰의 거짓말에 속아서 시신을 빼앗긴 유가족들도 있었다. 장례가 끝나고도 유가족들은 경찰의 감시 속에 있었다. 거리에 시위를 나가면, 방패를 들고 곤봉을 든 전경과 백골단들이 시위대를 폭행하는 걸 너무도 많이 봐야 했다. 민가협과 유가협 어머니들은 시위에 나선 사람들을 적극적으로 보호하려고 했다. 특히 시위에 참여한 사람들이 경찰에 끌려갈 때는 민가협, 유가협 엄마들은 경찰에 사정없이 달려들었다.

지 3년이 넘었다. 같은 81학번이었던 나를 그 엄마는 각별히 살갑게 대해주었다. 유가족들은 그를 '울보 엄마'로 불렀다. 그 어머니와 이소선 어머니는 나와 담배 친구이기도 했다.

그날 밤의 농성장이 36년이 지난 오늘에도 생생하게 기억난다. 그날 밤 어머니들의 눈물바다를 보고 나는 그들 곁을 지키기로 결심했던 것 같다.

"우리 종태가 장기수로 감옥에 가 있었으면, 얼굴이라도 보고, 석방돼 결혼하는 것도 볼 텐데, 종태야. 너는 어쩌려고 죽었냐."

김종태 열사(1954~1980, 광주 5·18의 진상을 알리려고 1980년 6월 9일 17시 50분께 신촌 이화여대 앞에서 유인물을 배포하고 분신)의 어머니가 먼저 울기 시작했다. 그걸 시작으로 우종원 어머니가, 김성수 어머니가 따라 울었다. 그 자리에 있던 모든 어머니가 울었다. 아버지들은 말없이 소주잔을 비우고 연신 담배를 피웠지만, 그들도 울음을 감추지 못했다. 감옥에 있으면 면회라도 갈 수 있을 텐데, 석방되면 안아보기라도 하고, 결혼하는 걸 볼 수 있을 텐데 평범한 사람들에게는 당연한 일이 그들에게는 허용되지 않는 것이었다. 의문사 가족들은 제 자식이 죽은 사연조차 알지 못하니 더욱 서러웠다. 나도 동생을 잃고 그립고 서러워 죽겠는데, 저 엄마들은 오죽하겠나 싶었다.

유가족은 자식이 죽으면 가슴에 묻는다는 말을 싫어했다.

"그만들 울어. 나는 태일이와 평생 같이 사는 거야. 나는 태일이하고 같이 투쟁하는 거야. 왜 자꾸 묻으라고 해. 난 안 묻을 거야."

그때 이소선 어머님이 하신 말씀이었다. 이후에 그 말을 다른 가족들도 따라 했다. 그 한쪽 구석에서 "우리 종원이 보고 잡다, 우리 종원이 너무 불쌍해" 하면서 울고 계신 우종원의 엄마를 보았다. 나는 그를 가만히 안아주었다. 그 엄마가 내 품에 안겨 "보고 잡다"를 거듭하며 엉엉 울었다. 내 윗옷이 다 젖을 정도였다. 우종원은 서울대 사회복지학과 81학번이었다. 홀로 행상으로 살림을 꾸려 서울대에 보냈던 그 아들이 어느 날 변사체로 돌아온 유가족들은 구속자 가족들이 부럽기만 했다. 감옥에 있을지언정 구속자 가족들의 자식들은 살아있기 때문이다. 1988년에는 오래 수감생활을 했던 장기수들이 속속 석방되기 시작했다. 석방된 장기수 중에는 '재일 동포 간첩단' 사건으로 10년 동안 복역했던 이철 씨도 포함됐다. 그에게는 구속 전 결혼을 약속한 약혼녀 민향숙 씨가 있었다. 그녀와 그녀의 어머니 김만조 씨는 수감 중인 이철의 옥바라지를 하면서 조작 간첩 사건으로 구속된 이들의 석방을 위해 헌신했다. 그 시절에 간첩으로 몰린 정치범 석방을 위해 투쟁한다는 것은 쉬운 일이 아니었다.

1988년 10월 28일, 10년 동안 미루어왔던 이철, 민향숙의 결혼식이 명동성당에서 있었다. 그날의 결혼식은 마치 민주화운동의 승리를 상징하는 것과 같았다. 김수환 추기경이 주례를 섰고, 결혼식이 끝나고는 퍼레이드를 했을 정도다. 농성 중이던 유가족들도 그곳에 축하하러 갔다. 나는 급히 처리해야 할 일이 있어서 못 갔는데, 저녁에 결혼식에 다녀온 가족들의 분위기가 심상치 않았다.

"우리 종원이 보고 잡다, 보고 잡다"

"어머님, 무슨 안 좋은 일이라도 있었어요?"

내 물음에는 대답도 않고, 소주를 가져오라고 했다. 농성장 규칙 중 하나가 금주였는데, 워낙 표정들이 어두워 술을 사다 드렸다. 그러자 어머니, 아버지들이 강소주에 '병나발'을 불었다.

동권에서는 '전두환·노태우 체포 결사대'를 만들어 전두환의 구속을 주장하는 투쟁을 집중적으로 전개했고, 국회에서는 광주특위가 진행됐다. 정치적으로 불리한 상황에 내몰린 전두환은 맹탕 사과문을 발표하고 백담사로 은둔했다. 눈으로 뒤덮인 설악산 백담사 입구까지 쫓아가 전두환 구속을 주장하는 투쟁을 벌였던 민가협과 유가협은 거의 한 몸처럼 보였다.

민가협과 유가협의 등장은 우리나라 제1세대 인권운동사에서 매우 중요한 의미를 갖는다. 제1세대 인권운동은 대략 1970년대부터 1990년대 초반까지 펼쳐졌다. 주로 정치범(양심수) 석방, 고문 근절 운동과 같은 시민·정치적 권리를 회복하기 위한 운동이었다. 한국기독교교회협의회NCCK 인권위원회와 천주교정의구현전국사제단이 만들어진 것은 1974년이었다. 박정희 유신독재가 절정에 달했던 그해 긴급조치가 남발되고, 유신에 반대하거나 박정희 정권에 비판적인 활동 일체가 처벌 대상이 되었던 시기다. 민청학련 사건, 인혁당재건위 사건, 지학순 주교 구속 사건 등이 모두 그해에 발생했다.

이보다 먼저 앰네스티 한국지부가 1972년 결성됐지만, 앰네스티 한국지부는 국내 인권 문제에 직접 대응해 활동하지 못한다는 국제앰네스티의 가이드라인과 중앙정보부의 감시 탓에 활동이 제한적이었다. 이런 사정으로 한국 인권운동은 종교계를 중심으로 시작될 수밖에 없었다. 또 이 시기엔 인권 변호사들이 등장해 정치범 재판 과정 등에서 적극적인 변호 활동을 펼쳤다.

시대의 아픔을 함께 겪는 구속자의 가족들과 유가족이었지만,

1986년 8월 12일 전태일기념관에서 열린 유가협 창립대회. 사진 유가협 제공.

가협은 학생·노동자들의 시위 현장에 참여하면서 그들을 지지·응원하는 역할을 할 뿐만 아니라 집회와 시위대를 보호하는 역할에도 적극적이었다. 1987년 6월 항쟁 때 '최루탄 없는 날' 행사에는 전경들의 최루탄 발사기에 장미꽃을 꽂아서 비폭력시위의 전범을 만들어 내기도 했다.

시대의 아픔을 함께 견딘 민가협과 유가협

민가협과 유가협은 공동으로 양심수 석방, 고문 근절 운동에 참여했다. 1988년 12월 14일 이들 단체는 설악산의 백담사까지 쫓아가 전두환 구속을 주장하는 시위를 함께 벌였다. 당시 학생운

모든 눈물에는 온기가 있다

이 모여서 만든 단체다. 모두 민주화운동 과정에서 분신 자결한 열사들의 부모 또는 가족들이다.

"(전략) 아직도 이 나라의 주인이어야 할 민중은 당연히 누려야 할 자유와 마땅히 획득해야 할 권리를 유보당하고 착취당한 채 최소한의 생존을 유지하기 위한 몸부림조차 무참히 짓밟히고 있는 참담한 상황이 계속되고 있습니다. 이 척박한 땅 위에 진정한 민주의 꽃을 피우기 위해 앞으로 얼마나 더 많은 피와 눈물을 흘려야 할지를 생각하면 우리 유가족들은 심장의 피가 역류하는 듯한 슬픔과 분노를 가눌 길이 없습니다. (중략) 이에 우리 가족들은 고인들이 생전에 그리도 목메어 그리던 민족통일과 민중이 주인되는 새 날을 위해 앞장서 투쟁할 것을 온 세상에 선언하는 바입니다."

그러니까 유가협은 민주화운동 과정 중에 자신의 목숨을 '민주의 제단'에 바친 열사들 또는 국가 폭력에 희생당한 이들의 유가족들이 고인들의 뜻을 실천하기 위해 만든 단체다. 유가협이 결성되기 전인 1985년 12월 12일에는 민가협이 만들어졌다. 세상 사람들은 아직도 민가협과 유가협을 구분하지 못한다. 민가협은 시국사건이나 정치적 이유로 구속된 가족들로 구성된 단체다. 당시 구속자가 가장 많았던 학생운동 구속자 가족들이 그 중심이었다. 거기에 구속노동자 가족, 조작 간첩 구속자 가족들이 단체로 가입했고, 나중에는 유가협도 민가협의 일원으로 참여했다. 양심수후원회도 만들어져서 민가협 활동을 지원했다. 유가협과 민

민가협과 유가협

곁을 지키기로 한 그날의 결심

유가족이 되기 전에는 유가협이란 단체가 있다는 사실 자체를 몰랐다. 유가협은 1986년 8월 12일에 창립되었다. 전태일 열사의 어머님 이소선, 박영진 열사의 아버님 박창호, 송광영[1] 열사의 어머님 이오순, 박종만[2] 열사의 부인 조인식 등 열두 분의 유가족들

---

[1] 1958년 10월 3일~1985년 10월 21일. 전남 광주에서 태어났으며 집안 사정으로 고등학교 진학을 포기하고 양복점 점원, 청계천 평화시장 피복 공장 근무, 신문팔이, 돗자리 장사 등을 하며 청소년기를 보냈다. 이후 중장비학원을 다니며 검정고시를 준비해 1984년 경원대 법학과에 입학했다. 1985년, 전두환 정권이 학생운동을 말살시키고 대학의 비판 기능을 무력화할 목적으로 학원안정법 입법을 시도하자, 전두환 독재 정권 퇴진을 요구하며 1985년 분신 자결했다.

[2] 1948년 2월 25일~1984년 11월 30일. 부산에서 태어난 그는 택시 노동자로 일하며 노동조합에서 복지부장을 맡아 활동했다. 1984년, 회사의 부당 해고와 노조 탄압에 항의하기 위해 "내 한 목숨 희생되더라도 더 이상 기사들이 피해를 보지 않도록 해야겠다"는 유서를 남기고 분신했다. 그의 죽음은 노동자 권익 수호와 민주노조 운동의 상징적 사건으로 널리 알려지며 노동운동 전반에 깊은 파장을 남겼다.

의문사 자료집 《내 자식 죽인 놈들 제 명에 못 살리라》.
사진 저자 제공.

에서 나는 매일 억울한 사연들을 들었고, 그들이 건네준 사진을 보아야 했다.

군에선 주로 총기 사망자가 많다. 총상 사진은 어느 것 하나 끔찍하지 않은 게 없었다. 허원근 아버지 허영춘 씨는 뇌수가 터져 나온 현장 사진을 들이밀면서 "이거 똑바로 봐라. 이게 말이 되냐"고 했다. 처음에는 무슨 의미인지 몰랐지만 자꾸 들여다보니 하나하나 이해가 됐다. 다른 사건들도 그랬다.

유가족의 이야기와 자료들을 정리해서 글을 썼다. 전동타자기가 필요했는데 유가협엔 없었다. 옆 방에 있는 인권위원회 걸 빌려 써야 할 상황이었다. 인권위원회 직원들이 퇴근한 밤에 타자기를 사용한 뒤 그들의 출근 전에 갖다 놓기를 반복했다. 편집할 방법을 몰라 하나하나 가위로 오려 붙였다. 그렇게 만들어진 자료집이 《내 자식 죽인 놈들 제 명에 못 살리라》였다. 내가 만든 첫 번째 의문사 자료집이었다. 표지는 이글거리는 눈빛의 어머니가 죽은 아들을 들어서 안고 있는 판화를 골랐다. 그 판화를 보는 순간, '바로 이거다'는 생각이 들었다.

이 해부용 실습교재로 사용된 문영수(1953~1982), 군에서 시신에 멍과 칼자국이 있음에도 비관·음독자살로 몰린 박상구 씨(1967~1987) 사건들이 있었다. 이런 35명의 의문사 유가족들이 모여 농성을 벌이게 된 것이다.

나와 정미경은 사람들이 많이 모이는 행사나 집회 등을 파악해 일정표를 짰다. 의문사 가족들은 가슴에 맺힌 게 많았다. 그들은 어디서고 분노를 폭발했다. 1988년 10월 17일부터 그 다음 해인 1989년 2월 27일까지 벌인 135일간의 농성 중에 유가족들은 10명만 모여도 거리로 뛰어들었고, 국회는 물론 재판정에서도 소란을 피우곤 했다. 그러다 정연관 어머니 임분이, 박선영[1] 어머니 오영자 씨는 구속돼 여덟 달 동안 징역을 살기도 했다. 농성이 장기화된 데는 두 분 어머님의 구속이 결정적이었다.

"내 자식 죽인 놈들 제 명에 못 살리라"

농성 중에 나는 제대로 정리된 기록이 없다는 걸 알고 가족들을 인터뷰해 자료집을 만들었다. 유가족들은 청와대를 비롯해 관련 기관에 보냈던 진정서와 현장 사진, 부검 사진을 갖고 있었다. 그들이 내민 사진은 하나같이 피투성이였다. 하지만 끔찍하다고 해서 고개를 돌려선 안 될 것 같았다. 아무런 준비도 되지 않은 상태

---

[1] 1966년 9월 8일~1987년 2월 20일. 서울교대 수학교육학과에 재학 중 학내의 비민주적 학사 운영 및 미 제국주의 매판 세력의 지배를 받는 암담한 현실에 분노, 항의하는 8장의 유서를 남기고 목을 매 자결했다. 박선영의 죽음은 서울교대를 비롯한 전국 교대 민주화운동의 불씨가 되었으며, 이후 어머니 오영자 여사는 인권운동가가 되어 뜻을 이어 갔다.

3대 의문사는 김성수(1968~1986), 신호수(1963~1986), 우종원 (1962~1985) 사건이었다. 서울대 1학년생 김성수는 1986년 6월, 전화 한 통을 받은 뒤 슬리퍼를 신고 자취방을 나섰다. 하지만 집에 돌아오지 않아 누나가 실종 신고를 했고, 그는 사흘 만에야 부산 송도 앞바다에서 발견됐다. 허리춤에 돌을 세 개나 매단 익사체로. 신호수는 방위병 시절 모아두었던 북한 삐라 탓에 서울 서부경찰서에 연행돼 11시간 조사를 받고 풀려났다가 행방불명됐다. 일주일 뒤 그의 고향인 여천 돌산의 동굴에서 목을 맨 사체로 발견됐다. 서울대생 우종원은 이른바 '깃발 사건'으로 수배 중에 경부선 영동-황간 구간 철로 변에서 변사체로 발견됐다. 모두 자살로 처리된 사건들이다.

이 밖에도 육군 7사단 GOP 중대 본부 유류고에서 휴가 하루 전 M16 소총으로 오른쪽과 왼쪽 가슴에 각각 한 발씩을 쏴 관통했으나 죽지 않자 머리에 한 발을 더 쏴 자살했다는 허원근 (1962~1984), 학생운동 중 군에 입대해 근무 중 총격에 의해 죽은 이이동(1966~1987), 학생운동을 하다 부모님 강요로 입대해 불에 탄 시체로 발견된 최우혁(1966~1987), 1987년 군에서 야당 대통령 후보에 투표한다고 했다가 죽게 된 정연관(1966~1987), 카투사 복무 중 프락치 활동을 강요받다 죽은 김용권(1964~1987), 대우중공업에서 민주노조를 만들다 의문의 죽임을 당한 정경식 (1959~1987), 경찰의 불심검문에 불응한 이유로 파출소로 끌려가서 폭행당하고 식물인간이 되었다가 죽은 김상원(1953~1986), 경찰의 폭행으로 의식을 잃자 행려병자로 병원에 넘겨져 시신

보고하도록 하는 식이었다. 이 때문에 한때 학생운동권에선 휴가 나온 강제징집자들이 경계 대상이 되기도 했다. 보안대 요구에 순응하지 않은 이들에게 돌아온 대가는 죽음이었다. 정성희(연세대, 1982년 7월 23일 사망), 이윤성(성균관대, 1983년 5월 4일 사망) 김두황(고려대, 1983년 6월 18일 사망), 한영현(한양대, 1983년 7월 2일 사망), 최온순(동국대, 1983년 8월 14일 사망), 한희철(서울대, 1983년 12월 11일 사망), 그들의 죽음 양상은 달랐지만 모두 사망 전 녹화사업을 당했다.

1989년 의문사 진상 규명을 요구하며 농성 중인 고故 이소선 어머니(가운데).
오른쪽은 의문사 유가족 김성수의 어머니, 왼쪽은 의문사 유가족 우종원의 어머니.
사진 전태일재단 제공.

군대가 아니어도 의문사는 셀 수 없이 많았다. 5공화국 당시 유가협 회장이었던 이소선 어머님이 나를 반기며 말했다. 유가협에는 정식 활동가가 정미경 간사 한 명뿐이었다. 거기에 택시 해고 노동자 박채영이 도움을 줬고, 의문사 사건 관련자들도 잠깐씩 들러 거들었다. 나를 가장 반긴 건 정미경이었다. 알고 보니 그는 학교 후배였다.

초로의 엄마, 아빠들이 사람이 모인 곳이라면 어디든 찾아가 의문사를 알렸다. "의문사를 아시나요? 죽었는데 왜 죽었는지 몰라요. 군대에서, 경찰서에서, 동굴에서, 산에서, 바다에서 시체로 돌아왔는데, 모두 자살이라고 해요."

낮이면 유인물을 돌리고, 마이크를 잡느라 지친 그들은 농성장 바닥에 누워 밤늦도록 아이들 얘기를 했다. "내 아들은요"로 시작되는 끝도 없는 얘기를 하다가 울었다. 그러다 그들이 잠들고 나면 여기저기서 헛소리가 들렸다. 아이들 이름을 부르고, 경찰과 싸우는지 욕을 하면서 이불을 걷어차는 잠꼬대였다. 그들에게 이불을 덮어주면서 연민의 정이 생겼다고나 할까, 나는 점점 농성장 파수꾼 중 한 명이 됐다.

지금과 달리 당시엔 이런 죽음 자체가 거의 알려져 있지 않았다. 우리 사회에서 의문사 문제가 처음 정치적으로 부각된 시기는 아마 1984년일 것이다. 당시 대학가에서는 강제징집돼 군에 끌려간 뒤 '녹화사업'으로 죽은 희생자 6명에 대한 진상 규명 요구가 거셌다. 녹화사업은 "대학생들 머리에 든 빨간 물을 파란 물로 바꾼다"는 뜻으로 작명되었다. 보안대는 이들에게 프락치 노릇을 강요하기도 했다. 휴가를 보내 그들이 속했던 조직의 동향을 관찰해

'제24회 서울올림픽 경기대회'가 1988년 9월 17일부터 10월 2일까지 16일간 치러졌지만, 내게 올림픽에 대한 기억은 통째로 없다. 다만, 그해 국회가 달라졌다는 건 확실히 기억에 남는다. 국정감사가 부활했고, '제5공화국에 있어서의 정치권력형 비리조사 특별위원회(5공특위)'와 '광주민주화운동 진상조사 특별위원회(광주특위)'가 열려서 관련자들이 국회에 불려 나갔다. 광주특위에서는 전두환·노태우의 신군부가 권력 장악을 위해 광주 시민들을 학살했고, 그런 뒤에 계엄군에 맞섰던 시민들을 폭도로 몰아갔다는 점이 분명히 드러나 분노를 샀다. 우리가 1980년대 내내 주장했던 것들이 사실로 확인되는 과정이었다.

그해 10월 6일에 군 의문사 가족들이 서울 종로5가 기독교회관에서 농성에 들어갔고, 10월 17일에는 전체 의문사 가족 농성으로 확대되었다. 박정희·전두환 정권 시절 의문사 피해자들이 집단 농성에 들어갔다는 소식을 듣고 농성장을 찾았다. 종로5가 기독교회관 3층은 한국기독교교회협의회 인권위원회가 쓰고 있었다. 사무실로 쓰던 방 옆의 회의실에 책상과 의자를 밀어내고 바닥에 스티로폼을 깔아 놓고 있었다. 벽에는 "죽은 것도 억울한데 은폐조작 웬 말이냐"는 현수막이 걸려 있었다. 그들은 "의문사 문제를 다루지 않은 5공특위는 정치적 기만"이라고 했다.

"죽었는데 왜 죽었는지 몰라요"

"일은 많은데 엄마들이 잘 모르니까, 래전이 형이 좀 도와줘."

운명

의문사 농성장을 지키다 인권운동의 길로

　방황하는 나에게 이소선 어머님으로부터 연락이 왔다. 유가협 월례 모임을 하는데 나와 보라고 하셨다. 1988년 8월 12일, 처음으로 유가협 모임에 나갔다. 청계노조 사무실로 기억하는데, 유가족들이 모여서 총회를 하는 자리였다. 회의가 제대로 되질 않았다. 도떼기시장이라고나 해야 할까? 아버지들이 화를 내듯 큰 목소리로 자기 얘기만 늘어놓는 중에도 이소선 어머니는 회의를 진행해 갔다.
　어머니들은 래전이 형이 왔다며 반겨주셨다. 그렇게 유가협에 한 발을 들여놓았다. 살다 보면 찾아오는 한순간이 있다. 아마도 운명적인, 피할 수 없는 순간. 그때가 그런 순간이었음을 나는 몰랐다. 운명은 내 의지와 무관하게 나를 인권운동의 길로 이끌었다.

마석 모란공원 박래전 묘지.
왼쪽 추모비에 박래전이 쓴 시 〈동화〉의 후반부가 신영복 선생의 글씨로 새겨져 있다.
사진 저자 제공.

겨울꽃이 되어버린 지금
피기도 전에 시들지도 모릅니다
그러나 진정한 향기를 위해
내이름은 冬花라 합니다
세찬 눈보라만이 몰아치는
당신들의 나라에서
그래도 몸을 비틀며 피어나는 꽃입니다.

지금은 겨울, "내 발의 사슬 때문"에 봄에도, 여름에도, 가을에도 꽃을 피우지 못하고, 지독한 겨울에 온몸을 비틀며 피어나는 겨울꽃, 바로 자신이었다. 죽음을 결심한 자의 시였다. 이 시의 후반부를 학교 추모비 뒷면에, 모란공원 묘지 앞 비석에 새겼다. 신영복 선생님의 글씨로.

모든 눈물에는 온기가 있다

시인 박래전이 남긴 유고 시들

백기완 선생님이 돌아가시기 몇 년 전, 래전의 시집을 읽다가 내 생각이 났다며 어느 날 전화를 걸어오셨다. 백 선생님은 전화로 저 시를 낭송하며 소리 내 우셨다. 1986년 내가 감옥에 있을 때, 동생은 시골에 있다가 잠시 학교에 다니러 왔었다. 그러다가 시위 현장에 화염병을 운반하던 중 경찰에 잡혀서 노량진경찰서에서 15일간 구류를 살았다. 하필이면 그때가 추석 때였다.

래전이는 시만 쓰지 않았고, 자신이 배우고 생각한 것을 실천으로 옮겨야 하는 사람이었다. 심성은 여렸지만 불의 앞에는 유난히 고집이 셌다. 그가 남긴 시 곳곳에서 자신의 목숨을 걸어서라도 시대의 아픔을 넘으려는 의지를 드러내고 있었다.

> 너희들이 원한다면
> 내게 불을 붙여다오
> 조각나고 야위었을지라도
> 마른 장작이 더 잘 타는 것
> 내 배를 탄 백성들이 원한다면
> 자! 불을 붙여다오
> ―박래전 유고 시 〈반도의 노래〉 중에서

대표작은 〈동화冬花〉다. 동화는 겨울꽃인데 자신의 필명으로도 썼다. 다음은 이 시의 후반부다.

어떡하란 말이냐 애들아

노량진 유치장에 면회 오신 어머님
나이 오십에
칠십 나이 겉늙은
할머니 주름 가득한
어머님
―박래전 유고 시 〈어머니 말씀〉 전문

박래전 유고 시집. 사진 저자 제공.

모든 눈물에는 온기가 있다

일로 자신을 몰아세웠다. 상념에 젖어들까 더욱더 일을 벌이고 집착했다. 점차 래전이에 관한 이야기는 집안의 금기가 되어 갔다.

동생은 시인이었다. 세계출판사 윤후덕 선배가 시집을 내자고 했다. 래전이가 쓴 시들을 찾아서 정리했다. 52편의 시편들을 정리할 수 있었다. "아직도 시만 쓰고 앉아있어야 하는가?/아직도 헛소리나 지껄이는 우리이어야 하는가?/뜨거운 가슴 감추어 두고/핏발 선 눈빛도 가리워두고/종잇장이나 메우면서 이 세월을 보내야 하는가?"(《시인에게-모독·1》 중에서) 자책을 하면서도 그는 꾸준히 시를 썼다. 평소 래전이는 나한테 자신이 쓴 시를 보여주고는 했다. 가까운 후배들에게도 보여주었다. 래전이는 숭실대 국문과생이자 다형문학회 회원이었다. 시집에는 래전이가 남긴 52편의 시를 4부로 나눠 수록하고, 5부에는 래전이가 참여했던 다형문학회 집단창작시를 실었다. 부록으로 래전이의 유서 3통을 실었고, 발문을 대신한 나의 글은 학교 동기인 심산(본명은 심종철)이 많이 고쳐주었다. 서문은 백기완 선생님이 써주셨다. 그렇게 해서 "어두운 시대에 태어나/참인간이고자 했던 작은 사람의 아들" 박래전의 유고 시집이 49재에 맞춰 《반도의 노래》라는 제목으로 출간되었다.

어떡할려고 그러니 이노무 새끼들아
난 어떡하라고 두 형제가 다 유치장에 있어
나와라
나와서 이야기 좀 하자

지와 백기완 선생님은 그 일을 기억하고 있었다. 래전이가 덕수 장례식에서 누구보다 슬픈 표정으로 마지막 날까지 함께했던 모습을 말이다.

돌아보면 동생은 보이지 않고

거리에 나서면 "형"하고 부르는 소리가 들렸다. 뒤를 돌아보면 아무도 없었다. 한번은 내 앞에 마르고 키가 껑충하게 큰 청년이 가는 걸 보고는 급히 달려가 팔을 잡으며 "래전아!" 하고 불렀다. 동생이 아니었다. 내가 왜 이러지, 자꾸 헛것이 보이고 환청이 들렸다. 뜨거운 불길에 휩싸여 숯덩이가 되어 죽었는데, 마지막에는 밥 한 끼 먹이지 못하고 세상을 뜨게 했는데. 배가 고파 밥을 먹어도 죄를 짓는 것 같았다. 가슴이 조여 오면서 숨 막히는 고통이 몰려오고는 했다. 지금에야 '트라우마'니 '외상 후 스트레스 장애 PTSD'이니 하지만, 그때는 그런 걸 몰랐을 뿐더러 알려주는 이도 없었다. 나의 슬픔과 분노는 감추어야 하는 것이었고, 말해야 하는 게 아니었다.

장례 기간에는 느끼지 못했던 '부재의 시간'을 지나고 있었다. 나는 외로웠다. 사람들 속에 있어도 내 마음 속 얘기를 하지 못하고, 나보다 더 슬퍼하는 이들의 목소리에 귀 기울이고 안아주어야 했다. 나는 '울어서는 안 된다. 부모님, 후배들도 내가 챙겨야 하는데 약한 모습을 보여서는 안 된다'고 생각했다. 그런데도 어느 순간 갑자기 울컥했고, 그리움이 밀려오곤 했다. 아버지는 술과 농사 사실 나는 래전이의 앞길을 방해해왔다. 군대 제대하고 복학한 동생이 학생운동을 다시 시작한 1986년, 내가 노동운동을 하다 감옥에 가는 탓에 래전이는 부모님 손에 붙잡혀 고향으로 내려가야 했다. 래전이는 복학 뒤 학생운동을 제대로 하고 싶었지만 부모님 걱정에 무척 괴로워했다. 유서에도 "올해로써 대학 생활을 정리하고 고향으로 돌아가 두 분을 모시면서 고향에서 올바른 뜻을 펴고자 했습니다"라고 썼다. 그런데 왜 갑자기 분신을 했을까? 혼자 있는 시간이면, 이런저런 생각이 끝을 모르고 이어졌다.

장례 기간에는 생각도 못했는데, 모든 공간에 래전이가 있었다. 래전이 동료들의 충격도 무척이나 컸다. 그 후배들과 만나 래전이 얘기를 들었다. 그들도 "왜 그랬는지 모르겠다" "형이 그런 생각을 하고 있었는지 몰랐다"며 자책하고 울었다. 숭실대학교와 인근에서 그리고 시골집을 찾아온 그들 등을 다독였다. 너희 잘못이 아니라고…. 후배들은 래전이가 5월 투쟁에 나서서 단식을 하고, 혈서를 쓰고, 거리 투쟁을 할 때 온 힘으로 함께하지 못했던 일들을 후회했다. '형이 너무 과격하다, 조급하다'고 비판했던 몇몇은 죄책감에 시달렸다.

한동안 나는 혼자만의 시간이 두려웠다. 그래서 더 래전이의 숭실대 후배들과 어울렸던 것 같다. 혼자 있으면 지나간 모든 일이 후회로 돌아왔다. 조성만(서울대생으로 1988년 5월 15일 명동성당 가톨릭회관에서 할복 후 투신 자결), 최덕수(단국대 천안 캠퍼스에서 1988년 5·18 광주민중항쟁 기념일에 분신 자결)의 장례식에 가지 못했던 것도 회한으로 남았다. 나중에 알게 됐지만 최덕수의 아버

상실 2

'부재의 시간'을 견디는 고통, 박래전의 유고 시들

동생 장례를 마치고 나니 모든 게 달라져 있었다. 술만 드시면 "래전이 불쌍해서 어떡해" 하며 우는 아버지, 내놓고 울지도 못하고 눈물만 흘리는 어머니가 계셨다. 사람들은 그랬다. "막내 잃은 부모님을 네가 잘 보살펴야 한다"고. '너 때문에 래전이가 죽었다'는 얘기를 직접 대놓고 하는 친척도 있었고, 뒤에서 수군대는 소리도 들렸다. 화도 나고 억울했다. 그때 내가 래전이의 마지막 전화를 받았다면 분신을 말릴 수 있었을까? 래전이 얼굴에 검은 반점이 피어날 때 돈 몇 푼 던져주고 말 게 아니라 직접 병원에 갔더라면 달랐을까? 뭐가 어디에서부터 잘못된 걸까? 분신은 나와 상관없는 일인 줄 알았다. 막상 내가 당해 보니 마음을 다잡기가 어려웠다.

맘먹고 싸울게' 하고 다짐했다.

그때 내 동생 박래전은 스물여섯이었고, 내 나이 스물여덟이었다.

착수할 것을 요구했다. 부모님 앞으로 쓴 유서에서 "어머님, 아버님. 이 시대의 군부독재는 우리의 손으로 깨부수지 않으면 안 됩니다. 또한 미국 놈들을 몰아내지 않으면 통일은 불가능합니다"라고 말하고, 마지막에는 "아버님, 모질게 먹은 마음이라 눈물조차 흐르지 않아요. 어머님, 아버님, 안녕히"라고 적었다.

6월 12일, 장례 행렬은 아침 일찍 학교를 나섰다. 고향의 래전이 모교였던 송산고등학교를 들르고, 서신중학교를 찾았다. 아무도 없었다. 텅 빈 학교 운동장에 우리만 있었다. 나는 악에 받쳐서 소리를 질렀다. 제자가 죽어서 왔는데 맞아주는 선생 하나 없다는 게 너무 속이 상했다. 시골집에도 들렀다. 동네 어른들이 모두 나와서 우리를 맞아주었다. 래전이는 그해 부처님 오신 날인 5월 23일 마지막으로 집에 들렀다. 20일 만에 래전이는 저세상 사람으로 찾아왔다.

네 몫까지 싸울게

장례 행렬은 경희궁 터(지금의 서울역사박물관)에서 열렸다. 장례 순서가 진행되는 동안 아무것도 눈에 들어오지 않았다. 영결식을 마친 행렬은 서울시청을 거쳐서 마석 모란공원으로 향했다.

하관을 할 때 어머니가 관을 잡고 놓지를 않으셨다. "나도 같이 가자. 래전아, 엄마도 같이 가자"며 울부짖으셨다. 어머니를 간신히 떼어놓고 관 위에 흙을 덮으면서 다짐을 했다. '래전아, 네 몫까지 내가 할게. 네가 바라던 민중의 새 세상 만들 때까지 독하게 막이었을 그 전화를 받지 못했다.

오후 4시 20분경, 래전이는 숭실대 학생회관(현재의 미래관) 옥상에서 "광주는 살아 있다! 끝까지 투쟁하라. 청년 학도여, 역사가 부른다. 군사 파쇼 타도하자!"고 외쳤다. 도서관에서 공부하던 학생들이 래전이가 구호를 외치는 소리를 들었다. 곧 펑 하는 소리와 함께 불길이 치솟았다. 학생들이 옥상으로 뛰어 올라와서 소화기로 불을 껐지만, 이미 래전이는 온몸에 화상을 입은 뒤였다. 병원으로 옮기는 중에도 "광주는 살아 있다. 내가 죽더라도 끝까지 투쟁해야 한다"고 말했다고 한다.

광주는 살아 있다!

장례 과정 중에 비로소 래전이가 남긴 유서를 읽었다. 유서는 〈어머님, 아버님께〉〈이 땅의 모든 사람들에게〉〈백만 학도에게〉 세 통이었다. 비공개 유서도 한 통 있었다. 유서 끝에는 "광주민중항쟁 8년 6월 2일"이라고 표기되어 있었다. 6월 1일이 스물다섯 번째 생일이었으니까, 생일 다음 날 작성한 것이었다. 유서에서 래전이는 광주학살 주범들을 역사의 심판대에 올려야 한다고, 보수 야당들이 광주의 진상 규명을 정치적으로 타협할 것이라고 경고했다. 그에 더해서 서울올림픽을 이유로 민중생존권을 탄압하는 노태우 정권을 강하게 규탄했다. 양심수의 전원 석방과 자유로운 통일 논의의 보장도 요구했다. 그리고 대통령 선거 이후 극심한 분열상을 보이는 운동 진영에 무조건적인 통일단결을 위한 작업에

명했다. 무슨 말을 할 수도 없었다. 가슴은 미어지고, 뜨거운 눈물이 솟았지만, 눌러서 참고 참았다.

입관할 때 본 동생 몸은 숯덩이였다. 내 동생이라고 믿을 수가 없었다. 드라이아이스를 관에 가득 채웠다. 시신은 숭실대로 옮기기로 했다. 6월 초인데도 태양은 이글이글 타올랐다. 아스팔트의 지열이 숨 막힐 듯이 뜨거웠다. 운구차를 에워싸고 학생들이 행진하며 병원에서부터 학교로 이동했다. 학교 채플실에 제단이 마련되어 있었고, 거기에 안치를 했다. 학교에서는 매일 결의대회가 있었고, 장례 준비로 분주했다.

장례는 '민중해방열사 고 박래전 민주국민장'으로 하기로 했다. 장례일은 6월 12일로 정해졌다. 7일 장이었다. 장례위원회 위원장은 백기완 선생님이, 부위원장은 문익환 목사님 등이 맡아주셨고, 운동진영의 거의 모든 분들이 장례위원회에 이름을 올리고 있었다. 장례집행위원장은 서울대 총학생회장이었던 전상훈이 맡았다. 같은 정파를 대표하는 학생 대표였기 때문이다. 호상에는 숭실대 인문대 부학생회장을 하던 윤은경이 맡았다. 지금도 윤은경이 소복을 입고 래전이 영정을 들던 모습이 애처롭게 기억난다. 장지는 '전태일 선배가 있는 마석 모란공원으로 가자'는 이소선 어머님의 권유를 받아들여서 마석 모란공원으로 정했다.

내 동생 박래전은 그해 6월 4일 오후 4시 직전에 세계출판사로 전화를 걸어 나를 찾았다고 한다. 그때 나는 의문사 당한 연세대 선배 고정희 씨 빈소(강남 가톨릭성모병원)에 조문 가 있어서 통화를 하지 못했다. 분신을 결행하기 약 30분 전이었다. 삶의 마지어서자 아버지가 대성통곡을 했다. "래군아, 어떡하냐. 이놈들아. 내가 니들을 뭐하려고 공부시켰냐! 운동이 뭐라고!" 어머니는 내 손을 꼭 잡고 울기만 하셨다. 전날 래전이 병실에 들어간 어머니는 래전이의 손을 잡고는, "래전아, 장하다! 정말 장하다! 어서 일어나라! 일어나서 엄마와 같이 싸우자! 이 애미는 너를 다 이해할 수 있다. 엄마도 이제부터 너랑 같이 싸우마! 어서 일어나라!"고 말씀하셔서 주위 사람들을 울렸다고 했다.

믿을 수 없는 그 상황에서 내가 할 수 있는 일은 없었다. 학생들이 병원에서 집회를 했고 그 자리에서 가족을 대표해 말을 하긴 했는데, 뭐라고 했는지도 기억나지 않았다. 오로지 '내가 흔들려서는 안 된다, 래전이를 지키고, 가족들을 지켜야 한다'고 다시 이를 악물었다. 침착하자고, 냉정해지자고 마음을 다져 먹고는 했다. 중환자실 주위에서 나는 줄담배를 피워대며 서성였다.

사람들은 동생이 가망이 없다고 했다. 병원 벽에 붙은 속보에는 전신의 80퍼센트가 3도 화상이라고 했다. 병실에 들어갈 때는 심전계의 녹색 그래프를 유심히 봤다. 점점 그래프가 수평에 가까워오고 있었고, 몇 번의 위기마다 의사며 간호사들이 심폐소생술을 시도하고는 했다. 운명의 시간이 다가오고 있었다.

래전이 몸에 매달렸던 심전계가 삑삑 경고음을 울리고, 녹색 그래프는 높낮이 없이 수평으로 직선을 그렸다. 의사가 더 이상은 호흡기로도 생명을 연장할 수 없다고 했다.

1988년 6월 6일, 낮 12시 23분. 호흡기를 떼어냈다. 동생은 화상의 고통에서 벗어났다. 만 25년을 같이 살았던 내 동생이 운

"너, 뭐 하고 다니는 거야. 여기로 빨리 와, 래전이가…."

형은 채 말을 끝맺지 못했다. 옆에 있던 친척 형이 대신 전했다. 래전이가 분신했다고.

듣고도 믿을 수 없는 일이었다. 택시를 잡아탔다. 영등포 한강성심병원까지 가는 동안에 평소 믿지도 않는 신에게 기도했다. 제발, 래전이를 살려주세요, 간절하게 기도했다.

병원 곳곳에 대자보가 붙어 있고, 학생들로 보이는 사람들로 북적였다. 뭐가 뭔지 정신이 없었다. 국문과 최병현 선배가 나를 발견하고는 중환자실로 데리고 갔다. 침상 위에 온몸을 붕대로 칭칭 동여맨 동생이 있었다. 주렁주렁 링거를 달고 동생은 색, 색, 가쁜 숨을 몰아쉬었다. 기계 장치들도 여럿 있었다. 심전계는 녹색 그래프를 급하게 그리고 있었다. 동생은 나를 알아보지 못했고, 눈도 뜨지 못했다. 붕대로 감은 손을 잡았는데, 얼음장처럼 차가웠다. 숨을 쉬고 있으니 분명 아직 살아 있는 건데…. 동생의 차가운 손을 놓으며 아마 휘청였던 것 같다.

그러자 최 선배가 나를 부축해서 병실 밖으로 데리고 나왔다. 병원 계단에 앉아서 담배에 불을 주었다. 담배를 빨 수가 없었다. 목울대가 너무도 아팠다. 선배는 '네가 정신을 차려야 한다'면서 래전이가 쓴 유서를 건넸다. 눈물이 앞을 가려서 읽을 수 없었다.

악몽 같은 나날들

부모님과 가족, 친척들은 1층 보호자 대기실에 있었다. 방으로 들

상실 1

'겨울꽃' 같던 내 동생, 박래전

1988년은 서울올림픽이 열린 해다. 숭실대에 복학한 동생은 인문대 학생회장에 당선되었다. 그해 4월에 총선이 있었는데, 여당인 민정당보다 김대중의 평화민주당, 김영삼의 통일민주당, 김종필의 신민주공화당의 의석수가 훨씬 더 많았다. 여소야대 국면이 열렸다. 그 시절 나는 세계출판사를 운영하던 윤후덕 선배의 제안으로 운동권 수기를 쓰기로 하고, 출판사에 나가 집필을 시작했다.

래전이가 분신했다

1988년 6월 5일 새벽 5시께, 안양의 자취방 집주인이 전화가 왔다며 나를 깨웠다. 전화기 너머로 형이 말했다.

2장

유가족이 되어

례식이 예정돼 있었다. 이한열 장례식 전날 전국의 구치소, 교도소에서 양심수들이 일제히 풀려났다.

약 13개월의 수감생활을 마치고 고향에 돌아온 다음 날 아침, 마을 어른들이 모두 인사를 왔다. 하나같이 내 손을 잡고는 "화성에서 애국자가 났다"고 했다. 내가 감옥에 들어간 뒤에는 우리 집에 발길을 끊었던 이웃들이었다. 빨갱이 집과 왕래하면 어떤 불똥이 튈지 모른다며, 품앗이마저 거절해 부모님이 무척 힘들었다는 얘기를 나중에야 들었다.

6월 항쟁에 이어 석 달여 동안 노동자 대투쟁이 벌어졌다. 울산에서 시작된 불길은 곧 들불처럼 전국으로 번져 나갔다. 파업 등을 거치면서 1300개의 민주노조가 생겨났다. 개헌이 있었고, 대선이 이어졌다. 김대중과 김영삼의 분열로 노태우가 대통령에 당선되었다. 직선제 개헌을 했는데도 학살의 원흉이 대통령이 되다니, 참으로 어처구니없는 일이 아닐 수 없었다.

그 기간 나와 동생은 복학을 했다. 나는 여전히 감옥에 있는 양심수 석방 운동과 노동자 파업 지원 활동을 했다. 그렇지만 교도소에서 혹독하게 구타와 고문을 당한 탓이었을까? 허리는 끊어질 듯 아팠고, 점차 앉아 있기도 힘든 지경이 됐다. 결국 공장으로 돌아가 노동운동을 한다는 계획을 접어야 했다. "대학만 졸업하면 네가 무슨 일을 하든 상관 않겠다"는 아버지의 다짐을 받고 나는 복학했다.

감옥에서 만난 장기수들

교도소는 나를 '6사하(6동 하층)'로 보냈다. 이 사동은 모두 독방이었는데, 약 스무 명 정도가 수감되어 있었다. 7~20년형부터 무기징역을 받은 사람들이었다. 말로만 듣던 비전향 장기수들을 만난 것이다. 남조선민족해방전선(남민전) 사건 관련자도 있었고, 구미 유학생 간첩단 사건의 강용주도 거기서 만났다. 강용주는 최연소 무기수였고 나중에 가장 마지막에 풀려났다.

그들은 10~20년의 감옥살이에도 한 점 흐트러짐이 없었다. 새벽 4시면 일어나 정좌한 자세로 명상을 했고, 방 안을 깨끗이 쓸고 닦은 다음 책을 읽었다. 사람을 대하는 태도도 깍듯했다. 내게도 '박 선생'이라는 호칭을 썼다. 그들과 많은 대화를 나누진 않았지만 그들의 생활 태도를 보면서 나는 반성에 반성을 거듭했다. "내가 오만했구나." 장기간 구금 생활을 해온 그들은 나의 부끄러운 모습을 비추어 보는 거울이었다. 운동은, 혁명은 입으로만 떠들어서 되는 게 아니잖은가.

하루는 매캐한 바람이 불더니 재채기가 나왔다. 최루탄 냄새였다. 대전 시내에서 10킬로미터도 더 떨어진 이곳에 최루탄 냄새라니, 쉬 이해할 수 없는 일이었다. 면회를 다녀온 사람으로부터 밖에서 4·19 때보다 더 큰 데모가 전국에서 일어나고 있다는 소식을 들었다. 교도관들이 군복을 입고, 소총을 메고 근무를 서기 시작했다. 나는 그렇게 6월 항쟁을 감옥에서 맞았다. 6월 9일 최루탄에 피격당한 연세대생 이한열이 7월 5일 운명했고, 7월 9일 장이 땀으로 범벅이 됐고, 팔과 다리를 묶은 포승줄이 엄청난 강도로 조여드는 느낌이었다. 이러다가는 꼼짝없이 죽을 것만 같았다. 그때 한 가지 생각이 퍼뜩 머리를 스쳤다. 혀를 깨물자, 그러면 포승줄을 풀어줄 것 아닌가? 마룻바닥에 엎어진 채 혀를 빼물고 꽉 깨물었다. 안 깨물어졌다. 두 번, 세 번 해도 마찬가지였다. 이상했다. 그래서 이번에는 혀를 빼물고 마룻바닥에 턱을 내리찍었다. 그제야 혀끝이 잘리고, 입 안 가득 피가 고였다. 나는 울부짖으면서 벽과 바닥에 피를 뱉어냈다. 그러기를 몇 번 더 반복하자 벽면과 바닥이 붉은 피로 뒤덮였다.

옆방에 있던 항래가 이상한 낌새를 알아채고 큰 소리로 교도관을 불렀다. 문이 열리더니 교도관들이 들어왔다. 그들은 포승줄을 푸는 게 아니라 허리를 밟고는 더욱 팽팽하게 조였다. 거기에 방성구防聲具(소리를 지르지 못하게 입을 틀어막고 머리에 씌우는 도구)까지 뒤집어씌웠다. 그러잖아도 고통스러워 더는 못 버틸 지경이었는데, 이건 완전히 사람을 잡겠다는 짓이었다. 팔과 다리를 묶은 포승줄이 날카롭게 파고들었다. 허리는 끊어질 듯 아팠다. 결국 더는 버티지 못하고 항복했다. 다시는 교도소 안에서 소란을 떨지 않고, 규율을 잘 지키겠다는 각서까지 썼다. 포승줄로 묶였던 팔과 다리는 물집이 터져서 쓰라렸고, 잘린 혀는 통증이 심해졌다. 하지만 통통 부어오른 상처보다 더 끔찍한 건 내 마음이었다. 폭력에 굴복했다는 무력감, 노동 해방을 위해 싸우는 전사가 이깟 폭력을 이기지 못하고 무너졌다는 자괴감에 너무 괴로웠다.

등에 작업을 나가는 것. 형이 확정된 기결수들은 의무적으로 출역을 해야 한다)' 나가서 말썽을 일으켜 징계를 받은 기결수들을 모아놓는 곳이었다. 대전교도소에서 '한다하는' 꼴통들이 다 모인 곳이다. 그래도 시설은 최신식 시설이어서 수세식 변기를 쓰고, 방 안에서 수돗물을 쓸 수 있었다. 그것만으로도 나는 만족했다.

그 사동에 배정받은 며칠 뒤에 노항래가 내가 있는 사동으로 들어왔다. 그는 영등포구치소, 영등포교도소를 거쳐서 대전교도소까지 내 뒤를 따라온 것이다. 노항래는 그런 친구다.

혀를 잘라도 포승줄은 풀리지 않았다

내 인생은 언제나 순탄한 법이 없었다. 5월 15일, 나와 항래는 5·18 광주민중항쟁을 기리기 위해서 사흘간 단식을 하기로 했다. 5월 18일까지 무사히 단식을 마친 후 다음 날 아침이었다. 사동이 술렁거리고 여기저기서 불만이 터져 나왔다. 그날 교도소에서 체육대회를 하기로 했는데, 미지정 사동인 우리 사동만 제외한다는 방침이 일방적으로 통보됐다. 방 안에만 갇혀 지내던 재소자들은 여기저기서 항의의 목소리를 냈다. 우리는 영등포교도소에서 했던 것처럼 "운동회에 참석하게 해 달라"는 구호를 외치면서 문짝을 걷어찼다. 몇 번 걷어차지도 않았는데, 교도관들이 우르르 몰려와서 우리를 끌어냈다.

돼지 묶음을 당한 채 징벌 사동 독방에 던져졌다. 익숙한 일이었다. 그런데 사흘간의 단식 끝이어서인지 얼마 지나지 않아 온몸

굴욕과 반성

혁명은 입으로만 되는 게 아니었음을

1987년 4월 13일을 잊지 못한다. 항소심에서 징역 2년 형을 확정받고 대전교도소로 이감 간 날이었다. 영등포교도소 교도관들은 앓던 이가 빠진 것처럼 싱글벙글했다.

검은 지프차에 실려서 대전으로 향할 때 라디오에서 전두환이 긴급 발표를 했다. '4·13 호헌 조처'였다. 개헌하지 않겠다는 공식적인 발표였다. 그 발표를 들으면서 '이제 죽었구나' 생각했다. 시국의 변화에 가장 민감한 곳이 감옥이었다.

대전교도소는 동양 최대 규모를 자랑하고, 최신식 시설이라고 했다. 일제강점기부터 정치범들을 수용했고 1970년대에는 비전향 장기수들을 악랄하게 다루었던 곳으로 악명이 높았다. 처음에는 미지정 사동의 혼거방에 들어갔다. 미지정 사동은 '출역(공장

찬으로 나온 두부조림에서 역한 냄새가 심하게 났다. 나는 두부를 방 밖으로 내던지면서 투쟁을 시작했다. 그런데 이번에는 양심수들만 싸우는 게 아니었다. 교도소의 전 사동에서, 모든 방에서, 모든 재소자가 양심수들의 투쟁에 합세해 문짝을 걷어차고 구호를 외쳤다. 결국 교도소장이 사과 방송을 했고, 옥투위는 부식 개선 약속을 받아냈다. 재소자와 함께한 이 투쟁은 우리의 승리로 끝났다. 역시 감옥은 '정치대학'이었고, 나는 그곳에서 활동가로 단련되고 있었다.

있다가 '먹방(징벌방의 일종으로 빛 한 점 들어오지 않는다)'에 던져졌다. 일명 '돼지 묶음(포승줄로 팔을 뒤로 묶어서 다리와 연결해 팽팽하게 당기는 방식의 포박)'을 당한 채. 깜깜한 방에서 한참을 버둥대고 있는데, 그 방에는 앞서 다른 한 명이 들어와 있었다. 우리는 서로의 밧줄을 풀어주었고 나는 수갑마저 빼냈다. 손발이 자유로워지면 배변을 스스로 할 수 있어서 옷에 똥오줌을 지리지 않아도 된다. 그곳에서 하룻밤을 보내면서, 이번에는 오래 머물 것 같다는 예감이 들었다.

그런데 다음날, 교도소 측에서 우리를 모두 풀어준 뒤 각자의 방으로 돌려보냈다. 어안이 벙벙했다. 곧 그 이유를 알게 됐다. 우리가 들어갔던 먹방 바로 옆이 특별 사동인데 그곳에 서울대생 고문 경관들을 수용한 것이다. 이들의 존재를 들킬까 봐 바로 옆방에 있던 우리를 풀어준 것이었다. 고문 경관이 지척에 있다는 사실은 그냥 지나칠 수 없는 일이었다.

영등포교도소 양심수들은 운동을 가거나, 면회를 나갈 때면 고문 경관들이 수감 중인 특별 사동을 향해 질주하면서 외쳤다. "여기 고문 경찰이 있다. 살인마를 처단하자!" 그때마다 교도관들은 우리를 붙잡아 입부터 틀어막았다. 교도관들이 '제발 소리 지르지 말라, 우리 사정도 좀 봐 달라'며 통사정했지만, 우리는 막무가내였다.

그러던 중 배식받은 국에서 쥐꼬리가 나왔다는 소문이 돌았다. 실제 우리가 받은 음식은 사람이 먹을 수 없을 정도였다. 옥투위는 부식 투쟁을 하기로 했다. 불만이 고조되던 어느 날, 아침 반까지 나흘 동안 민족해방 계열 학생운동가들이 건국대에 총집결해 대정부 투쟁을 벌이는 일이 일어났다. 정권은 헬리콥터와 최루탄을 동원하고, 물대포를 쏘며 폭력으로 진압했다. 이 사건으로 1525명이 연행되었고 1288명이 구속됐다.

갑자기 구속자들이 대거 밀려들어 오자 교정 당국의 태도가 돌변했다. 걸핏하면 양심수들을 보안과 지하실로 끌고 갔다. 나도 그해 겨울 몇 번이나 거기로 끌려가 구타와 함께, 일종의 '비녀 꽂기 고문(무릎 꿇은 상태에서 손을 어깨 뒤로 올려 묶은 뒤, 다리와 연결해 팽팽하게 당기고 머리 뒤로 각목을 끼우는 방식)'을 당했다. 이 고문을 당하면 어깨며 팔, 허리가 끊어지는 듯한 극심한 고통이 따랐다. 시간이 지날수록 포승줄이 살을 파고들고 통증은 심해졌다. 이를 악물고 버텼고, 끝내 항복하지 않은 채 징벌방으로 넘겨지곤 했다. 나는 독한 놈이었다. 그렇지만 옥투위 활동은 위축될 수밖에 없었다.

박종철을 살려내라!

해를 넘겨 1987년 1월이었다. 세상과 단절된 감옥 안에까지 한 서울대생이 고문을 당하다 죽었다는 소문이 돌았다. 소문은 곧 사실로 확인되었다. 옥투위는 결사 투쟁을 결의했다. 1월 17일경 저녁 시간에 우리는 일제히 감옥 문짝을 걷어차며 "박종철을 살려내라!" "살인 정권 타도하자!"는 구호를 외쳤다. 곧바로 경비교도대가 출동했고 우리는 여지없이 끌려가 보안과 지하실에 묶여 늘어놓고 밥을 먹었다. 겨울엔 최전방에서 겪었던 것처럼 살을 파고드는 추위에 새벽이면 잠이 깨고는 했다.

1심 재판에서 2년 6개월의 징역형을 선고받고, 1986년 11월 초 영등포교도소로 이감되었다. 내 방은 3사상 10방. 저녁 점호를 마치고 나면 나는 매일 스스로 이름 붙인 '민중의 소리'라는 방송을 했다. 쇠창살을 잡고 쩌렁쩌렁한 목소리로 창밖을 향해서 바깥세상 소식을 전했다. 마지막은 언제나 전두환 정권을 규탄하는 구호로 끝냈다. 전국의 교도소에 정치범인 양심수들이 넘쳐나던 때였다. 감옥에 갇힌 양심수들은 옥중투쟁위원회(옥투위)를 만들어 그 안에서도 정치투쟁을 이어 갔다. 옥투위는 민가협(민주화실천가족운동협의회, 양심수 가족들로 구성된 인권 단체로 1985년 12월 설립되었다)을 통해서 다른 교도소 양심수들과 연락을 했고, 감옥 안에서 전국 동시 행동에 돌입할 정도로 강력했다. 내가 저녁마다 큰 소리로 시국 연설을 하고 구호를 외쳐도 교도소 측에서는 크게 제지하지 못했다.

1984년에 총학생회가 부활한 뒤 학생운동은 전두환 정권을 더욱 거세게 압박했다. 노동운동, 빈민운동, 재야운동 등도 빠르게 성장하고 있었다. 거기에 개헌을 요구하는 야당 공세도 계속됐다. 전두환은 권력을 유지하기 위해 공안 탄압의 강도를 높여 갔다. 1986년 내내 공안사건이 터졌고, 구속자는 급증했다. 그 과정에서 '부천서 성고문 사건(부천경찰서 경장 문귀동이 부천 지역에 위장 취업했던 여성 노동자를 조사하면서 성고문을 저지른 사건)'이 폭로돼 국민의 분노를 샀다. 그러다가 1986년 10월 28일부터 31일

노량진경찰서 유치장에 있을 때, 형이 갈아입을 옷과 함께 넣어준 엽서의 글씨는 번져 있었다. 눈물로 쓴 편지다. 여기서 무너지면 안 된다, 전두환 독재에 굴복하면 안 된다, 노동 해방을 위해, 민중을 위해 이 한 몸 바치기로 했던 나의 다짐이 무너질까 봐 이를 악물었다. 참으려고 했지만 뜨거운 눈물이 흘렀다.

나는 '독한 놈'이었다

영등포구치소에서 지내며 느낀 사실은, 세상에 억울한 사람들이 너무 많다는 것이었다. 감옥엔 힘없고, 빽 없고, 가난한 사람들로 넘쳐났다. 그들이 민중이었다. 나는 여러 명이 함께 쓰는 혼거방에서 그들이 살아온 삶에 관해 묻고 들으려 애썼다. 내 방에는 '범털(가족들이 면회 와서 영치금이나 사식을 많이 넣어주는 재소자를 부르는 은어)'보다는 '개털(면회 오는 가족마저 없어서 영치금도 없는 가난한 재소자)'이 대부분이었다. 어머님이 바쁜 농사일을 하면서도 꼬박꼬박 면회를 오시니 그 방에서 나는 범털에 속했다. 경찰에 구타당한 몸이 천천히 회복되자 구치소 생활에도 적응했다.

영등포구치소와 영등포교도소는 참으로 열악했다. 서너 평 되는 방에 열 명 가까운 재소자들이 부대끼며 살다 보니 사소한 일에도 다툼이 끊이지 않았다. 새우잠과 칼잠은 기본이었다. 여름은 찜통더위였고 겨울엔 물통에 얼음이 꽁꽁 얼었다. 여름엔 푸세식 변소에서 구더기가 기어 나왔다. 변기 입구를 아무리 틀어막아도 구더기를 어찌할 수 없었다. 그렇게 열악한 마루방에서 밥그릇을

옥중 투쟁

포승줄, 구더기, 고문이 나를 단련시켰다

서울 영등포 한미은행을 점거 농성했던 16명의 해고자는 모두 구속되었다. 경찰 조사를 받은 뒤 노량진경찰서 유치장을 거쳐서 영등포구치소로 넘어갔다. 유치장에 있을 때 부모님과 형, 동생이 소식을 듣고 한달음에 달려왔다. 가족들 입장에서는 너무 기가 찬 노릇 아닌가. 제대한 지 겨우 10개월 만에 구속이라니….

부모님과 형은 눈물로 호소했다. '반성문을 쓰면 감옥에서 나갈 수 있다'는 경찰의 거짓말을 듣고는 제발 반성문을 쓰라며 울먹였다.

"래군아, 반성문 좀 쓰면 안 되겠냐. 나와서 운동하면 되잖니. 너 대학 보내고 부모님이 얼마나 좋아하셨니. 부모님 생각해서라도 눈 딱 감고 반성문 쓰고 나오자."

1986년 5월 30일 서울 영등포 한미은행을 점거한 뒤
창에 매달려 반미 구호를 외치고 있는 사진이 《경향신문》에 실렸다.
ⓒ《경향신문》

라 문을 열어둔 틈을 타고 우리는 은행 2층을 점거한 뒤 바리케이드를 쳤다. 경찰은 소방차를 동원해 유리창에 소방 호스로 물을 쐈다. 압력이 얼마나 센지 유리창이 모두 깨졌다. 일부는 해머로 벽을 부수고 거칠게 진입했다. 나는 "노동자, 농민 피땀 짜는 미제국주의 몰아내자!" "광주 학살 원흉 군부독재 양키 처단하자!"는 현수막을 내걸고 창에 매달려 계속 구호를 외쳤다. 그러다가 밀고 들어온 경찰에 떠밀려 바닥으로 떨어졌다. 미처 땅에 닿기도 전에 경찰 군홧발이 내 얼굴을 짓밟았다. 그길로 영등포경찰서로 연행되었고 구속됐다. 내 생애 첫 번째 구속이었다. 깨어진 유리창 위에 올라가 구호를 외치는 내 사진이 다음 날 신문에 실렸다.

폐"를 주장했던 그들의 분신은 충격이었다.

1986년 5월 3일, 인천에서 개헌추진위원회 현판식 일정이 잡혔다. 이날 당시 모든 운동권이 "인천을 해방구로!"를 외치며 집결했다. 경찰의 삼엄한 경비를 뚫고 화염병을 반입할 방법을 고민하다가 고물 장수로 위장해 리어카로 운반하기로 했다. 딱 알맞은 외모를 지닌 내가 그 역할을 맡았다. 예상대로 인천 시민회관 주변은 경찰의 경비가 삼엄했다. 태연하게 리어카를 밀고 들어갔다. 10미터쯤 전진했을까? 별 의심 없이 길을 터줬던 경찰이 갑자기 "저거 뭐야?" 하고 소리치자 경찰들이 우리를 잡으려고 몰려들었다. 다행히 주변에 있던 동지들이 경찰들을 밀어내면서 화염병 운반에 성공했다.

인천시민회관 주위는 격렬한 전쟁터와 다름없었다. 경찰과 투석전이 벌어졌고 여기저기서 내가 반입한 화염병이 날아다녔다. 그 와중에 시민회관 앞에서 동생을 만났다. 아주 오랜만에 만난지라 기쁨에 서로 부둥켜안았다. 투쟁 중에 만나니 더 반가웠다. 거기서 우상호도 만났다. 경찰에 밀리면서 오전에 시작된 투쟁이 저녁 무렵까지 이어졌다. 이날 시위로 총 319명이 연행됐고 그중 129명이 소요죄로 구속되었다. 해고자 투쟁위원회 소속 노동자들은 화염병 반입과 폭력 투쟁 주도 혐의로 비공개 수배를 당했다.

그러던 중 미 제국주의를 반대하는 노동자의 목소리를 세상에 알려야 한다는 지도부 방침에 따라 1986년 5월 30일 한미은행 점거 시위에 참여했다. 인천 지역 해고자들이 중심이 됐다. 학출도 있었고, 노출도 있었다. 영등포 한미은행에 청소부가 청소하는 가두 투쟁에 전투조로 참가하는 게 주된 일이었다. 그해 3월에 구로공단 신흥정밀에서 일하던 박영진이 분신했다. "근로기준법을 지켜라, 살인적인 부당노동행위 철회하라, 노동 삼권 보장하라"는 요구 뒤였다. 그의 시신은 경찰에 의해 벽제화장터에서 화장된 뒤 뿌려졌다. 나중에 노동자들이 유골을 수습했고, 이소선 어머님이 보관하다가 마석 모란공원에 안장하기로 했다고 했다.

4월 중순쯤이었고, 해고자 투쟁위원회에서 활동한 지 오래되지 않았을 때였다. 마석역에 도착하니 역 앞에서부터 경찰과 노동자들 사이에 투석전이 벌어지고 있었다. 겨우 경찰 저지선을 뚫고 마석 모란공원에 도착했는데, 모란공원 주위도 경찰들이 빽빽하게 들어차 있었다. 거기서도 싸움이 벌어졌고, 유골은 오후가 되어서야 겨우 안장됐다. 먼발치에서 이소선 어머님을 뵐 수 있었다. 어머니와의 첫 만남이었다.

정국은 요동치고 있었다. 전두환 정권의 탄압은 거셌지만, 제1야당이었던 신민당은 직선제 개헌을 요구하면서 전국에서 개헌추진위원회 현판식을 열었다. 4월 28일에는 서울대생 김세진[1], 이재호[2]가 신림사거리에서 분신했다. "미제 용병 교육, 전방 입소 철

---

1 1965년 2월 20일~1986년 5월 3일. 충북 충주 출생으로, 서울대학교 자연과학대학에 재학 중 학생운동과 반전·반핵·반미운동에 앞장섰다. 1986년 4월 28일 이재호와 함께 전방 입소 교육 반대 시위를 주도하다 경찰의 진압에 항의하며 분신, 5월 3일 사망했다. '김세진·이재호 분신 사건'은 대학생 군사교육 폐지와 반미자주화 운동의 전국적 확산을 촉진했으며, 이후 대학생 군사 교육이 폐지되는 계기가 되었다.
2 1964년 12월 29일~1986년 5월 26일. 전남 광주 출생으로, 서울대학교 정치학과 재학 중 '반전반핵평화옹호투쟁위원회' 위원장으로 활동했다. 1986년 4월 28일, 김세진과 함께 전방 입소 교육 반대 시위를 주도하다 분신, 5월 26일 사망했다.

디로 해고를 당했다. '뭐 이런 일이 있나' 했는데, 그 계통 공장에서는 매년 반복되는 일이었다. 가을에서 겨울 사이에는 인력을 왕창 뽑아서 물량을 대량 생산한 뒤 재고로 쌓아 놓고, 봄이 되면 인력을 대폭 줄이는 관행이 당연한 것처럼 행해졌다. 그날 저녁, 내 사수를 비롯해 친하게 지내던 노동자들과 공장에서 꽤 떨어진 술집에 모여서 다음 날 대응 행동을 의논했다.

이튿날 아침, 사람들이 공장에 들어가지 않고 운동장에 모였다. 10명 정도를 빼고는 모두 기계를 세우는 데 동참했고, 우리는 사장 면담을 요청했다. 사장이 나오지 않자 인천노동청으로 몰려갔다. 한 시간이나 지났을까, 담당 근로감독관이라는 사람이 나와서 회사와 얘기가 됐다며 해고는 없던 일로 하겠다고, 내일부터 다시 출근하면 된다고 했다. 별로 한 일도 없고, 파업 같지도 않은 집단행동이었지만 하루 만에 이뤄낸 승리였다. 그날 저녁 술집에 모인 우리는 모두 신이 나서 술을 거나하게 마셨다.

문제는 다음 날부터였다. 회사 쪽에서 노동자를 한명한명 불러 회유했고, 불려갔던 이들은 모두 회사를 떠났다. 집단행동을 주도했던 나 역시 마찬가지였다. 그뿐만 아니라 그 자리에서 학출인 것이 드러나 부평경찰서로 신병이 넘겨졌는데 마침 고향 선배가 그 경찰서 소속 경찰이어서 훈방으로 풀려날 수 있었다. 당시 위장 취업한 학출을 색출하느라 난리였는데 그나마 다행이 아닐 수 없었다.

그 뒤부터는 해고자 투쟁위원회 소속으로 활동했다. 밤에 '피세일(유인물 돌리기)'을 하고, 낮에는 현장 투쟁 지원을 나가거나

지 않고, 기득권을 포기하고 존재 자체를 이전하기로 한 결심이었다. 나는 다시는 대학으로 돌아가지 않는다는 각오로, 공장에 뼈를 묻겠다는 각오로 노동 현장으로 갔다. 다른 학출(학출은 대학생 출신, 노출은 노동자 출신을 지칭하는 용어였다)들은 외모가 '노동자답지 못해' 일부러 노가다판에도 가고 용접 일도 배우고 했지만 나는 전혀 그럴 필요가 없었다. 군대에서도 '어디서 농사일하다가 온 것 같은 놈'이 대학 다니다 왔다고 해서 두들겨 맞았던 것처럼 나는 별도의 준비가 필요치 않았다. 출중한(?) 외모 덕분이었다.

같은 팀의 송 선배와 부평 지역의 교회들을 찾아다니면서 노동 야학을 열 수 있는 곳을 알아봤지만 허탕이었다. 그래서 1986년부터는 노동 현장에 직접 취업하기로 했다. 몇 곳을 알아보다가 인천 부평구 작전동의 목장갑 공장에 들어갔다. 120명 정도가 일하는 이곳은 한 달 13만 원의 월급에, 하루 12시간씩 맞교대로 일하는 저임금·장시간 작업장이었다.

20대 정도의 기계를 2명의 노동자가 맡아서 실을 걸고 기계를 돌리면 실장갑이 만들어졌다. 실이 바늘에 엉키지 않게 해주고, 불량을 골라낸 뒤 물량이 쌓이면 다른 부서로 넘겼다. 눈썰미가 있다는 칭찬을 받으면서 노동자들과 금방 친해졌다. 몇몇과는 12시간 일을 하고 근처 술집에 가서 돼지 껍데기를 놓고 소주를 마시며 친분을 다졌다. 슬슬 그들을 만나 학습을 하려던 때였다.

하루는 출근했는데 작업자들 이름을 불렀다. 나만이 아니라 거의 절반 가까운 사람들을 부르더니 오른편에 따로 서라고 했다. 호명 당한 이들은 내일부터 회사에 나오지 말라고 했다. 말 한마

노동운동

깨진 유리창 위에서 외친 노동 해방의 꿈

군을 제대하고 나온 뒤인 1985년 2학기에 우상호는 학교에 남아 학생운동을 하기로 했고 나는 공장으로 가기로 했다. 집에는 복학한다고 거짓말을 하고 인천 부평 지역에 갔다. 그렇다고 전적으로 노동운동에 투신한 건 아니었다. 지금은 《오마이뉴스》 대표로 있는 오연호의 부탁으로 국문과 후배들의 민속문화반 학회 지도도 겸했다. 일주일에 한 번 세미나를 지도한다는 명분이었지만, 세미나보다는 주로 술 먹고 재미있게 놀았다. 그래서인지 그때 만난 후배들과의 인연은 지금까지 이어진다.

역사의 주인인 노동자, 자본주의 착취 체제를 부수고 새로운 사회를 만들 주역이 될 노동자, 그들을 조직해서 '노동자 군대'를 만들겠다는 포부를 갖고 공장으로 갔다. '선택받은 지식인'으로 남발 1304미터의 대암산에서 격고지 근무를 했다. 한겨울에는 영하 30도 이하로 떨어졌고, 눈은 막사 지붕까지 쌓였다. 1983년 10월 아웅산 테러 때는 군화도 벗지 못하고 비상근무를 서는 날도 있었다.

그런 중에도 바깥소식을 들었다. 대우자동차 노동자 파업(1984년) 소식도 들었고, 군 생활 막바지에는 구로동맹파업(1985년) 소식도 들었다. 노동운동이 살아나고 있었다. 민중들이 깨어나고 있었다. 그 현장으로 빨리 가고 싶었다.

1985년 8월 1일, 나는 전방에서 죽지 않고, 살아 돌아왔다.

"연세대학교 다니다 왔습니다."

군기 바짝 든 이등병은 큰 목소리로 대답했다. 사실을 말했을 뿐인데, 흠씬 두들겨 맞았다. 다음 날 아침 점호를 마친 다음 화장실로 급히 달려가서 큰일을 보려고 했다. 하지만 팬티가 내려가지 않았다. 전날 두들겨 맞은 엉덩이가 터져서 팬티가 달라붙어 있었다. 얼마나 아프던지, 참고 참았던 서러움이 몰려왔다. 냄새나는 푸세식 화장실에서 소리를 죽여 가며 울었다. 이내 '울다가 약해져서는 안 된다, 다시는 울지 않겠다'고 다짐하며 어금니를 깨물었다.

당시 전방에는 중졸, 고졸 출신이 대부분이었고, 주로 가난한 집안의 청년들이 많았다. 가장 힘하고 보급이 가장 시원치 않은 전방, 그곳에서 폭력은 일상이었다. 〈말죽거리 잔혹사〉란 영화가 있다. 주인공이 우리 또래 청년이었다. 영화처럼 우리는 맷집이 부족했다면 군대에서 죽었을지 모른다.

군 생활 중 가장 기억에 남는 사람이 있다. 박주재 병장이다. 그는 마산의 오뎅 공장에서 일하던 노동자였고, 두 기수 위의 고참이었다. 그가 일병 고참일 시절에 우리를 모아 놓고 다짐을 받았다.

"우리는 고참들한테 맞더라도 밑에 애들 안 때린다. 맞는 건 우리 대에서 끝내자."

그 다짐을 그는 실천했다. 고참들이 애들 '교육(기합과 구타)'을 안 시킨다는 이유로 그와 우리들을 두들겨 팼지만, 우리는 그 약속을 지켰다. 우리 소대는 구타가 없는 소대로 바뀌었다.

여름철 전후로는 GOP에서 근무했고, 가을부터 봄까지는 해

궁당했지만, 내가 어떻게 알겠는가. 그렇게 일주일 동안 경찰서 조사실에서 두들겨 맞았다. 그 시위로 같이 연행됐던 남자 4명이 4월 28일 아침에 강제징집됐다. 신체검사 등 모든 절차는 생략된 채, 나는 병무청에서 마련해 온 입영 서류에 도장을 찍었다. 그중에는 고등학교 친구 노항래도 있었다. 그와는 소양강에서 헤어졌다. 노항래는 22사단으로, 나는 21사단으로. 학교 동기 정성희가 앞서 말한 1981년 11월 25일 시위로 강제징집됐다가 첫 휴가를 마치고 귀대한 1982년 6월, 의문의 죽음으로 돌아온 뒤였다. 우리는 감옥에는 가더라도 절대 군대는 가지 말자고 다짐했는데, 어처구니없이 전두환의 용병으로 끌려갔다.

전방에서 보낸 2년 3개월

'특수 학적 변동자'로 분류된 강제징집자들은 모두 예외 없이 전방에 배치됐다. 나는 강원도 양구의 육군 21사단 관할 휴전선 철책을 지키는 소대에 배치됐다. 오전에 취침을 하고, 오후에는 경계 근무와 작업 등을 한 다음 해가 질 무렵부터는 야간 철책 근무에 들어가는 생활이었다.

　철책 근무 첫날, 철책 앞에서 신고식이 있었다. 고참이 사회에서 뭐하다가 왔냐고 물었다. 대학교 다니다가 왔다고 했더니 기가 찬다는 듯이 나를 두들겨 팼다. 시골서 농사나 짓다가 온 촌놈처럼 생긴 놈이 대학 다니다 왔다고 하니 거짓말이라고 생각한 것이다.

　"그래, 어느 대학 다니다 왔는데?"

1991년 3월 6일, 서울역에서 벌어진 수서 비리 규탄 시위 현장.
1980년대 반독재 투쟁을 이끌었던 대학생들의 시위 문화는 1987년 체제 이후에도 지속되었다.
당시 학생들은 노동 문제와 권력형 비리 등 각종 사회 현안에 대해 90년대 초반까지
격렬한 시위를 이어 갔다. ⓒ《한겨레》

주위에서는 다른 학생들이 시위에 참가하지는 못하고 지켜보고 있었는데, 그들도 함께 박수를 치고 구호를 따라 외치기도 했다. 경찰이 뛰어오면 군중 속으로 숨어들었다. 그런 사이에 선배는 잡히지 않고 유유히 학교 정문을 빠져나갔다.

다음 날 아침, 나는 고민에 빠졌다. 당시 도서관에서 학회 총무를 맡고 있던 친구와 약속이 있었다. 도서관에 들어가다가는 경찰에 잡힐 수도 있을 것 같았다. 그렇다고 약속을 어길 수도 없지 않은가. 나름 어설픈 변장을 하고 약속 시간에 맞춰서 학교 중앙도서관에 들어갔는데, 아니나 다를까 서대문경찰서 담당 형사가 나를 잡았다. 그 길로 서대문경찰서 조사실에서 선배의 거취를 추

으로는 학생회장)이 되었다. 학생들과 두루두루 관계가 좋고 부드러운 이미지(사실은 편한 분위기)가 있어서 대중적인 학회장에 적임자라고 했다. 신입생들이 들어왔고, 다양한 종류의 학회에 75명 중 60명이 가입해서 활동했다. 나는 학회장으로서 그들의 집 전화번호를 모두 외웠다. 그들과 학습 세미나를 같이하고 점심도 함께 먹고, 노천극장에서 공동체 놀이를 즐겼다. 신촌의 운동권 아지트였던 술집 '훼드라'에 신입생들을 몰고 찾아가기도 했다. 그럴수록 훼드라에는 외상 술값이 쌓여 갔다. 이런 활동을 하면서, 연세대 학생운동권 내에서 국문과 학회가 가장 모범적이라는 얘기도 들었다. 매일매일이 신나는 날들이었다.

시위, 체포, 강제징집

1983년 4월 19일, 4·19 혁명 23주년이었다. 그날 점심시간에 학생 1000여 명이 모이는 시위가 주동자 없이 자생적으로 일어났다. 이틀 뒤인 4월 21일에는 점심 학생회관 식당에서 우리 과를 지도했던 홍 아무개 선배가 시위를 주동하기로 했다. 그날 우리는 점심을 먹는 척 식탁에 앉아 있었고 선배가 식탁에 올라서면서 구호를 외쳤다. 우리는 순식간에 스크럼을 짜, 백양로로 나갔다. 하늘은 구름 한 점 없었고, 백양로에는 23년 전 이승만 독재에 맨손으로 맞서다 죽어 간 선배들의 선혈처럼 진달래가 붉게 피어 있었다. 경찰이 우리를 진압하기 위해 덮쳤지만 우리는 금세 흩어졌다. 모이고 흩어지기를 반복하는 게릴라성 시위가 계속됐다. 백양로

기 때문에 되도록 학교에서 멀리 떨어진 곳을 찾아가서 학습 세미나를 했다. 언제고 미행이 붙을 수 있었다. 늘 뒤를 조심해야 했다. 불시에 잡혀서 고문당할 수도 있고, 그러다가 조직의 존재를 불 수도 있으므로 우리는 흔적을 남기지 않으려고 했다. 아무리 '빡센' 학습을 통해서 사상 무장이 되었다고 해도 늘 긴장하며 살아야 했다. 그래서인가? 우리는 더 강해져야 했고, 더 자주 술을 마셨다. 술을 마시며 "사랑도 명예도 이름도 남김없이" 앞서간 열사들의 뒤를 따르겠다고 맹세했다. '민주주의여 만세'를 노래하면서 광주에서 죽어 간 이들을 기억하려고 했다.

도서관에서 밧줄을 타고 내려오던 선배도, 대강당의 지붕 아래 아슬아슬하게 발 겨우 딛고 올라서서 "전두환은 물러가라" "군사파쇼 타도하자"를 부르짖던 시위 주동자도 피투성이가 되어 끌려갔다. 매번 학내외의 시위가 시작되기 직전 맥박과 호흡이 빨라졌다. 그러다가 시위가 시작되면, 나도 모르게 선두에 서서 스크럼을 짰다. 최루탄 연기 자욱한 서울의 거리와 연세대학교 백양로에서는 전두환 군사독재 정권과 싸우는 시위가 더욱 잦아졌다. 운 좋게 나는 시위 현장에서 잡히지 않았다. 1학년 때 도서관 화장실에서 광주 5·18의 진실을 알리는 유인물을 바들바들 떨면서 읽은 적이 있었지만, 이미 그 시절의 내가 아니었다.

1980년대 초반, 전두환의 탄압은 한층 거세졌지만 그럴수록 학생운동은 더욱 성장했다. 1970년대의 학생운동이 이념서클 중심이었다고 한다면, 1980년대부터는 학과 중심이었다. 학과에 다양한 학회를 만들어 나갔다. 1983년에 나는 국문과 학회장(지금

강제징집

누구라도 끌려가 죽을 수 있었다

1980년대는 공포의 시대였다. 광주에서 시민을 학살하고 집권한 전두환은 폭력 통치로 일관했다. 서울대학교에서는 1981년 5월 27일 김태훈이 도서관에서 "전두환은 물러가라"를 외치며 몸을 던졌다. 1982년 10월 12일에는 전남대학교 총학생회장이었던 박관현[1]이 5·18 진상 규명을 요구하며 40일간의 옥중 투쟁 끝에 사망했다.

학교와 학교 주변은 경찰과 정보기관 사람들이 장악하고 있었

[1] 1953년 6월 19일~1982년 10월 12일. 전남 영광 출생으로, 전남대학교 총학생회장으로 5·18 광주민주화운동을 주도했다. 1982년 내란 음모 혐의로 투옥된 후, 광주항쟁 관련 전두환 처단, 광주 진상 규명을 요구하며 50일간 옥중 단식 투쟁을 벌이다 후유증으로 옥사했다. 그의 죽음은 군사정권의 인권 탄압 실태를 사회에 알리고, 민주화운동의 도덕적 정당성을 강화하는 계기가 되었다.

는 설명할 길이 없다. 광주 시민들을 학살하고 권력을 잡은 전두환과 그런 일이 벌어졌는지도 모르고 재수 생활과 소설 쓰기에 빠져 있던 나란 놈, 모두 용서할 수 없었다. 편하게 글만 쓰고 있을 수는 없다는 생각이 굳어져 갔다. 흔들리지 않기 위해, 전두환 파쇼정권을 타도하고 사회주의 혁명을 해야 한다는 신념의 투사로 거듭나고 있었다.

열에 합류해야 한다는 생각과 "데모하면 집안 다 망한다" "내가 널 어떻게 해서 대학을 보낸 줄 아냐"는 말이 내 안에서 싸우고 있었다.

내 비겁함에 괴로워하다가

다음 날 오전 문학회에 갔더니 한 해 선배인 송 아무개가 시위 중 잡혀갔고, 아침에 강제 입대했다는 소식을 들었다. 너무도 괴로웠다. 그렇게 군대에 끌려갈 수 있다는 사실이 믿기지 않았지만, 그건 곧 내게도 닥칠 운명이었다. 데모하다가 잡히면 두들겨 맞고, 고문당하고, 제적되고, 감옥 가고, 군대 끌려가는 게 현실이었다. 그 선배가 나 때문에 잡혀간 것만 같았다. 나의 비겁함을 탓하며 매일 술을 마시며 괴로워했다. 그럴 때 운동권의 '마수'가 뻗쳤다.

"소설을 쓰려면 사회를 알기 위한 공부 좀 해야 하지 않냐?" 같은 과 여학생이 내민 손을 나는 잡았다. 궁금하기도 했다. 그해 겨울부터 나는 학생운동권이 되기 위한 공부에 매진했다. 잘못된 역사를 알아 갔고, 분노해 갔다. 일본 사회과학 서적을 읽기 위해서 일본어를 배웠고, 자본주의의 모순과 세계 혁명의 역사를 배웠다. 겨우내 학습 과정을 거친 나는 속성으로 운동권이 되었다. 대학 2학년 때 이미 나는 학내외 시위에는 빠짐없이 참가하는 열혈 학생운동권이었다. 지하 학습모임과 학과에서 학회를 조직하고 후배들을 지도하는 역할도 했다. 하루하루가 너무 바빴다.

나는 왜 그렇게 빨리 학생운동권이 되었을까? 광주를 빼놓고

1학년 때 교내 문학상 받았지만

택시에 치이는 큰 교통사고였지만 운이 좋았다. 퇴원하고 얼마 뒤 문학상 당선이라는 소식을 들었다. 전혀 예상도 못했던 일이다. 문학회 선배들도 응모했는데, 겨우 1학년인 내가 당선이라니…. 덤덤한 척했지만, 속으로는 쾌재를 불렀다. 이제 등단을 준비하자, 학생 때 등단하겠다는 목표가 생겼다.

그렇지만 늘 인생은 내 마음먹은 대로 되는 법이 없었다. 운명이라고나 할까? 문청에서 학생운동권으로 변신한 결정적 계기가 되었던 시위를 보고야 말았다. 지금도 그 날짜를 기억한다. 1981년 11월 25일. 그날 학교 전체를 전쟁터로 만든 큰 시위가 오후부터 저녁때까지 이어졌다.

오후 수업 시간에 교실 밖이 시끄러웠다. 수업이 끝나자마자 백양로 끝으로 달려갔다. 백양로 곧은길에 학생들이 전경들을 향해 돌을 던졌고, 이어 최루탄이 터졌다. 전경들이 학생들을 쫓았고 학생들은 쫓기면서도 싸웠다. 학생회관 4층에서 시위를 하던 한 여학생이 1층 콘크리트 바닥으로 떨어졌는데, 그 여학생을 병원에 옮기려던 학생들을 경찰이 마구잡이로 연행하면서 학생들의 분노가 폭발한 것이다. 자욱한 최루탄 연기 속으로 친구들이 하나둘 뛰어 들어갔다. 그들은 내게도 어서 오라고 손짓을 했지만, 나는 그저 바라만 보고 있었다. 저녁 어스름이 내릴 때까지 시위를 지켜보며 갈등했다. 겁이 많아서기도 하지만, 시골 부모님 얼굴이 머릿속에 떠올랐다. 선택받은 시대의 지식인으로서 데모 대

데모에는 관심 없던 문청 시절.
1981년 연세 문학의 밤 행사에서 수필을 낭독했다. 사진 저자 제공.

서 놀다가 들어오고는 했다. 그때 문학회가 매년 주최하는 '연세 문학의 밤'에 선배들이 작품을 내라고 했다. 문학회 회원이면 모두 작품 하나씩은 내야 했다. 문학의 밤 내 순서 때, 처음엔 뒤로 돌아서서 글을 읽었다. 병원에 입원해 있는 상황을 암시했다. 그러다가 앞으로 돌아서서 나머지 글을 읽었다. 병원 생활과 외출 상황을 수필로 썼던 것이다.

것이다. 고영범은 시와 희곡을 쓰고 있었고, 숙명여대 교수하는 시인 김응교도, 후배 시인 나희덕도 문학회 출신이다. 그만큼 연세문학회는 쟁쟁한 문학 지망생들이 드나드는 명문 서클이었다. 문학의 길을 가지는 못하고 나중에 정치인의 길에 들어섰던 우상호는 한때 "시는 우상호, 소설은 박래군" 하면서 호기를 부렸다.

문청 시절 내 별명은 '배추 장사'였다. 장발에 매일 비슷한 잠바를 걸쳐 입어 촌티가 풀풀 났지만, 친구들과는 잘 어울렸다. 학과 친구들끼리 공부 모임도 했다. 그러다가 학교에서 매년 문학상을 공모한다는 걸 알았다. 선배들은 문학상을 준비하고 있었다. 여름방학 중에 단편소설을 써서 응모하겠다는 마음을 먹고 소설 쓰기에 몰입했다. 농촌 청년이 죽어라 땅만 파고 일하면서 좌절해가는 이야기였다. 내 고향의 현실을 담아내는 소설이었다. 땅만 파면서 일하는 모습에서 '땅강아지'를 떠올렸고, 그 제목으로 단편소설을 써서 마감 직전에 겨우 접수했다.

작품 쓰는 데 너무 몰두해서일까? 단편소설을 접수하는 그날은 정말 술이 고팠다. 학교 밖에서 이미 술에 취했는데도, 학교로 숨어들어가 2차를 하기로 했다. 학교 굴다리 앞 신호등에서 신호가 바뀌는 순간 길을 건너다 큰 충격을 받고 정신을 잃었다. 나중에 친구 고영범은 건너편에서 신호를 기다리는데 학교 정문 앞에서 누군가 택시에 받혀 붕 떴다가 떨어지더라고 했다. 달려와서 보니 내가 쓰러져 있었고, 그 길로 나를 업고 세브란스 병원으로 뛰었다고 했다. 거기서 응급치료를 받은 뒤 영등포의 한 병원에서 2주를 있었는데 좀이 쑤셨다. 간호사 몰래 병원을 탈출해 학교 가로 '연세문학회' 서클룸(동아리방)으로 직행했다. 그 동상 양옆으로 근대식 석조 건물이 있고, 동상 뒤로는 그땐 '학관(지금은 본관)'이라고 부른 3층짜리 석조 건물이 있었다. 학교 안에서 가장 중심이 되는 건물, 그 입구 오른편에 연세문학회 서클룸이 자리 잡고 있었다. 좁고 지저분한 방이었지만, 그곳에서 나는 '문청'의 길을 걸었다.

학교 수업에는 관심이 없었다. 특히 나는 영어와 외국어에는 젬병이었다. 그럼에도 교양 영어의 첫 번째 챕터 'The show must go on'이란 제목은 지금도 기억이 난다. 학교 수업도 종종 빼먹으면서 서클룸을 드나드는 생활을 이어 갔다. 당시 대중적인 인기를 누리던 소설가 최인호 선배가 습작 시절에 자신 키 높이만 한 원고지를 메우는 글을 썼다는 얘기를 들은 적이 있는데, 나의 목표도 키만큼 습작 원고지를 쌓는 것이었다. 수업 시간에도, 서클룸에서도 나는 항상 원고지에 무언가를 열심히 썼다.

'소설가 꿈' 안고 기형도, 성석제 있는 문학동아리로

당시 연세문학회에는 대단한 선배들이 있었다. 소설가 성석제와 원재길이 있었고, 지금은 고인이 된 기형도 선배도 문학회였다. 일주일에 한 번씩 열리는 시 합평회는 살벌했다. 돌아가면서 시를 써오고 서로의 시에 대해 비평을 하는 자리인데 신랄한 평가가 이어졌다. 그렇지만 나는 소설 쓰는 놈이었고 다행히 소설 비평 같은 것은 없었다. 내 동기 중에 가장 유명한 이는 소설가 공지영일

> 변신

내 운명을 바꾼 시위

1981년, 연세대학교에 입학했다. 집안에서는 4년제 대학에 처음 입학한 나에게 큰 기대를 갖고 있었다. "절대 데모하지 말라"는 부모님 당부대로 대학에 들어왔을 때 나는 오로지 소설가가 되겠다는 생각뿐이었다. 데모나 학생운동에는 전혀 관심이 없었다. 학교 안에 전경들이 가득하고, 사복 경찰과 안기부 요원들이 학교 강의실, 도서관, 건물 곳곳에 진을 치고 있어도 별 상관하지 않았다.

신촌에서 학교 정문으로 들어서면 곧게 뻗은 길이 있다. 이름은 백양로지만, 길옆의 가로수들은 백양나무가 아니라 크지 않은 은행나무들이었다. 은행나무들을 사열하면서 올라가다 보니 계단이 나왔고, 계단을 올라서자 학교 설립자인 언더우드가 두 팔을 벌려 환영하고 있었다. 언더우드의 환대를 받으면서 나는 곧바

1장

문학청년에서 운동가로

대추리 투쟁 3: 대추리에서 떠나던 날	287
용산 참사 1: 불타는 망루 안에 사람이 있었다	293
용산 참사 2: 통곡하고, 투쟁하고, 기도했다	300
용산 참사 3: 언 땅에 묻은 용산 철거민들	306
인권센터 탄생기: 적금 통장 깨고 축의금 털어준 시민들	314
희망버스: 연대가 필요한 곳이라면 어디든 달린다	322
노란봉투 캠페인: 4만 7000원으로 시작된 기적	329

5장 세월호 참사와 그 이후

4·16 세월호 참사 1: 아이들의 영정 사진은 화사했다	339
4·16 세월호 참사 2: 꽃비가 서럽게 내린 삭발 행진 날	346
4·16 세월호 참사 3: 종종 죽은 이들이 보인다	353
4·16 세월호 참사 4: 내가 한 약속의 끝은 어디일까	359
4·16 세월호 참사 5: 진실은 침몰하지 않는다	366
4·16 세월호 참사 6: 세월호가 올라왔다	373
4·16 세월호 참사 7: 노란 리본의 약속과 4·16재단	380
4·16 세월호 참사 8: 진실은 아직 바다 아래 묻혀 있다	387
4·16 세월호 참사 9: 이태원 유족을 껴안아준 세월호 유족	394
4·16 세월호 참사 10: 걸어왔고 걸어갈 그 길이 희망이다	400
차별금지법: '나중에'는 너무 늦다	406
탈시설 운동: 모든 사람은 집과 마을에서 살아야 한다	413
지속 가능한 인권운동: 광장 달궜던 그 뜨거운 마음이 이어지기를	420
내가 만난 유가족들: 스스로 낸 새로운 길을 걷고 있는 존재들	427

마치며 나의 뒷배는 죽은 자들이다	434
부록 박래군 인권운동 45년의 길	440

만남과 이별: 희망을 만난 자리, 믿음을 잃은 자리   131
스승: 모든 이의 어머니, 나의 스승 이소선   138

3장   가장 약한 존재들의 곁에서

고문 없는 세상으로 1: 상처는 몸뿐 아니라 영혼에도 남음을   149
고문 없는 세상으로 2: 미치거나 죽거나, 고문 피해자들 이야기   156
인권운동사랑방: 인권운동의 새 장을 연 비전향 장기수 서준식   162
참여연대: 다른 길, 같은 꿈 30년의 연대   168
《인권하루소식》 1: 국정원이 사랑했던 인권 신문   175
《인권하루소식》 2: 인권 특종 캐내는 '시린 칼날'   181
연세대 사건: 시위 현장에 여경 배치가 당연해진 이유   188
인권영화제 1: 영화 속의 인권, 인권 속의 영화   194
인권영화제 2: 서태지도 인권영화제도 표현의 자유를 위해 싸웠다   201
불심검문 거부: 공권력은 시민을 함부로 해할 수 없다는 '상식'   208
양지마을 사건: 죽어야 나갈 수 있던 그곳   215
에바다 사건: 한국 장애인 인권운동의 상징, 에바다   222
국가인권위 1: '인권 대통령' 시대에도 계속된 싸움   229
국가인권위 2: 인권위는 위기를 벗어날 수 있을까   236
의문사 진상 규명 1: 422일 천막 농성으로 탄생한 의문사법   243
의문사 진상 규명 2: 33년 동안 자살과 타살을 오간 허원근 일병   249
국가보안법 폐지 운동 1: 짓눌린 사상과 양심의 자유를 찾아서   256
국가보안법 폐지 운동 2: 박종철 같은 죽음이 더는 없도록   263

4장   질 줄 알면서도 싸운다

대추리 투쟁 1: 전쟁 기지로는 단 한 평도 내줄 수 없다   273
대추리 투쟁 2: 평화로 잇는 길을 내고 싶었다   280

차례

추천사 박래군과 정종숙   4
들어가는 말 이름대로 살고 있습니다   17

1장   문학청년에서 운동가로

변신: 내 운명을 바꾼 시위   31
강제징집: 누구라도 끌려가 죽을 수 있었다   38
노동운동: 깨진 유리창 위에서 외친 노동 해방의 꿈   45
옥중 투쟁: 포승줄, 구더기, 고문이 나를 단련시켰다   52
굴욕과 반성: 혁명은 입으로만 되는 게 아니었음을   58

2장   유가족이 되어

상실 1: '겨울꽃' 같던 내 동생, 박래전   67
상실 2: '부재의 시간'을 견디는 고통, 박래전의 유고 시들   74
운명: 의문사 농성장을 지키다 인권운동의 길로   82
민가협과 유가협: 곁을 지키기로 한 그날의 결심   90
유가족 활동가: 곤봉에 맞고 군홧발에 짓밟혀도   97
한울삶: 눈치 보지 않고 울고 웃는 곳   104
분신 정국 1: 잊을 수 없는 한줄기 눈물   111
분신 정국 2: 깊은 상처를 남긴 '5월 투쟁'   118
UN 세계인권대회: 우물 안 개구리, 드넓은 인권의 세계로   124

바라는 마음을 전하며 이제 나의 인생 45년 이야기를 시작한다.

2025년 12월 10일, 세계인권선언 78주년 기념일에
저자 박래군

다 온몸과 온 마음으로 함께 해주셨다. 그분들이 없었다면 내가 저질렀던 무모한 일들은 그저 상상 속에서만 존재했을 것이다. 특히 연세대 동문들은 수십 년 동안의 활동에서 변함없는 응원자가 되어주었다. 이 책을 빌려 감사의 마음을 전한다. 이처럼 이 책에는 여러 사람이 실명, 익명으로 등장한다. 그들과 함께 만들어온 이야기다. 어쩌면 이 글을 읽는 독자들도 나의 여정에 함께 했을 수도 있을 것이다.

마지막으로 이 책이 탄생하기까지 애써준 이들에게 고마움을 전한다. 《한겨레》의 이재명 기자와 정세라 기자, 교정·교열 작업을 맡아준 김소윤 과장, 그리고 한겨레출판의 최진우, 김효진 편집자와 직원들에게 감사드린다. 이분들의 노력으로 책으로 묶을 수 있었다. 아내 정종숙은 60회의 글을 《한겨레》에 연재할 때 첫 독자가 되어 글을 읽어주었고, 내 평생 인권운동의 동반자가 되어주었다. 두 딸도 응원을 아끼지 않았다. 가족들의 응원은 인권운동의 길을 걸어올 수 있게 한 큰 힘이었다. 이 책 추천사는 한국 문단을 대표하는 작가인 김훈 선생님이 써주셨다. 추천사가 묵직하다. 글의 무게에 값하는 삶을 살아가야 할 텐데 걱정이다.

무엇보다 부족한 글을 기다려주고 읽어주신 《한겨레》의 독자들에게 감사의 마음을 전하지 않을 수 없다. 심지어 신문 스크랩까지 하면서 읽으셨다는 분들은 조금 더 정성스레 글을 쓰게 만든 힘이었다. 그분들께 진심으로 감사드린다.

이 책을 읽는 분들이 모두 인권과 인권운동의 벗이 되어주기를

권운동기의 인권운동가로 살아온 여정이 부족한 글로나마 여기에 담겨 있다.

《한겨레》에 연재를 시작할 때는 걱정도 많았다. 무엇보다 내 나름으로는 치열하게 살아왔다고 하지만, 과연 나의 인권운동 개인사를 사람들이 재미있게 읽어줄지 걱정이었다. 그래도 1년 2개월 동안의 연재를 무사히 마쳤다. 다행히 내 연재를 기다려주던 독자들도 있었다.

나는 누구처럼 논리적이지도, 똑똑하지도 못하다. 다만 사건 현장에 좀 더 가까이 가려고 했다. 어려운 사안일수록 도망가지 않으려 했다. 답이 보이지 않는 현실에 부딪히면서 조금이라도 틈을 내고, 공간을 열어보려고 했다. 내가 헤쳐온 수많은 사건들, 그곳에는 사람들이 있었고, 슬픔과 분노, 열정과 환호가 있었다. 이 이야기는 인권 현장에서 만났던 피해자들, 인권운동 활동가들, 시민사회의 활동가들과 같이 만들었던 일들이다. 그래서 이 이야기는 내가 하지만 나만의 이야기가 아니다. 글에서는 드러내지 않았지만, 여러 번의 구속 재판과 불구속 재판 과정에서 수많은 변호사들의 헌신적인 변론으로 큰 도움을 받았다. 그 덕분에 감옥살이를 오래 하지 않아도 되었고, 벌금이나 손해배상액도 많이 줄었다. 그리고 여러 성직자들과 선후배님들이 이 책에 언급된 많은 현장에 등장하지만, 굳이 이름을 드러내지 않아도 될 만큼 넉넉한 품을 갖고 동행하는 도반들이다. 내가 하는 일마다 지지하고 응원해 준 분들도 헤아릴 수 없이 많다. 그분들은 내가 일을 벌일 때마의 장으로 구분했다. 이 구분은 나의 편의대로 나눈 것이어서 독자들은 장 구분을 상관하지 않고 시간의 흐름대로 정리된 글을 따라서 읽으면 될 것 같다.

1장은 소설가가 되겠다는 부푼 꿈을 안고 대학에 들어간 뒤 학생운동을 하게 되고, 이후 강제징집, 짧은 노동운동과 첫 감옥까지의 경험을 이야기한다. 1980년대라는 시대적 상황 속에서 한 평범한 청년이 운동가로 바뀌는 이야기다. 2장은 어릴 적부터 유난히 잘 따랐던 동생 박래전이 1988년 갑자기 세상을 떠난 뒤에 유가협(현재의 전국민족민주유가족협의회)에 들어가 의문사 진상 규명 농성, 분신 정국 등을 거치면서 인권운동가로 입문하게 되는 과정이다. 3장은 한국의 제2세대 인권운동의 문을 열었던 인권운동사랑방 시절의 이야기다. 고문 피해자 모임, 《인권하루소식》이란 매체의 발간, 경찰 감시 활동, 국가보안법 폐지 투쟁 등 1990년대 중반부터 약 10년 동안 인권운동 현안에 대응했던 궤적을 따라간다. 4장은 2000년대에 들어와 인권운동의 지평이 넓어지면서 생긴 각종 현안에 대한 대책위원회를 중심으로 활동했던 시절의 이야기다. 이 시기에 인권센터를 건립했다. 5장은 2014년 4월 16일 세월호 참사 이후 '재난 참사'의 구조에 대해서 눈뜨고, 생명안전운동을 펼쳐온 과정에 집중해서 이야기한다.

이렇게 이야기를 풀어가다 보니, 45년 동안 운동가로 산 나의 삶이 한국의 민주화운동사와 연결되어 있다. 나의 인권운동은 전두환 독재 정권과의 싸움으로 시작해서 민주화 이후 국가 폭력에 저항하는 불복종운동을 중심으로 진행되었다. 한국 제2세대 인

"네 이름? 그거야 내가 지었지."

"아니, 이름에다가 무리 군 자를 써서 지어주신 건, 무리와 어울려서 데모하면서 살라고 지어주신 거 아닙니까? 저는 아버지가 이름 지어주신 그 뜻대로 사는 거거든요."

이 말을 다 마치기도 전에 아버지는 벌떡 일어나셨고, 위험을 감지한 나는 그 길로 집에서 도망쳤다. 이럴 때는 삼십육계만이 살길임을 여러 해 길거리 데모에서 체득했다. 나는 간단히 아버지의 폭력에서 벗어날 수 있었다.

하지만, 나는 아버지 요구대로 학교에 복학해서 대학을 졸업했다. 당장 노동 현장으로 돌아가 노동운동으로 복귀하고 싶었지만, 몸 상태가 허락하지 않았다. 13개월여 감옥 생활 중 여러 번 끌려가서 묶이고, 밟히고, 매 맞았던 탓이었을 것이다. 앉아 있기도 힘들어서 당분간은 공장 일을 할 수 없다는 걸 인정할 때 아버지와 타협했다. 대학 졸업만 하면 내가 하고 싶은 거 다 해도 좋다는 약속을 받아냈다. 복학은 했지만, 학교생활에 충실할 수는 없었다. 첫 감옥 출옥한 다음 해가 1988년이었다. 1988년에 내 인생 최대의 사건을 겪었고, 그 일로 나는 인권운동에 입문했다. 그로부터 37년이 지난 지금까지 인권운동가로 살아오고 있다.

책의 구성

《한겨레》 지면(《길을 찾아서-박래군의 인권의 꿈》)에 60회에 걸쳐 실렸던 글들을 책으로 묶으면서 시기에 따라 다음과 같이 다섯 개

1981년 연세대학교 국문과에 진학해 학생운동과 노동운동을 하다가 9년 만에 대학을 졸업했다.
사진 저자 제공.

올 래, 무리 군

스물여섯이었던 1986년에 처음 감옥에 갔다. 그러다가 6월 항쟁 덕분에 1987년 7월 초 대전교도소에서 가석방으로 나왔다. 감옥에서 나오자마자 아버님은 복학하라고 요구하셨다. 노동운동을 하다가 감옥에 갔고, 평생 노동운동하며 살 생각이었던 나는 아버지 요구를 거절했다. 화가 난 아버지는 약주를 거나하게 드신 다음에 나를 앞혀 놓고 다짐을 받으려고 했다.

"넌 왜 그렇게 사냐? 데모만 하고 살 거냐?" 금방이라도 주먹이 날아올 것 같은 분위기였다. 그때 나는 아버지에게 물었다.

"아버님, 제 이름 누가 지어주셨죠?"

이다. 마냥 기분 좋게 들리지는 않았지만, 많은 사람들이 같은 취지의 질문들을 종종 한다. 왜 아직도 그러고 사냐고? 이런 질문의 의도는 왜 아직도 힘든 일을 하며 사느냐는 취지이리라. 내가 하는 일이 무척 힘들게 느껴지기 때문일 것이다. 인권 단체들을 만들고, 인권 현안이 터지면 대책 기구를 구성하고, 집회와 시위, 기자회견을 하고, 단식 농성도 자주 하고, 그러면서 사회적 이슈를 만들고, 그러다가 재수 없을 때는 감옥도 다녀오면서 살아온 인생이 평범한 이들의 눈높이에선 이상할 것도 같다.

왜 그렇게 사느냐고 묻는다면, 딱히 답할 말이 없다. 내가 해야 할 일이니까, 인권운동 하는 사람으로 당연히 해야 하는 일이니까 한다는 생각 정도이다. 억지로 답을 말한다면 '사람들 때문'이다. 힘들게 하는 사람도 있지만, 힘을 주는 사람이 있고 그들과 한 약속을 지키기 위해서다. 또 하나 꼭 지켜야 할 약속이 있어서다. 사실 나는 먼저 간 동생(박래전)과 한 약속이 있다. 스물여덟 살에 두 살 어린 동생을 땅에 묻으면서 피눈물로 했던 약속이 있다.

그런데 더 근원적으로는 내 이름 때문이다. 아버지가 이름을 잘못 지어주셨기 때문이다. 사실 내 생일도 문제다. 나는 1961년 생인데, 그해 양력 5월 1일에 태어났다. 5월 1일이 어떤 날인가. 세계적으로 데모하는 노동절 아닌가. 생일도 그런 데다가 아버지가 지어준 이름은 박래군. 한자로는 '朴來群'이다. 눈 밝은 분들은 눈치채셨을 듯하다. '올 래'에 '무리 군'이라니. 무리가 온다? 그러면 무얼 해야 할까? 데모해야지. 나는 아버님이 지어주신 이름대로 살아왔을 뿐이다.

모든 눈물에는 온기가 있다

들어가는 말   이름대로 살고 있습니다

이 책은 2024년 5월 7일부터 2025년 7월 8일까지 《한겨레》에 매주 1회씩 연재했던 글들을 거의 그대로 옮겨서 묶었고, 다시 보면서 꼭 필요한 부분만 수정하거나 새로 추가했다. 여기에 실린 글들은 내 인생 3막(나 스스로 인생을 3막으로 구분해서 설명하고는 한다) 중 2막에 해당하는 개인사를 다룬다. '문청(문학청년)'의 꿈을 안고 대학에 들어간 다음 학생운동권이 되고, 개인적으로 가장 큰 사건을 겪으면서 인권운동가로 살게 된 45년의 이야기다. 《한겨레》에 아래와 같이 나를 소개하면서 연재를 시작했다.

"박래군 씨, 왜 그렇게 사세요?"

13년 전, 이세영 《한겨레21》 기자가 나를 인터뷰한 뒤 내보낸 기사의 제목이다. 내가 사는 방식이 이해되지 않는다는 투의 제목

가 특히 좋아하는 시는 〈사랑하게 되는 일〉이라는 작품이다. 이 제목에서 '일'이라는, 한국어 한 글자는 빛난다. '되는'도 마찬가지이다. '되는'은 '하는'이 아니다. '되는'은 자동사이다. 스스로 그렇게 된다는 뜻이다. 이런 사랑은 작심하고 기를 써서 해내는 사업이 아니고 일상 속에서 저절로 되어간다. '사랑하게 되는'에서 '하다'는 '되다' 속으로 수렴된다. 이 '일'은 노동이나 작위라기보다는 되어짐, 벌어짐, 펼쳐짐 같은 것이다. '꽃이 피다'와 같다. 영어로 말한다면 'becoming'쯤에 대응한다. 'love'가 아니라 'being in love' 쪽에 가깝다. 사랑은 '일'이 난 것인데, 이 일은 무슨 사달이 아니라 '일상'이다. 이 쉬운 시를 읽어보면 다 알 수 있다. 나는 더 이상 억지로 말하지 않겠다.

박래군(오른쪽)과 정종숙.
사진 저자 제공.

모든 눈물에는 온기가 있다

......

소양호에서 머구리배 타고
양구로 가서 얻어맞은 이야기 들은 게
얼마 전이었지

......

새발자국만큼 증오가 커졌을까 평화가 커졌을까
강물은 젊음을 실어나르고 얼마큼 파래졌을까

......

겨울 지나 춘천은 봄꽃 피고
나는 사람을 얻어왔다.

─〈춘천〉 중에서

 세월이 지나서 경춘선 열차는 산뜻해졌는데, 그동안의 증오와 평화는 어찌 된 것인지, 청춘들을 싣고 간 강물은 이제 파래진 것인지를 시인은 묻고 있다.
 거기서 '사람을 얻어왔다'는 말이 그 고통스러운 질문에 대한 대답이다. 세월은 답답하고 '사람'이 희망이다. 박래군은 고생 많이 했지만 복도 많다.
 일상의 풍경 속에서 아름다움을 발견해내고, 그것을 쉬운 언어로 드러내 보이는 시행들이 정종숙 시의 가장 좋은 부분이다. 어려운 말로 말하기는 쉽지만 쉬운 말로 말하기는 쉽지 않다. 내

> 어느 순간부터 떠난 사람 이야기는 하지 않고
> 산 사람 이야기만 하면서
> 지워지지 않는 화인을 깊숙이 숨겼다
>
> ……
>
> 아무렇지도 않은 듯이
>
> ―〈기억의 방식〉 중에서

'화인'은 불도장이다. 인두를 달구어 몸을 지져서 새겨 넣는 상처다. 시 속에서 '화인'의 상처는 이제 고요하다. 산 사람들은 '산 사람들 이야기'만 하고 있다. 화인은 울음소리를 내지 않으면서, 고요히 씨를 뿌리는 사람의 울음을 안으로 갈무리한다. '아무렇지도 않은 듯이'가 울음을 추스르고 소리를 재워서 몸에 스미게 한다.

박래군은 1983년 4월에 서대문경찰서에서 일주일 동안 두들겨 맞고 강제징집되었다. '강집'된 젊은이들은 소양강을 지나서 전방으로 실려 가서 육군사단에 배속되었다. 박래군은 "우리는 맷집이 부족했다면 군대에서 죽었을지 모른다"라고 회고했다.(본문 43쪽)

세월이 오래 지나고 나서 정종숙은 '산뜻해진' 경춘선 청춘열차를 타고 박래군이 청춘 시절에 매 맞고 끌려갔던 소양호로 놀러 간다.

모든 눈물에는 온기가 있다

라는 말씀이 있다.

정종숙은 기뻐 노래하며 거두지는 못하지만, 촛불을 켜서 울던 자리를 밝히고 사람의 할 일로서의 울음을 운다. 사람의 울음이 사람이 뿌리는 씨앗이 되기를 정종숙과 그 딸들의 촛불은 기도하고 있다. 울면서 씨를 뿌리는 자와 울면서 시를 쓰는 자와 울면서 촛불을 켜는 자는 같은 사람이다.

박래군 정종숙 부부는 해마다 6월 6일이면 분신으로 삶을 마감한 아우 박래전의 무덤(경기도 마석 모란공원 묘지)에 성묘 간다. 두 딸도 함께 간다. 박래전의 동문들과 다른 열사들의 가족들이 이날 묘지에서 만난다. 만나서

……

공원묘지에 돗자리 깔고
도시락 먹으며 안부를 묻는

……

세상이 나아지지 않았다는 똑같은 말을
수십 년 되풀이하면서

……

살아가고 있었다

……

누구를 위해서 울 수도 있어야 사람이지

울어서 삶이 어려워진다 해도

……

봄이 왔고

그도 집으로 돌아왔네

……

울어서 삶이 어려워진다 해도

또 울 것 같은 우리들은

성당에서 켰던 촛불을 켰네

─〈명동성당〉 중에서

앞에 인용한 시행은 그 세월을 그 남편과 함께 살아낸 아내이며 어머니인 정종숙과 딸들의 마음이다. 구약성서 〈시편〉 126장 5절에

울면서 씨를 뿌린 자들이

기뻐 노래하며 거두리라

귀한 씨를 품고

울면서 앞으로 나가던 자들이

곡식단을 지고 돌아오리라

모든 눈물에는 온기가 있다

서 밥벌이하다 죽은 사람은 2098명이었고, 죽음은 면했어도 다치고 병든 사람은 14만 2971명이었다.[3] 사망자들은 모두 하도급 위계 서열의 최하층부에서 죽었다. 상부구조의 토대를 이루었다. 81학번 박래군은 한참 더 현장에 있어야 할 모양이다.

박래군의 아내, 시인 정종숙鄭鍾淑에 관하여 적는다. 정종숙은 2024년에 첫 시집[4]을 냈다. 40여 년 전 두 청춘남녀의 동지애적 연애와 가난한 결혼의 사연은 이 책에 실려 있다.(본문 109쪽) 나는 정종숙의 시 작품들 중에서 남편 박래군의 감추어진 모습이 얼핏 보이는 시행들을 말하려 한다.

2010년에 '용산 참사' 희생자들의 장례식은 355일 만에 치러졌다.(본문 307~308쪽) 장례가 끝나자 그동안 수배되어 있던 박래군은 체포되어 구속되었다. 체포되기 전에 박래군은 서울 명동성당에 피신해 있었다. 정종숙은 고등학생, 중학생인 두 딸을 데리고 명동성당으로 남편을 면회 와서 몇 시간씩 곁에 머물렀다. 영하의 겨울이었다. 정종숙은 옷가지 몇 점을 건네주고 돌아온다. 그날은 이러했다.

……

어두워진 성당에 그를 남겨둔 채

돌아서야 했던 날들

---

[3] 2024년 산업재해 현황(고용노동부, 2025.4.30.)
[4] 시집 《춤게 걸었다》(2024, 시와소금)

구조물 양쪽 모두의 토대가 되었는데. 그 후 주공周公과 공자의 문하가 유儒의 가치를 정치 세력화하자 제도화된 인신공양은 사라졌지만 800년 이상 계속된 상·은의 인신공양 제도는 문명 발생 초기에 인류라는 종種의 모습이 어떠했는지를 후세에 전하고 있다.

한국 현대사에 등장한 인명 학대는 지배 체제의 토대를 다지는 국가사업이었고 대규모적으로, 제도적으로, 장기간에 걸쳐서 전개되었다는 점에서, 상·은의 인신공양을 닮아 있다.

나의 이 연상작용이 거칠기는 하지만 크게 어긋나지는 않을 것이다.

수없이 많은 학살, 고문, 추방, 감금이 자유민주주의 체제를 수호한다는 명분으로 자행되었다. 거리의 부랑인을 '친부모 형제 자식같이 돌보고 명랑한 사회질서를 확립한다'는 명분[2]으로 연행해서 장기구금, 강제노역, 폭행, 성폭행, 폭행치사 암매장했다.

탄광이 매몰되어서 막장에 파묻혀 죽은 사람들과 고속도로 터널을 뚫다가 죽은 사람들을 '산업전사産業戰士'로 추켜세우고 위령탑을 세웠는데, 공양된 희생자들의 공덕을 기리는 국가 전례典禮가 상·주의 시대에는 없었다.

인간 생명에 대한 학대는 정치권력과 경제권력이 합쳐진 국가 시스템에 의해 가동되었고, 세월호 참사나 이태원 참사처럼 국가 기능의 부작위不作爲에 의해 저질러졌다.

81학번들은 2024년에 63살이 되었다. 2024년에 생업 현장에

---

[2] 1975년 내무부 훈령410호

몸은 자기화된 고통의 힘으로 현실에 직입直入한다.

'사랑, 나눔, 우정, 연대, 공생, 인권'처럼 고귀한 가치를 표방하는 언어들은 현실의 거점을 상실하고 말의 껍데기로 전락했다. 2005년에 '장애와인권발바닥행동'을 결성한 활동가들은 강령에서 이 값진 단어들이 '유행어처럼 되어버렸다'고 말했다.(본문 416쪽) 말의 껍데기들이 정치와 진영이 불어대는 바람에 휩쓸려 버스럭거리면서, 이 시대의 언어의 풍경을 이루고 있다. 집값이 오르고 월세가 올라서 엉덩이 붙일 자리가 없어도 '거주 이전의 자유'는 헌법에 적혀 있다. 젊은이들이 일자리가 없어서 세상의 변두리를 겉돌고 헤매어도 '직업 선택의 자유'를 가르치고, 1만 2000원짜리 삼선짬뽕과 1만 원짜리 '보통 짬뽕' 사이에서 번뇌하는 사람들에게 '소비 선택의 자유'를 보장하고, 쇼핑몰 건물에는 '소비자는 왕'이라는 현수막이 걸려 있다. 비정규직, 일용직 노동자들은 모두 강제로 끌려온 사람들이 아니라 '자유로운 계약'에 따라 취업한 사람들이라는 언설은 '자유'라는 단어의 내용이 될 수 없다. '자유'와 '민주'가 서로 상충하는 모순은 위태롭고, 노동과 인권은 '자유'와 '민주' 사이에 찡겨서 양쪽으로부터 소외되어 있다. 이것이 박래군이 헤쳐온 시대의 모습인데, 그 시대는 지금이다.

중국 고대국가 상商·은殷은 인신공양人身供養을 제도화하고 있었다. 대규모 건설, 토목사업의 지반 다지기 공사에 수백 명을 죽여서 또는 산 채로 묻었고, 죽은 왕의 무덤이나 조상신을 제사하는 구덩이 속에도 수백 명을 묻었다. 1960년대 이후로 구덩이들은 계속 발굴되고 있다. 상·은의 인신공양은 물리적 구조물과 관념적 그의 글을 읽어 보니, 그의 싸움은 구체적 현장에서 지는 경우가 때때로 있지만, 큰 틀에서는 대체로 지지 않는다. 이런 싸움에서 이기고 짐을 말할 수는 없다. 그는 자신의 싸움을 '질 줄 알면서도 하는 싸움'(본문 291쪽)이라고 말했지만 이런 싸움은 져도 지는 것이 아니다.

박래군은 피해자 한 사람의 고통을 '경청'함으로써 그 배후를 이루는 거대한 악惡의 실체를 세상 위로 들어 올린다. 1998년 노숙인 시설 '양지마을'을 탈출한 박 아무개 씨가 서울 종로구 혜화동 인권운동사랑방으로 박래군을 찾아온다. 박 아무개 씨는 온몸의 상처에 고름이 들어 있었다. 박래군은 그 노숙인의 말을 '경청'해서 사태의 전모를 파악하고, 이 사회의 선량한 힘들을 모아서 '양지마을'의 철벽을 밀고 들어간다.(본문 217쪽) 청각 장애인 시설 에바다마을과 부랑인 시설 형제복지원의 인권유린 사태도 그의 '경청' 능력에 의해 공적 접근과 수습의 실마리가 잡혔다.[1]

인권운동은 피해자와 가해자 사이를 중재하는 일이 아니고, '억울함과 서러움'을 사회의 양명陽明한 중심부로 들어 올림으로써 인간의 기초 가치를 공적 개방성 안에 심어놓는 일이다. 나는 박래군의 글을 읽으면서 알게 되었다. 박해받는 사람들의 말을 경청할 수 있는 마음은 여리고 힘세다.

그의 마음은 '경청'함으로써 타자의 고통을 받아들이고, 그의

---

[1] 2012년 형제복지원 생존자 한종선 씨가 국회 앞에서 피켓을 들고 1인 시위를 벌였다. 한국예술종합학교 전규찬 교수가 한종선 씨의 사연을 '경청'하고, 박래군에게 이 사태를 연결했다. 이로써 사태는 밝혀지게 되었다. 이때의 사정은 〈살아남은 아이들의 낮은 목소리〉에 실린 여준민 활동가의 글에 자세하다.

음악 방송으로 송창식의 〈푸르른 날〉을 틀어주었다.

"눈이 부시게 푸르른 날은 그리운 사람을 그리워하자. …내가 죽고서 네가 산다면…"

노래가 들리는 순간 그가 울음을 터뜨리는 대목은 슬프다.(본문 360쪽) 그는 훼손당하지 않는 삶을 향한 그리움과 푸르른 생명을 향해서 울고 있다. 그의 울음은 너의 고통을 나의 고통에 합치시킴으로써 고통을 넘어서려는 자의 울음이다.

죽음의 화인들을 품고 있으면서도 그는 늘 크게 웃고, 낙관적 전망을 지니고 있다. 그는 폭압적인 현실 속에서도 벽에 구멍을 뚫어서 입구와 출구를 만들고 있다.

그가 다섯 번째 구속에서 4개월 만에 풀려난 후에 나는 우연한 자리에서 그를 만난 적이 있었다. 나는 그가 감옥에 다녀온 줄 다 알고 있었지만 감옥살이 이야기를 꺼내기도 민망해서 "얼굴이 하얘진 것 같다"고 객쩍은 소리를 했더니 그는 "갇힐 일이 좀 있어서 잠깐 다녀왔다"라고 화장실 다녀온 사람처럼 말하면서 껄껄 웃었다. 나는 입을 닫았다.

인권은 더 이상 분할이 불가능한 개별적 생명The individual의 불가침한 가치이고 사회 구성의 기본 인자다. 이 개별성은 사회적 보편성의 바탕에서 구현될 수밖에 없다. 개별적 훼손을 공공의 관심 속으로 확산시키고, 다중의 분노와 저항을 개별적 훼손과 죽음으로 집중시키는 두 갈래 역방향이 박래군의 전략이다. 그 자신의 이름 풀이에 따르면 '래군來群'은 다중이 모여든다는 뜻이라는데, 앞을 내다보면서 딱 맞게 지은 이름이다.

감방 안에서 그는 자신이 치다꺼리해 준 수많은 죽음들을 생각하고 있었다. 그의 글을 옮겨 적는다.

…적막한 독방에서 죽은 이들이 자꾸 생각났다. 내가 장례를 치러 주었던 이들, 내가 사건을 해결하려고 뛰어들었던 사건의 당사자들, 그리고 유가족과 피해 당사자들과 관계를 맺은 수많은 이들이 생각났다. 세월호에서 구조받지 못하고 최후를 맞은 이들의 얼굴 위로, 예전에 장례식장 안치실에서 보았던 주검 안치대 위에 놓인 주검과 그에 고인 핏물의 모습이 겹쳐 보였다. 장례를 오래도록 치르지 못한 주검일수록 그런 핏물이 많이 고여 있었다. 그런 주검을 나는 참 많이도 보았다.
여기서 처음 말하지만, 몇 년 전부터인가 불판 위에서 구워지는 쇠고기를 먹지 못했다. (중략) 육즙이 배어 나오는 쇠고기에서 주검 안치실의 핏물이 떠올랐다. (중략) 나는 인권운동을 하면서 너무도 많은 주검을 보며 살아왔다. 모두 억울하고 서러운 사람들이었다.(본문 361쪽)

이 고통스러운 고백으로 그는 자신의 힘의 비밀을 말하고 있다. 그가 치러냈던 죽음들, 그가 끌어안고 괴로워했던 '억울하고 서러운' 죽음들을 그는 자기 자신과 일치시키고 있다. 아우 박래전의 분신처럼 이 억울하고 서러운 죽음들은 그의 영혼에 화인火印으로 들어와서 자리 잡는다.

그의 마음이 주검들의 핏물에 끄달리고 있을 때 구치소에서을 방어하려는 광기와 폭력으로 한 시대를 지배하고 있었다. 임의동행, 강제연행, 강제징집, 불법구금, 삼청교육, 실종, 유기, 추방, 고문, 의문사, 고문치사, 선고된 형의 집행에 의한 죽임이 법질서를 이루고 있었다. 언론이 현실을 버렸음으로 공포는 유언流言으로 떠돌았고, 항거하는 젊은이들이 죽음을 잇대어서 분신했다.

박래군의 두 살 아래 동생 박래전朴來佺(1963~1988)은 시를 쓰는 문학청년이었다. 박래전은 83학번으로 숭실대학교에 입학했고, 문학의 꿈을 간직한 채 학생운동의 길로 나섰다. 형과 아우가 똑같았다.

박래전은 1988년에 25살의 생애를 분신으로 마감했다.

아우의 죽음은 박래군의 영혼에 거둘 수 없는 슬픔의 화인火印으로 찍혔다.(본문 67~81쪽)

그 후에 그가 한 일은 이 책에 모두 적혀 있음으로 나는 거듭 말하지 않는다. 나는 다만 그의 몸을 작동시키는 마음의 풍경과 그 언저리를 조금 말하려 한다. 나의 말이 다소 어긋나더라도 크게 잘못되지 않기를 바란다.

박래군의 글에는 분노한 청년의 거칠음과 정치적 애증의 파편이 흩어져 있지만, 분노와 미움이 그를 추동하는 에너지의 본질은 아니다.

그는 학대당하는 자들의 고통과 자신의 자아를 일치시키는 직접성의 힘으로 자신의 몸을 작동시킨다.

2015년 여름에, '세월호 참사 1주기 투쟁'이 끝나고 그는 불법시위를 주도한 혐의로 구속되었다. 그의 다섯 번째 구속이었다.

추천사

박래군과 정종숙

김훈

인권운동가 박래군朴來群은 한국 사회의 야만적 인권 현실과 싸우면서 인간의 기초 가치를 지켜내기 위해 자신의 몸과 생애를 바쳐왔다. 그는 무상無償으로 헌신獻身했다. '헌신'이라는 두 글자는 그의 삶을 정확히 요약한다. '무상'은 처음부터 그렇게 되어 있었다.

20대 초에 그는 소설가를 지망하는 문학청년으로 연세대학교 국문과에 입학했다. 그는 '81학번'이다. 한국 현대 청춘의 역사는 '81학번'을 이정표로 가혹한 탄압과 저항의 터널로 들어갔고, 문학청년 박래군은 이 터널의 입구에서 인권운동가로 변신했다. 그는 늘 현장의 선두에 있었다.

'누구라도 끌려가서 죽을 수 있었다'라고, 그는 1980년의 공포를 회상했다.(본문 38쪽) 민주적 정당성을 상실한 정치권력이 자신

변신 | 강제징집 | 위장 취업과 5·3 항쟁 | 옥중 투쟁 | 굴욕과 반성 | **모든** | 상실 | 운명 | 민가협과 유가협 | 유가족 활동가 | 한울삶 | 분신 정국 | UN 세계인권대회 | **눈물에는** | 만남과 이별 | 스승 | 고문 없는 세상으로 | 인권운동사랑방 | 참여연대 | 《인권하루소식》 | 연세대 사건 | **온기가** | 인권영화제 | 불심검문 거부 | 양지마을 사건 | 에바다 사건 | 국가인권위 | **있다** | 의문사 진상 규명 | 국가보안법 폐지 운동 | 대추리 투쟁 | 용산 참사 | 인권센터 탄생기 | 희망버스 | 노란봉투 캠페인 | 차별금지법 | **박래군** | 4·16 세월호 참사 | 탈시설 운동 | 내가 만난 유가족들

인권의 길, 박래군의 45년

지은이 박래군

경기도 화성 출생. 소설가의 꿈을 안고 1981년 연세대학교 국어국문학과에 입학했다. 단편소설로 연세문화상을 수상하기도 했지만, 엄혹한 군부독재 시절 격렬한 교내 시위를 목격하고 열혈 학생운동가가 된다. 강제징집, 노동운동, 투옥생활을 거치면서 혁명을 꿈꾸던 시기인 1988년, '광주학살 원흉 처단'을 외치며 산화한 동생 박래전의 죽음을 계기로 유가족이 되었고, 유가협에서 인권운동의 길로 들어선다. 인권운동사랑방에서 활동하며 인권운동가로 정체성을 굳히고 수많은 현안에 연대했으며, 그 과정에서 여러 번 투옥되기도 했다. 국내 최초 인권운동 지원 민간 비영리 재단인 인권재단 사람을 창립해 인권센터를 세웠고 세월호 참사 이후에는 4·16연대, 4·16재단 등을 설립했다. 현재 피해자 곁을 지키는 생명안전운동가로 살고 있다.

민주화운동유가족협의회 사무국장, 인권운동사랑방 상임활동가, 대통령 소속 의문사진상규명위원회 조사과장, 재단법인 인권재단 사람 상임이사, 서울시 인권위원회 부위원장, 4·16연대 공동대표 등을 역임했다. 현재 4·16재단 운영위원장, 인권재단 사람 이사, 손잡고 대표, 공익활동가 사회적협동조합 동행 이사장, 4·9통일평화재단 이사 등을 함께 맡고 있다. 저서로 《상처는 언젠가 말을 한다》《우리에겐 기억할 것이 있다》《사람 곁에 사람 곁에 사람》, 공저로 《살아남은 아이》《새로고침》 등이 있다.

모든 눈물에는 온기가 있다

ⓒ 박래군, 2025

초판 1쇄 인쇄 2025년 12월 2일
초판 1쇄 발행 2025년 12월 19일

지은이 박래군
펴낸이 유강문
인문사회팀 최진우 김효진
마케팅 김한성 조재성 박신영 김애린 오민정 우지윤

펴낸곳 ㈜한겨레엔 www.hanibook.co.kr
등록 2006년 1월 4일 제313-2006-00003호
주소 서울시 마포구 창전로 70(신수동) 화수목빌딩 5층
전화 02-6383-1602~3
팩스 02-6383-1610
대표메일 book@hanien.co.kr
ISBN 979-11-7213-353-5 03330

※ 책값은 뒤표지에 있습니다.
※ 파본은 구입하신 서점에서 바꾸어 드립니다.
※ 이 책의 일부 또는 전부를 재사용하려면 반드시 저작권자와 ㈜한겨레엔 양측의 동의를 얻어야 합니다.
※ 본문의 각주는 편집자의 주석, 추천사의 각주는 추천인의 주석입니다.

모든 눈물에는 온기가 있다

"본격적인 일을 해야 하는 상황이 오면 그때는 언제건 그만둬
도 되고요."

충무로 회사에 출근했다. 생계도 막막한데 월 70만 원이나 준
다고도 하셨으니, '이게 웬 떡이냐' 하는 마음도 있었을 것이다. 그
때 유가협에서 받던 월 활동비가 15만 원이었다. 몇 배나 더 많은
월급을 준다니, 이리 고마울 데가 없었다.

컴퓨터 조립 기사가 되었지만

386 컴퓨터의 탄생은 사변이었다. 정사각형의 5.5인치 플로피 디
스크를 'A 드라이브'에 넣어주어야 부팅되던 286 컴퓨터와는 달
리 386 컴퓨터는 전원을 켜면 자동으로 부팅되고 프로그램 실행
도 되었으니 놀라운 일이 아닐 수 없었다. 나는 김거성 사장의 지
시대로 용산 전자상가를 돌아다니면서 컴퓨터 조립에 필요한 부
품들을 사 오는 일, 컴퓨터를 조립하여 주문한 고객 집을 찾아가
설치하는 일을 주로 했다. 케이스 안에 메인 보드를 앉히고, 전원
박스와 하드를 장착하고, 램을 꽂고, 몇 개의 선들을 연결한 뒤에
전원을 켜면 끝이었다. 거기에 운영 프로그램을 설치하고, 워드
프로그램 '흔글'을 비롯한 몇 가지 프로그램을 주문대로 심는 일
은 사장님이 주로 했다.

처음엔 뭐가 뭔지 몰라서 헤매었지만 몇 번 해보니 할 만한 일
처럼 생각되었다. 용산 전자상가에서 부품들을 사 올 때는 주로
회사 자동차를 이용했지만, 고객 집이나 사무실에 컴퓨터를 설치

모든 눈물에는 온기가 있다

고문 없는 세상으로 1

상처는 몸뿐 아니라 영혼에도 남음을

유가협을 나온 뒤에 며칠은 출근할 곳이 없어서 멍했던 것 같다. 갑작스러운 변화에 적응할 시간이 필요했는지도 모른다. 그렇지만 나는 오래 쉬지는 못할 팔자인가 보다.

내 사정을 딱하게 생각해서인지 김거성 목사(학교 선배이기도 하고, 열사들 장례식에 관한 일들을 가르쳐 준 사부님이기도 했다)가 전화를 걸어왔다. 김거성 목사는 당시에 충무로에 작은 회사를 차려 '386 컴퓨터'를 조립해서 판매하고 있었다.

"박래군 씨, 요즘 유가협 나와서 뭐 해요? 나하고 컴퓨터 사업 같이해요."

컴퓨터는 알지도 못해서 망설이는데, 걱정할 것 없다고 용기를 주었다.

3장 가장 약한 존재들의 곁에서

하러 갈 때는 전철이나 버스를 탔다. 십자드라이버와 몇 개의 부품들을 예비로 챙겨 갖고 다녔고, 컴퓨터를 설치할 때는 스스로 컴퓨터 기사가 된 듯한 착각에도 빠졌다.

처음에는 회사가 잘되는 것 같았다. 386 컴퓨터가 보급되던 시기였으니 주문도 제법 들어왔다. 하지만 회사는 사장님과 나와 또 한 명의 직원, 겨우 3명으로 유지되는 영세 사업장이었다. 사장님이신 김거성 목사는 교회 목회와, 새로운 PC 통신망이었던 하이텔, 천리안 등을 통한 커뮤니케이션 활동에 관심이 많았다. 나는 나대로 당시 시작했던 고문 피해자 관련 사업에 마음을 빼앗기고 있었다. 시간이 지날수록 용산 전자상가 가는 일도 컴퓨터를 설치하는 일도 줄어만 갔다.

유가협 시절 막판에는 문국진 선배와 관련한 일을 시작으로 고문 피해자를 지원하는 사업을 구상하고 있었다. 문국진 선배의 부인인 윤연옥 씨와 주로 의논을 했고, 문국진의 동기들인 연세대 79학번들과 일을 도모하고 있다가 유가협을 나오게 된 것이다. 유가협을 그만두자마자 고문 피해자 모임인 '문국진과 함께하는 모임(이하 모임)'의 발족을 서둘렀다.

당시 용산역 건너편 성매매 집결지 바로 앞에 있던 기원빌딩 5층에 인권운동사랑방 사무실이 있었다. 인권운동사랑방은 1993년에 비전향 장기수로 출소한 서준식 씨가 시작한 인권 단체였다.

"고문 피해자 모임을 하려고 하는데, 책상 하나 놓을 데가 없어요."

서준식 씨는 나의 사정을 들어보고 흔쾌히 내 제안을 받아주었다. 그래서 인권운동사랑방에 책상 하나 얻고, 거기에 전화기를 하나 설치했다.

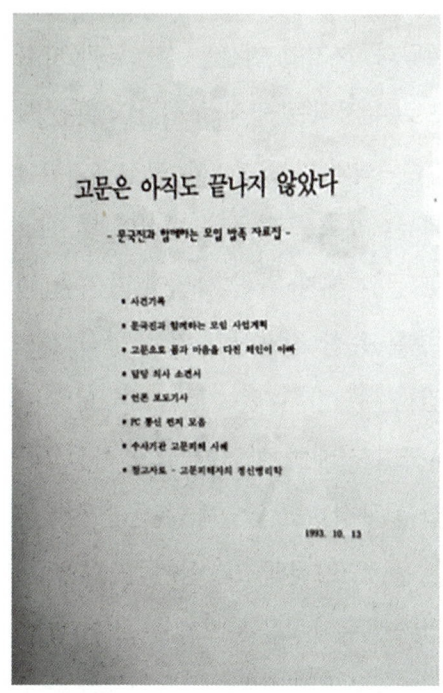

문국진과 함께하는 모임 발족 자료집. 사진 저자 제공.

김근태 선배조차 벗어나지 못한 고통

1993년 10월 13일, 명동 향린교회에서 '문국진과 함께하는 모임' 발족식을 열었다. 그날 모임에서 박정기 아버님을 대표로 인재근, 최의팔 목사님을 부대표로 선임했다. 인재근 씨(전 국회의원)는 민가협의 총무를 맡는 등 활발하게 인권운동을 하고 계셨다. 김근태 선배의 부인이기도 했다. 최의팔 목사는 이주노동자 인권 문제에 적극적으로 뛰어든 목회자이셨다. 이 모임에서 나는 총무를 맡았고, 연세대 79학번 곽진선 선배는 회계를 맡았다. 총무는 사무국장과 같은 역할을 하는 것으로 당시 비상근 활동가는 나와 윤연옥, 곽진선 세 사람뿐이었다.

발족식에는 김근태 선배님도 오셨다. 그분이야 워낙 유명하신 분이고, 내게는 운동권의 대선배님이셨다. 그때는 민가협과 함께 고문 기술자 이근안을 잡는 일을 열심히 하고 계실 때였다.

"제가 처음으로 밝히는데요. 지금도 검은 지프를 보면 심장이 덜컹 내려앉아요. 경찰서 앞을 그냥 지나갈 수 없어요. 식은땀이 흘러요. 사람들은 김근태니까 후유증이 없을 거라고 생각하는데, 제 생각에 고문 후유증은 평생 가는 것 같아요."

그의 말은 내게 충격이었다. 김근태와 같은 대단한 투사이자 민주화운동을 선두에서 이끌고 가시는 분이 고문 후유증을 말씀하시는 것이었다. 용기 있게 고문당한 일을 폭로하고, 이근안을 잡자고 나선 분인데, 그분조차 고문 후유증에서 벗어나지 못하다니….

'그럼 다른 사람들은 어떨까? 고문 후유증을 겪는 사람들이 더 많을 텐데.'

이런 생각이 저절로 들었고, 고문 피해자들을 더 많이 찾아야겠다고 생각했다.

모임이 처음에 한 일은 국가를 상대로 한 손해배상 청구 소송이었다. 문국진 씨는 1980년과 1986년 두 차례에 걸쳐 경찰서에서 고문을 당했고, 이로 인해 고문 후유증을 얻게 된 것이었다. 백승헌 변호사와 의논하여 1980년 사건은 시간도 많이 지났으므로 제외하고 1986년 사건만 법정으로 가져가기로 했다. 이를 위해서는 의사의 소견서가 필요했다.

유가협에 있던 때 윤연옥 씨와 함께 신촌에 있는 동교신경정신과를 찾아갔다. 인도주의실천의사협의회의 배기영[1] 선생을 만나기 위해서였다. 신촌사거리를 지나서 현대백화점 건너편 강화도 가는 버스터미널 근처의 골목에 병원이 있었다. 그분은 인상 좋은 의사였는데, 우리 얘기를 듣고는 반색을 했다. 우리는 그때 내가 오스트리아 빈에서 수집해 온 고문 관련한 자료 몇 가지와 그중에 번역한 자료를 들고 갔다. 배기영 선생은 그 자료들을 보면서 말했다.

"이거면 의사 소견서를 쓸 수 있겠어요."

문국진 씨의 병원 기록들과 이들 자료를 보고 그가 작성해 준 의사 소견서에서 '심인성 편집증적 정신병'으로 진단했다. 구체적으로 '세계보건기구WHO의 국제 질병 분류 기호 298.4'에 해당한다고 적고 있었다. 의사 소견서에서 덴마크의학회의 '1980년 11월 고문 피해자들의 정신적 피해 실태조사'를 인용하기도 했다. 이 의사 소견서를 근거로 1993년 10월 15일 소장을 접수했다.

[1] 1953년 출생. 정신과 의사인 그는 30여 년 동안 신촌 동교신경정신과의원을 운영하며 사회적 약자와 고문 피해자, 노동자, 노숙인, 그리고 수배 중이던 학생운동가들 등을 보살펴왔다. 인도주의실천의사협의회에서 활동하며 정신보건법 제정, 고문 피해자 국가 배상 소송, 노동자 정신 질환의 산재 인정 등 중요한 사회적 변화를 끌어내는 데 기여했다. '세상의 배경이 된 의사'라 불리며 민주화운동과 인권운동 영역에서 꾸준히 실천을 이어 갔다. 2015년 6월 4일 별세.

결국 문국진이 이겼다

문국진 씨는 당시 조현병 증세가 재발하여서 고대구로병원에 입원 중이었다. 그는 1980년 이적표현물을 소지하고 있다가 적발되어서 서대문경찰서에 잡혀간 뒤 고문을 당했다. 1986년 3월에는 '보임-다산 사건'이라는 노동운동 조직 사건으로 수배를 당했고, 그해 10월에 청량리경찰서에 자수를 했다. 자수한 다음에 3일 동안 잠을 안 재우면서 고문을 가했는데, 그때 이미 문국진 씨는 똥오줌을 먹는 등의 이상행동을 보였다. 면회를 온 부모님이 사 갖고 온 통닭을 보고, "나를 통닭같이 고문시키려고 사 왔느냐"고 고함을 지르면서 난동을 피웠다. 경찰은 그런 그를 보고 "일부러 미친 척한다"며 폭행을 가했다. 결국 그는 성동구치소 수감 중에 발작 증세를 보여서 병원에 입원했다. 사건은 기소유예로 끝나서 그는 석방되었지만, 발작 증세를 종종 일으켜왔다.

1995년 5월 4일, 서울지방법원 민사합의13부는 원고 승소 판결을 내렸고, 이후 대법원에서 확정되었다. 이는 신체에 직접 고문의 증거가 있는 경우에 한정해서 고문 피해를 인정해왔던 판결을 넘어서 정신적인 고문 피해까지 인정한 판결이었다.

고문 없는 세상으로 2

미치거나 죽거나, 고문 피해자들 이야기

문국진 씨의 아내 윤연옥 씨는 국가를 상대로 소송을 하게 된 이유를 이렇게 밝혔다.

"1980년대 운동권 사람들에게 자행된 무자비한 투옥과 고문의 현장 속에서 한 인간이 이렇게 처절하게 파괴되었음을 세상에 알리고, 인간성을 파괴한 잔혹한 고문과 고문의 두려움으로 정신분열을 일으킨 사람을 미친 척한다며 방치한 살인적 행위에 대한 진상이 철저히 규명되어야 한다."

피비린내 진동하는 고문 사례들

소송 제기 소식이 언론을 통해 알려지자 모임으로 고문 피해자들이 찾아왔다. 모임에서는 고문 피해자들 사례를 수집하면서 고문 피해자 문제를 해결하기 위한 대책을 국회에 촉구하기로 했다. 1993년 12월 29일에는 박정기, 인재근, 최의팔, 서준식, 최민화 등 1214명이 연명한 청원서를 국회에 제출했다. 이 청원은 임채정 의원 외 국회의원 78명에 의해서 국회에 정식 소개되었다.

청원의 내용은 ①고문 후유증에 대한 실질적인 조사 ②고문 피해자에 대한 적극적인 치료 대책 수립 ③고문 피해자와 그 가족에 대한 보상 실시 ④고문의 근절과 고문 피해자에 대한 치료와 보상을 위한 특별법 제정 ⑤UN 고문방지협약 가입 ⑥국가 차원의 고문 근절 의지 천명 등이었다. 이 중에 이뤄진 것은 1995년 1월에 국회 비준을 받아서 UN 고문방지협약에 가입한 것 외에는 없었다. 그만큼 정부도 국회도 고문 피해자 모임에 큰 관심을 기울이지 않은 것이었다. 만약 이때의 청원을 접수한 국회가 적극적으로 청원을 심의하여 특별법을 만들었다면 고문 피해자들에 대한 전수조사가 이뤄질 수 있었을 테고 피해자들과 가족들을 위한 지원이 시작되었다면 고문 후유증으로 고통을 당하다가 죽어가는 일을 막을 수 있었을 텐데 하는 아쉬움이 남는다.

세상의 무관심 속에서도 모임은 꾸준히 고문 피해자 문제를 제기하는 역할을 해야 했다. 눈물로 호소하는 고문 피해자 가족들의 사연을 들으면서 일을 늦출 수는 없었다. 1994년 4월 11일에는 민주사회를위한변호사모임(민변), 인도주의실천의사협의회(인의협) 등과 공동으로 '건강 세상을 위한 치과의사회' 강당에서 '고문 후유증 사례 발표 및 토론회'를 열었다. 이 보고회에서는 8

건의 고문 피해 사례를 발표했다. 이 중 몇 건의 사례를 소개한다.

1980년대 초, 여대생이었던 최영미 씨는 국가안전기획부(안기부) 인천분실 지하실로 끌려가서 11시간 동안 갇혀 있었다. 안기부 지하실에서 그가 어떤 고문을 당했는지는 최 씨가 입을 열지 않아서 자세히 알 수는 없었다. 하지만, 그곳을 다녀온 이후 최 씨는 발작을 하는 정신 질환 증세를 보였다. 딸의 병을 치료하기 위해서 백방으로 노력하던 그의 아버지가 86년에 돌아가시는 일까지 있었다.

김복영 씨는 연세대학교 학생으로 1986년 서울 명동 4·19 시위에 참여하였다가 경찰에 체포되었다. 체포 과정에서 경찰에게 집단 폭행을 당했고, 구속된 뒤 구치소에서 집단 폭행 등 고문을 당했다. 3개월간의 구치소 생활 뒤에 출소하였는데, 그 뒤 정신이상 증세를 보였다. 그는 일기에서 "너희들은 항상 나의 뇌수에 칼침을 꽂고 나의 꿈은 항상 피비린내로 얼룩졌다"고 썼다. 이후 김 씨는 가족들의 지극한 간호와 돌봄에도 극단적인 선택으로 생을 마감했다.

강환웅 씨는 중앙대학교 학생으로 1986년 11월 서울 신길동 학생 시위 때 경찰에 체포되었는데, 노량진경찰서에서 혹독한 폭행을 당했다. 구속되어 영등포구치소 수감 중에는 "짜장면에 고춧가루를 많이 풀어 먹여 놓고 거꾸로 매달아 놓아 음식물을 토" 하게 하는 등의 고문을 당했다. 3개월의 복역 뒤 집행유예로 출소했지만 그 역시 정신이상 증세를 보였다.

후유증 고치려 굿판 벌이던 시절

화성 연쇄살인 사건의 범인으로 지목되어 서대문경찰서에서 5일 동안 조사를 받았던 김종경 씨의 경우는 매우 황당한 사례였다. 심령술사가 꿈에서 사건의 범인으로 '김종경'이라는 사람을 지목 받았다면서 서대문경찰서에 제보했다. 당시 사건 범인을 잡으면 1계급 특진을 하는 등의 포상에 눈이 어두워졌기 때문이었을까? 아무런 합리적인 근거도 없이 심령술사의 말만 듣고 전기공으로 일하던 김종경 씨를 임의동행 방식으로 끌고 가서 5일 동안 고문을 가해 범인이라는 자백을 받아냈다. 고문에 의한 자백이었다. 이 사건은 언론에 대대적으로 보도되기도 했다. 화성 연쇄살인 사건의 범인을 잡았다고 하니 안 그러겠는가. 김 씨는 한순간에 흉악한 살인범으로 낙인찍히게 되었다. 하지만 김 씨는 고문에 의한 허위자백이었다며 국가를 상대로 손해배상 청구 소송을 진행했고, 법원으로부터 3800만 원의 배상 판결을 받기도 했다. 그렇지만 서대문경찰서에서 모진 고문을 당했던 후유증으로 사건 4년 뒤에 생을 마감했다.

1986년 부천서 성고문 사건, 87년 박종철 고문치사 사건으로 고문 근절에 대한 여론이 높았음에도 여전히 고문은 곳곳에서 자행되고 있었다. 당시 모임에 온 사례들은 다른 고문 피해자들에 비하면 고문의 강도가 약한 것들이었다. 조작 간첩을 만들어 내기 위해 수십 일 동안 밀실에서 가했던 고문이나 반국가단체·이적단체 등의 사건에서 자행되었던 고문에 비하면 약한 사례들일 것이다.

93~94년 당시에는 고문을 당했다고 공공연히 드러내고 얘기하지 못하는 분위기가 있었다. 운동 사회에서는 고문에 굴복하는 것은 패배한 것이고, 그것은 곧 운동가로서 나약하다는 비난을 받을 수 있는 일이었다. 또 고문 후유증의 다수는 정신이상 증세이므로 이런 증세를 보인다고 알리는 것을 무척이나 꺼렸다. '미친놈' 취급받기 십상이었기 때문이었다.

그래서 고문 피해자와 가족들은 되도록 이런 사실들을 감추려고 했다. 가족들은 쉬쉬하면서 이웃들 몰래 정신병원을 찾았다. 그렇지만 외상 후 스트레스 장애에 대한 전문적인 지식이 없던 정신과 의사들이 제대로 치료하기를 기대하기도 어려웠다. 어떤 피해자 가족들은 병원에 가도 낫질 않으니 점집을 찾아가거나 무당을 찾아가 굿을 벌이기도 했지만 백약이 무효였다.

문국진 씨의 사례는 이와 같은 처지에 있던 고문 피해자 가족들에게 큰 용기를 준 일이었다. "한 인간이 파괴되어 가는 모습을 더 이상 주저앉아 지켜보지 못하겠다"며 문 씨 사건을 공개한 윤연옥 씨의 뒤에는 문 씨의 연세대학교 동기들이 있었다. 그들은 1993년부터 최근까지 후원금을 모아서 30년 동안 그들이 생활할 수 있도록 후원했다. 그런 주위 사람들의 지지와 도움이 한 사람을 살렸다.

또한 모임에서는 고문 피해자들을 위한 치유센터를 만들기 위해 의논했다. 다른 나라들에는 고문 피해자 치유센터가 있었다. 심지어 방글라데시와 같은 후진국에도 있는 고문 피해자 치유센터가 우리나라에 없다는 게 이해가 되지 않았다. 양길승 선생님을 비롯한 의사, 변호사 등과 몇몇이 수차례 치유센터 건립을 위한 논의를 진행했지만, 결실은 보지 못했다.

모임을 통해서 만들고 싶었던 고문 피해자 치유센터는 2013년에 들어와 광주에서 트라우마 센터가 만들어져 시범 운영되다가 2024년 7월에는 국립 트라우마 치유센터가 정식 건립되어 개관했다. 센터의 자리는 5·18 당시 광주국군병원 자리였다. 이 센터는 5·18 피해자를 비롯한 국가 폭력 피해자들의 치유를 지원하는 역할을 한다. 제주도에는 제주 4·3 피해자들을 위한 트라우마 센터가 운영되고 있다.

고문에 대한 기록을 집대성한 이는 지금은 고인이 된 박원순 변호사다. 10년 동안의 준비 과정을 거쳐서 2006년에 《야만 시대의 기록》 3부작을 펴냈다. 1권은 총론이고, 2권은 일제 강점기부터 박정희 정권까지의 고문 사례를 정리했고, 3권은 전두환 정권에서 노무현 정권까지의 고문 사례를 다뤘다. 이 역작은 《국가보안법연구》 3부작과 함께 그가 남긴 중요한 인권 기록이다.

이렇듯 나의 생활은 고문 피해자 모임에 집중되고 있었다. 그러니 컴퓨터 회사 일에 자꾸 소홀해져 갔다. 사장님이신 김거성 선배는 어떤 눈치도 주지 않았지만, 회사 사정은 더욱 어려워졌다. 결국 나는 회사를 정리하고 1994년 8월 1일 인권운동사랑방의 활동가로 들어갔다.

인권운동사랑방

인권운동의 새 장을 연
비전향 장기수 서준식

1987년 6월 항쟁 이후 한국 사회는 엄청난 변화를 겪고 있었다. 유권자의 직접 투표로 대통령을 선출하게 하고, 의회정치가 살아났고, 지방자치제가 부활하는 정치적 변화만 있었던 게 아니었다. 이런 정치적 민주화의 과정에서 과거의 국가 폭력·국가 범죄 사건들이 공론장에 등장하게 되었고, 박정희, 전두환 정권 시절의 인권유린들이 국회와 언론에서 다루어지고 있었다.

그러는 중에 인권 단체들도 속속 창립되었다. 1987년 이전에는 70년대에 만들어져서 2024년에 50주년을 맞은 한국기독교교회협의회NCCK 인권위원회를 비롯해 천주교정의구현전국사제단과 민주화실천가족운동협의회(민가협), 전국민족민주유가족협의회(유가협) 정도가 있었다. 87년 6월 항쟁 이후에는 장애우권익문제

모든 눈물에는 온기가 있다

연구소(1987), 민주사회를위한변호사모임(1988), 민주주의법학연구회(1988)가 창립되었다. 천주교에서는 91년 천주교정의구현연합 산하에 인권위원회가 만들어졌다가 94년에는 천주교인권위원회로 독립하였다. 27개 사회단체의 연합체인 전국민족민주운동연합(전민련)은 91년 12월에 인권위원회를 특별위원회로 두었다. 노동인권회관도 89년에 설립되었다.

이런 흐름 중에 '새로운 인권운동'을 주창하는 그룹이 나타났다. 이 흐름을 주도하는 사람이 서준식이었다. 서준식은 1967년에 서울대 법대로 유학 온 재일 동포였다. 그는 70년, 형 서승과 함께 보름 동안 방북을 했다. 71년 보안사령부에 체포되어 모진 고문을 받고, 7년 형을 선고받았다. 그가 수감 중인 75년에 '사회안전법'이 제정되었는데, 이 법은 만기 출소한 비전향 장기수들을 재수감하는 것이었다. 전국에 있던 만기 출소 비전향 장기수들이 청주보안감호소에 수감되었고 만기를 채운 장기수들도 이곳으로 옮겨서 감옥살이를 이어 가야 했다. 형식적으로는 2년마다 심사를 해서 출소시킬 수 있다고 했지만, 사실상 전향서를 쓰지 않으면 죽을 때까지 감옥에 갇혀 살아야 하는 상황이었다.

우리가 구멍가게 수준이라고?

서준식은 본형 7년 형을 다 산 다음에 사회안전법에 따라서 청주보안감호소에서 10년을 더 살았다. 총 17년의 감옥살이를 견뎌냈다는 것만으로도 대단했다. 그때 사상범에게 가해지는 전향 공작은 사실상 살인적인 고문이었다. 그런 중에 그는 51일간의 옥중 단식 농성을 통해서 사회안전법에 저항했다. 옥중 단식으로는 최고의 기록이었다. 강제급식의 고통을 이겨내면서 51일이라니, 엄청난 일이었다. 이런 일로 알려져 일본과 국제사회의 압력이 작동했고, 그런 탓에 전향서를 쓰지 않고 1988년에 석방되었다. 그의 투쟁 덕분에 89년 사회안전법은 폐지되었고, 보안관찰법으로 대체되었다. 그는 91년 강기훈 유서 대필 사건의 조작을 주장하는 투쟁을 하다가 구속되었고, 집행유예로 출소해서는 유서 대필 사건의 진실을 밝히는 일에 집중했다.

그런 중에 서준식은 새로운 인권 단체를 만드는 구상을 구체화하고 있었다. 1992년 10월이었다. 서준식 그룹은 인권 단체들을 초청해서 간담회를 열었다. 새로운 인권운동의 구상을 담은 '우리의 인권운동, 어디로 가야 하나?' 발제문을 듣고, 그에 대한 의견을 나누는 자리였다. 그곳에는 10개의 인권 단체 사무국장들이 모였는데, 나도 유가협의 사무국장으로 참석했다.

"6월 항쟁을 거쳐, 근본적으로 바람직한 이 부문(인권운동)의 내부 분화·전문화가 진행되고 있다고 하나 각 인권 단체는 아직도 영세성을 면하기 어려운 구멍가게 수준에 머물고 있어서 진정한 의미의 전문화를 이루지 못하며 그리고 동력원이 없는 이들 여러 단체를 수평적으로 연대케 해줄 그 어떠한 장치도 우리의 인권운동은 갖지 못하고 있다."

전혀 고민해보지 못한 내용이었다. 당시의 인권운동이 양심수 석방, 고문, 의문사 같은 국가 폭력의 근절을 위해서 분투하고 있는데, 그걸 '구멍가게' 수준으로 평가하는 것부터 맘에 들지 않았던 것 같다. 구멍가게를 넘기 위해서 독립된 자료실을 만들고, 학자와 변호사, 활동가가 함께하는 세미나, 인권운동 단체들을 연결하는 사무국을 만들고 그런 역할을 자임하겠다는 내용이었던 것 같다. 의견을 말하라고 해서 나는 "구상은 좋은데 그거 되겠어요?" 하면서 부정적인 입장을 냈다. 거기에 참여한 다른 단체 사무국장들도 비슷한 입장이었다. 기존의 인권운동 단체들에 의해서 서준식 그룹의 제안은 거부되었다고 보아야 할 것이다.

1997년 2월 인권운동사랑방 상임활동가 시절의 박래군과 서준식(왼쪽 첫 번째와 두 번째).
ⓒ《한겨레》윤운식 선임기자

인권운동사랑방 멤버가 되다

이후 서준식 그룹은 민주주의법학연구회의 사무실을 빌려서 사용했는데 봉천동, 낙원상가를 거쳐서 용산역 앞으로 옮겨 가면서 준비를 해 나갔다. 그러다가 1993년 3월에 당시 활동가들이 모여서 '인권운동사랑방'이라고 단체 이름을 지었다.

단체 이름에 사랑방이라니 약간 낯설었다. 인권운동가들이 문턱 없이 자유롭게 드나들고, 그러면서 토론도 하고, 사업에 대해서도 의논하는 편한 자리를 생각했다고 했다. 그런 사이에 나는 점점 인권운동사랑방에 가까이 가고 있었다. 그곳에서 매월 여는 인권 세미나에도 참석했다. 세미나에 가면 저녁을 줬는데 대부분 카레였다. 큼직큼직한 감자가 들어간 카레였고 다른 내용물은 별로 없었던 것 같았는데, 그곳에서 먹는 카레는 유별나게 맛이 있었다.

그러다가 내가 빈 세계인권대회를 다녀오고 유가협도 그만둔 뒤 '문국진과 함께하는 모임' 주소를 그곳에 두면서 한층 더 가까워졌다. 그러면서 아주 자연스럽게 인권운동사랑방의 멤버가 되었다. 내가 인권운동사랑방에 들어갈 때는 대표 서준식을 포함하여 노태훈, 염규홍, 심보선, 류은숙 등 기존 멤버에 빈 세계인권대회를 같이 준비했던 이대훈, 이성훈 등 천주교 국제연대 그룹이 합류해 있어서 활동가들이 10명도 넘었다.

인권 자료실을 만들다

인권운동사랑방에 들어가서 처음으로 한 일은 몸 쓰는 일이었다. 인권 자료실을 만들어야 하는데, 앵글을 사다가 자로 재서 재단하고 쇠톱으로 절단한 다음에 판을 걸고 나사를 조여서 완성하는 작업이었다. 이 작업을 건물 옥상에서 8월의 땡볕을 고스란히 받으며 진행했다. 시행착오 끝에 서가를 짜서 배치하는 일은 이틀 만에 끝냈지만, 인권 자료실을 만드는 일은 어디서부터 손을 대야 할지 몰랐다.

인권운동사랑방은 내가 합류하기 1년 전부터 《인권하루소식》이란 팩스 신문을 내고 있었다. 무명의 신생 인권 단체가 세상에 빨리 이름이 알려지게 된 데는 이 팩스 신문의 덕을 많이 봤다. 그때의 통신 기술 발전은 놀라운 일이었다. 삐삐와 팩스가 등장했고, 인터넷 통신망이 시작되고 있었다. 특히, 여전히 사용되고 있는 팩스는 그때는 관공서나 기업들 중심으로 보급이 빠르게 진행되고 있었다. 이걸 이용한 게 《인권하루소식》이었다.

매일 신문을 발행하다 보니 자연스럽게 자료들이 쌓이고 있었고, 그런 자료들을 체계적으로 분류하여 활동에 활용할 수 있게 하기 위해서 인권 자료실을 만들기로 했던 것. 그 작업을 신입 활동가인 나와, 함께 입사했던 최은아에게 맡겼던 것이다. 고민하다가 도서관 분류체계를 본떠서 분류 기호를 정하고 서류 박스를 사서 그곳에 자료를 집어넣으며 정리해 나갔다. 그렇게 몇 번의 작업을 하니 그런대로 자료실의 꼴이 났다.

한편으로는 고문 피해자 모임을 운영하랴, 한편으로는 자료실을 만들랴 정신이 없는 중에 인권운동사랑방에서는 새로운 논의가 한창 열띠게 진행되고 있었다. 1994년 9월 10일에 창립한 참여연대(창립 당시는 '참여 민주 사회와 인권을 위한 시민연대'였다)에 합류할 것인가를 두고 구성원 간에 찬반 의견이 갈리고 있었다.

참여연대

다른 길 같은 꿈, 30년의 연대

그러고 보니 놓치고 지나친 얘기가 있다. 인권운동사랑방에 정식으로 합류하기 전에 약간의 해프닝이 있었다. 1994년 6월 16일, 안기부는 "조선노동당 지하당 '구국전위' 사건"을 발표했다. 남민전 사건으로 복역했던 전력이 있는 안재구 씨가 총책인 사건으로 그를 포함 10명을 함께 구속했다는 내용이었다. 구속자 중에는 '박래군(朴來君, 내 이름의 군은 무리 군群)'이 포함되어 있었다. 그의 고향은 나와 같이 경기도 화성군(지금의 화성특례시)이었고, 나이도 나와 같았다. 그런데 그는 고려대 출신이었다. 분명 나와는 다른 사람이었다.

    그럼에도 당시 고문 피해자 모임 관련한 일로 인권운동사랑방을 드나들었던지라 인권운동사랑방에 확인 전화가 쇄도했다. 언론사와 유가협 부모님들을 비롯한 지인들의 확인 전화로 사무실 업무가 마비될 정도였다. 사람들 생각으로는 박래군이라는 이름이 흔치 않고, 경기도 화성 출신이라는 점 때문에 내가 분명하다고 판단했던 것 같다.

언론 보도가 나가자 시골집에서도 난리가 났다.

"이놈이 이제 하다 하다가 간첩이 되었다."

아버지가 하셨다는 말씀이다. 사무실로 전화가 왔는데, 아니라고 얘기를 해도 거짓말이라며 믿지를 않으셨다고 해서 어쩔 수 없이 직접 전화해 확인을 시킨 다음에야 안심하셨다. 평생 자식 걱정을 하신 부모님에게 의도치 않게 다시 한번 걱정을 끼쳤다.

사건 관련자 박래군은 이후 석방된 다음에 정계에 관여했다. 그가 어느 직책을 맡게 되었다는 보도가 나갈 때마다 이런 혼선은 거듭되었다. 나는 그 다른 박래군과 2021년께야 처음 만나서 좋은 친구로 지내고 있다. 이런 소동을 거치면서 1994년 8월 1일에 정식으로 인권운동사랑방에 합류하게 된 것이었다.

하나의 '사건'이었던 참여연대의 탄생

당시 참여연대의 탄생은 단순히 한 새로운 단체가 출범한다는 정도의 의미가 아니었다. 조희연(전 서울시 교육감) 등의 진보적 학자들, 박원순 등의 인권 변호사 그룹, 김기식 등의 학생운동 출신 등이 함께 만든 조직이었다. 참여연대의 창립선언문은 이 새로운 단체가 어떤 지향을 갖고 시작되었는지를 볼 수 있다.

"새로운 시대를 맞이하여 참된 민주주의를 건설하기 위한 행동은 사회와 정치무대의 한복판에서, 그리고 국민의 일상생활 과정에서 일어나야 합니다. 민주주의란 문자 그대로 국민이 나라의 주인이라는 것을 뜻합니다. 그럼에도 불구하고 지금까지는 주인이 머슴처럼 취급받고 국민의 공복에 불과한 사람들이 주인 위에 군림하는 시대착오적인 현상이 만연해 왔습니다. 누가 권력을 잡든 이러한 본말전도적 현상을 스스로 개선하려 하지 않습니다. 따라서 국민 스스로의 참여와 감시가 필요합니다. 몇 년에 한 번씩 투표를 함으로써 나라의 주인의 지위를 확인할 수 있는 것이 아닙니다. 명실상부한 나라의 주인이 되기 위해서는 매일매일 국가권력이 발동되는 과정을 엄정히 감시하는 파수꾼이 되어야 합니다."

창립선언문에서 밝힌 것처럼 변화된 시대, 새로운 민주주의를 열어갈 비전을 내세우며 참여연대는 출발했다. 1987년 한국여성단체연합, 89년 경제정의실천시민연합, 93년 환경운동연합에 이어서 참여연대가 창립되면서 시민사회 운동이 활발해지게 되었다. 이전까지의 학생단체, 노동 단체, 민중 단체 중심의 운동이 훨씬 더 넓어지는 결과를 가져왔다. 90년대는 이렇게 새로운 영역의 시민사회가 형성되던 시절이었다.

인권운동사랑방 활동가들은 참여연대에 참여하는 과정에서 많은 얘기를 나눴다. 일단 권력 감시 운동과 같은, 시민과 함께하는 새로운 운동에 대한 기대와 긍정이 많았던 것으로 기억한다. 인권운동사랑방과 같은 작은 단위로는 할 수 없는 일들에 대한 기대도 있었다. 여론 지형을 움직일 수 있는 전문성과 영향력을 기대했다고나 할까. 이대훈과 같은 천주교 국제연대 그룹이 보다 적극적이었다.

2024년 9월 10일 서울 서대문구 연세대 동문회관에서 열린 참여연대 30주년 기념식 모습.
사진 참여연대 제공.

동행은 오래가지 못했지만

참여연대의 처음 사무실은 인권운동사랑방이 세 들어있던 용산역 건너편 기원빌딩 3층이었다. 건물 한 층을 전부 빌려서 사무실로 쓰는 것부터가 달랐다. 상근자도 처음부터 10명이 넘었다. 그런데 막상 합류해서 함께 활동하다 보니 여러 문제가 생겼다. 일단 의사 결정 체계가 복잡해졌다. 인권운동사랑방은 인권 현안이 생기면 활동가들이 언제고 모여서 토론을 벌이고 사업을 해 나가면 되는 구조였다. 하지만 참여연대는 사무처장에 보고하고, 집행위원회에도 보고하며 결정해야 했다. 이렇게 여러 단계의 과정을 거치는 것에 익숙하지 않았다.

인권 문제에 대한 인식도 달랐다. 한 예로 창립한 그해 겨울에 이주노동자들이 참여연대 사무실로 농성을 들어오고 싶어 했다. 참여연대는 창립하자마자 언론이 주목하는 단체였기 때문에 거기서 농성을 하면 언론의 주목도 받고 참여연대의 힘도 빌릴 수 있을 것으로 판단하여 그런 요청을 했을 것이었다.

'참여연대 인권센터'인 인권운동사랑방 사람들은 그런 요청이 들어오면 당연히 자리를 내주어야 한다고 생각했다. 그렇지만 참여연대 사무처의 생각은 달랐다.

"이주노동자들이 여기 들어와서 농성할 수는 있겠지만, 그렇게 되면 다른 사람들이 농성을 하겠다고 할 때마다 내주어야 하지 않냐."

참여연대가 지향하는 길은 전문성을 가진 시민 단체이지, 현장 현안을 해결하는 단체는 아니라는 설명이었다. 그래서 이주노동자들은 1995년 1월에 명동성당에서 농성에 들어갔다. 결과적으로는 참여연대라는 안정적인 실내 공간에서 농성을 하는 것보다 훨씬 더 효과적이었다. 하지만 이 일은 감수성의 차이와 운동 방향에 대한 불일치 등을 확인했던 과정 중 하나였다.

이런 과정을 여러 번 겪으면서 참여연대와 계속 같이 가야 하는가에 대한 회의가 일었다. '결혼하자마자 이혼이냐'는 얘기도 나왔다. 1995년 1월 최종적으로 참여연대에서 독립하기로 결정하고, 새 사무실을 찾아 나섰다. 서울역과 숙대입구역 중간에 있는 갈월동의 사무실을 찾았다.

참여연대와 결별하고 새로운 사무실로 나오면서 나는 홀가분한 느낌이었다. '인권 현장을 외면하고 무슨 인권운동을 하냐'는 생각과 함께 윗선의 눈치를 보지 않고, 우리가 논의하고 결정하는 그런 운동을 그렸던 것 같다. 건물 3층에 사무실을 잡고 페인트칠과 서가 등 집기를 배치했다. 집기들은 주로 변호사 사무실들에 연락해서 남는 책상과 책장들을 날라 왔다. 한겨울에 이사 준비를 하는 일이 힘들었지만 즐거운 마음이었다. '우리 사무실'이 생기는 것이니까 하는 마음이 컸다.

하지만 이 사무실은 근무 환경이 나빴다. 건물 뒤로는 경부선 철로가 있었다. 수시로 1호선 전철이 지나갔다. 앞은 한강대로였다. 대로 아래로는 4호선 전철이 지나갔다. 전철이 지나갈 때마다 미세한 진동이 있었다. 심할 때는 정수기 통의 물이 흔들리는 게 눈으로 확인될 정도였다.

갈월동 시대에는 지금까지 민주주의법학연구회 사무실에 얹혀살던 상황이 역전되었다. 이전과는 반대로 매일 상근하는 활동가들이 북적대는 사무실 한편에 민주주의법학연구회 사무실이 붙어 있는 꼴이었다. 갈월동 사무실로 이전할 때, 국제연대를 맡았던 이들을 중심으로 참여연대에 남았다. 그럼에도 인권운동사랑방 활동가는 7명 정도가 함께하는 단체였다. 인권 단체로는 작은 단체가 아니었다. 갈월동 사무실로 이사하고 개소식을 하는 날에는 참여연대 식구들도 와서 축하해 주었다.

인권운동사랑방은 이후 참여연대가 추진한 '작은 권리 찾기 운동' '소액 주주 운동'에는 비판의 목소리를 높였다. 그러면서도 큰 방향에서는 30년 동안 많은 일에 연대해 가는 관계로 유지되고 있다.

새 사무실로 이전하는 과정이었던 1995년 1월, 나는 인권운동사랑방에서 새로운 일을 맡게 되었다.

《인권하루소식》 1

국정원이 사랑했던 인권 신문

지금도 여전히 나를 인권운동사랑방 소속 활동가로 알고 있는 사람들이 있다. 인권운동사랑방의 활동가에서 인권재단 사람, 4·16연대를 거쳐서 4·16 재단에서 일하고 있다는 걸 종종 잊는 것 같다. 그런 이들과 얘기를 하다 보면 꼭 나오는 얘기가 있다. 《인권하루소식》에 대한 기억이다. 《인권하루소식》이 폐간된 게 2006년 2월인데도 사람들은 아직 그때를 기억하고 있다.

"아침에 사무실에 출근하면 팩스에 혓바닥을 길게 뺀 것처럼 흰 종이가 내려져 있었어. 사무실 출근하면 그것부터 찾아서 읽었어."

내가 유가협 사무국장으로 있던 1993년 8월에 창간 준비호를 내기 시작했고, 그해 9월 7일에 창간한 팩스 신문인 《인권하루소식》에 대한 기억은 그만큼 사람들에게 강렬하게 남아 있다.

인권운동사랑방에서 매일 신문을 내겠다고 했을 때, 나는 "그게 되겠어? 시작은 하겠지만, 단체에서 매일 신문을 낸다고? 좀 있어 봐라, 두손 두발 다 들고 말걸"이라고 했다. 정말로 그렇게 생각했다. 매일 취재를 해서 그걸 기사로 만들고, 편집해서 발송한다는 게 말이 쉽지 도무지 가능할 것 같지 않았다. 그런데 인권운동사랑방은 그걸 해냈다. 인권운동사랑방 활동가인 노태훈이 1993년 7월에 국가보안법 위반으로 구속되었을 때 팩스로 속보를 냈던 경험을 살린 것이었다. 신속하게 정보가 제공되는 게 여론 형성에 도움이 되었음을 확인하고 그걸 인권 신문으로 내자고 했다.

매일 신문을 낸다는 무모한 도전

《인권하루소식》의 틀을 잡은 것은 염규홍이었다. 그가 '컴맹'이었던 심보선을 앞혀 놓고 컴퓨터를 가르쳤다. 워드 프로그램인 흔글을 이용해서 편집 틀을 짰다. 맨 위에 박스를 만들어서 가운데에 신문 제호를 넣고 양옆으로는 발행인과 발행처와 호수와 날짜를 넣었다. 그리고 본문은 4단 편집이었다. A4 용지로 매일 2면 이상을 기사로 채웠다. 염규홍과 심보선은 아예 집에도 안 들어가며 컴퓨터 앞에 앉아서 취재하고, 기사를 작성하고, 편집하고, 발송까지 했다. 그들의 잠자리는 주로 사무실 소파였다. 초대 편집장은 심보선이었고, 잠시 염규홍이 바통을 이어받았다가 내게로 넘어왔다.

모든 눈물에는 온기가 있다

나는 1995년 1월부터 《인권하루소식》의 편집인이 되었다. 이후 김수경에게 편집인을 넘겨주었다가 다시 넘겨받고 하면서, 《인권하루소식》의 12년 6개월이라는 시간 중 3분의 1은 내가 편집인을 맡았다.

처음에 나는 두 명의 활동가와 함께 신문을 만들었다. 오전 10시께 편집회의를 해서 취재할 기사를 배정하고, 가급적 퇴근 전까지 기사를 작성하게 했다. 그런데 한 명은 대학교 시절에 학교 언론사에서도 일해 본 경험이 있어서 밤까지 기사를 작성했지만, 다른 한 명은 이런 데는 경험이 전혀 없어서 늘 헤매기 일쑤였다. 기사를 많이 손봐야 했다. 이들 외에도 여러 활동가들을 기자로 데리고 일을 했는데, 어떤 활동가는 조목조목 지적을 하면 고개를 끄덕이면서도 울었다. 나는 여러 명을 울린 나쁜 편집인이었다. 기자들이 작성한 기사를 검토하고 수정하다 보면 어느새 전철 막차 시간이 다 되어버렸고, 급하게 서울역으로 뛰어가서 집으로 가는 전철에 올라타야 했다. 다음 날에는 거의 첫차를 타고 출근했다. 새벽인데도 아내가 매일 도시락을 준비해 주었는데, 그게 지금도 너무 고맙다.

보통 아무도 없는 사무실에 들어와서 급하게 편집을 했다. 편집하는 데 제일 애를 먹는 게 옆줄을 맞추는 일이었다. 줄 간격, 글자 크기와 모양을 조정해 가며 겨우 대충 맞추어 놓고 나면 그다음에는 기사 제목을 뽑아야 한다. 큰 제목과 소제목을 뽑는 일이 언제나 어려웠다. 이렇게 어찌어찌 편집을 마친 다음에 프린터로 출력해서 팩스에 걸고 예약발송 버튼을 누른다. 대개 사무실에 출근하는 시간이 9시이니 그 시간 전에는 발송되도록 했다. 그러고 나서야 도시락을 까먹고 있으면 다른 활동가들이 출근을 했다.

《인권하루소식》의 최고 애독자는?

당시에는 최첨단 매체였던 팩스 신문은 많은 사람들의 사랑을 받았다. 매일매일 내는 기사들이 모두 특종이었다. 기존 언론에서는 볼 수 없는 인권 소식들로 가득 차 있으니 그런 평가가 지나치지 않았다. 언론사 기자들은 우리 신문에 난 기사를 보고 취재를 해서 기사를 내보냈다. 어떤 때는 《한겨레》나 《경향신문》 같은 언론사에 연락해 "오늘 나온 이 기사는 우리만 내기가 아까운데, 보충 취재해서 기사 좀 내보세요"하고 권유하기도 했다. 언론사에서는 우리 신문이 안 들어오면 반드시 전화해서 다시 보내달라고 했다.

언론사 기자들이 너무 사랑한 탓에 어떤 기자는 우리 기사를 그대로 베껴 쓰는 경우도 종종 있었다. 그런 기사를 발견하고 항의 전화를 하면 순순히 인정하고 수정하겠다고 사과했다. 그렇지만 어떤 기자들은 얼버무리고 무시하는 경우도 있었다. 그런 언론사와 기자는 우리 발송처에서 삭제되었다.

그런데, 최고의 애독자는 단체의 활동가나 언론사 기자들이 아니었다.

"우리 회사에서는 매일 오는 하루소식(그들은 그렇게 불렀다)을 철해두고, 요약해서 윗선에 보고를 합니다. 그러니까 우리가 최고의 애독자죠."

이런 말을 한 사람이 누구일까? 다름 아닌 정보기관 소속 사람들이었다.

"아마도 국정원이 제일 열심히 볼 겁니다."

경찰 정보관이 해준 말이었다. 우리는 발송처 중에 정보기관이 있는지 확인하려고 했지만, 찾기가 쉽지 않았다.

한번은 문화체육부에서 전화가 왔다. 주 5일을 발행하는 매체이니 일간지 등록을 해야 한다는 것이었다. 그런데 일간지 등록 요건이 우리가 할 수 있는 게 아니었다. 윤전기를 소유하고 있거나, 윤전기를 임대해서 사용해야 한다는 게 말이 되는가. 이걸 위반하면 어마어마한 액수의 과태료를 내야 한다고도 했다. 회의를 거쳐서 문화체육부의 권고를 거부하기로 했다. 노태훈이 담당자에게 전화를 했다.

"팩스가 우리 신문 윤전기요. 신문사에서 쓰는 윤전기는 우리가 임대할 수도 없으니 맘대로 하쇼."

그 뒤에도 여러 번 전화가 왔었는데 종국에는 헌법소원을 내겠다고 했고, 그다음부터 전화가 더는 오지 않았다. 인권운동사랑방의 '불복종운동 전통'은 이렇게 시작된 것 같다.

《인권하루소식》을 처음 발송하던 때의 얘기는 지금도 배꼽 빠질 정도로 웃긴다. 그러니까 처음에는 한 명에게 보낸 다음에 이어서 또 다른 한 명에게 보내는 식으로 발송을 했다. 발송처가 수백 군데가 넘었는데, 그걸 일일이 하나하나 보내다 보니 하루 종일 발송을 해야 했다. 그러다가 팩스 기계에 한 번에 스무 군데씩 발송할 수 있는 '동보 송신' 기능이 있다는 걸 알고 동보 발송을 했고, 그다음에는 컴퓨터의 도움을 받아 100명씩 그룹을 묶어서 발송했다. 20명씩 동보 발송을 하는 게 가능하다는 걸 알았을 때를 염규홍은 "혁명이었어"라고 기억한다.

매일매일 발송한 《인권하루소식》은 이후에 합본호로 묶어서 나중에 찾아볼 수 있게 했다. 창간 10년이 된 2003년에는 《인권하루소식》에 실린 칼럼과 논평, 그리고 이동수 만화가의 만평을 묶어서 《새벽을 깨우는 A4 한 장》이라는 책도 출판했다. 하지만 시간이 흐를수록 《인권하루소식》이 갖는 속보성은 인터넷 매체의 발전 등으로 인해서 퇴색해 갔다. 인권운동사랑방은 2000년대 초기부터 《인권하루소식》을 계속 발간할 것인가를 두고 오랜 논의를 거쳤다. 나는 가장 적극적인 폐지론자였다. 《인권하루소식》의 역사적 소명은 끝났다, 활동가들이 노예처럼 살아야 한다는 등의 주장을 펼쳤다.

인권운동사랑방은 2006년 2월 《인권하루소식》을 종간하고, 주간 인터넷 매체 《인권오름》을 내기로 했다.

《인권하루소식》 2

인권 특종 캐내는 '시린 칼날'

우리는 참다운 자유세상을 만들기 위해 진실을 전달하는 데 주저함이 없으며, 진실을 찾기 위해 본질을 파헤침에도 두려움이 없다. 뜨거운 연대와 애정은 우리의 용기를 더욱 북돋울 것이며, 날카로운 비판은 우리의 필봉을 더욱 날 선 칼날로 만들 것이다. 우리는 '시린 칼날'로 인권유린의 현장을 가차 없이 내리칠 것이다.

《인권하루소식》 창간호에 실린 창간사의 한 대목이다. "'안보'와 '질서'의 이름 아래 인권이 광범위하게 유린되는 사회, 우리는 감히 말하건대 소위 '문민정부'의 현실을 이렇게 규정하지 않을 수 없다"고 당시의 상황을 진단했다.

이런 진단 아래 김영삼 정부의 거짓을 폭로했다. 당시 김영삼 정부는 "양심수가 없다"고 대외적으로 선전하고 있었다. 《인권하루소식》은 창간 준비호에서부터 당시 43년째 복역 중인 김선명 씨를 집중적으로 알렸고, 국가보안법 등의 이유로 300명 넘는 양심수가 수감 중이라는 사실을 적극적으로 드러냈다. 민가협을 비롯한 인권 단체들이 양심수 석방을 위한 활동을 하면서 알려지고는 있었지만, 인권 신문답게 자세하게 소식을 전달했다. 김영삼 정부의 최형우 내무부 장관이 "사상범에게는 고문을 해도 괜찮다"는 발언을 했다. 이런 발언에 대해 가차 없이 비판을 가했다. 고문이 사라졌다고 하면 고문 사례를 폭로했다. 정부의 거짓 홍보는 여지없이 깨졌다. 정부가 A4 용지 2장짜리 팩스 신문을 이기지 못했다. 이렇게 《인권하루소식》은 창간사에서 밝힌 정신을 구현해 갔다.

팩스 신문 그 이상이었다

《인권하루소식》이 아침마다 기다리는 신문이 된 이유는 단지 언론이 전하지 않는 소식을 보도했다는 점에만 있지 않았다. 내가 생각하기로는 '보는 관점'을 변화시켰다는 데 있을 것 같다. 인권 옹호자의 입장으로 사건을 해석하고, 취재하고, 보도했다. 언론들이 균형 잡힌 보도라는 이유로 실은 보도하기를 꺼렸던 피해자의 주장을 적극적으로 대변했다. UN의 국제인권기준이라는 보편적 기준에 맞추어 인권 피해를 드러냈다. 시간이 지날수록 인권 단체만이 아니라 시민사회 단체들이 자신들의 사건이나 행사들에 대한 제보를 해왔고, 보도해 주기를 요청했다. 나중에는 우리가 찾아 나서지 않아도 취잿거리가 쌓이는 상황이 되었다. 이는 언론들의 보도 태도에도 영향을 미쳤다.

나아가 《인권하루소식》에는 세상의 어떤 언론들에서도 볼 수 없던 국제 인권 뉴스들이 실렸다. 1994년에 방한한 아르헨티나의 오월광장 어머니회에 대한 소개, 그때까지는 국내에서 거의 알려지지 않았던 동티모르 독립운동 소식 같은 것이었다. 인도네시아의 오랜 지배 속에서 인종청소를 당하고 있던 동티모르의 상황은 국내에서는 거의 최초로 보도되었다고 해도 지나치지 않을 것이다. 마침 UN 세계인권대회에 참여했던 인권 단체들이 1994년에 결성한 '한국인권단체협의회'의 국제연대 활동 과정에서 알려진 일이었는데, 《인권하루소식》이 보도하면서 훨씬 더 많은 언론들이 관심을 갖게 되었다. 국제사회나 UN에서 진행된 국제적인 논의와 관련 소식들도 《인권하루소식》이 관심을 갖고 보도하면서 인권 시야를 국제적으로 확대해 갔다.

창간 10돌이었던 2003년 9월 5일에 《경향신문》은 〈'인권하루소식' 창간 10돌 '뺏긴 자의 등불'〉이란 제목의 기사에서 "이 신문은 93년 김삼석·김은주 남매간첩단 조작 사건, 96년 고애순 씨 교도소 내 태아 사산 사건, 98년 양지마을 노숙자 불법감금 사건 등 굵직굵직한 특종을 만들어냈다. 이밖에 원진레이온 직업병 피해자 문제, 불법 검문 거부 운동 등의 소식은 커다란 반향을 일으켰다. 한때 언론사 사회부 기자들에게 이 신문은 인권 관련 뉴스의 최대 소스였다"고 평가했다.

미디어 환경의 변화로 점차 팩스 신문의 위력이 빛을 잃어갈 때까지 《인권하루소식》은 창간 이념을 구현하기 위해 할 수 있는 한 모든 노력을 다했다. 나를 비롯한 편집을 맡았던 활동가들, 그리고 인권 현장을 뛰면서 취재를 하고 기사를 작성하느라 자신을 갈아 넣은 수많은 활동가들을 기억한다. 인권운동사랑방에 입사하는 활동가는 《인권하루소식》 기자를 거쳐야 했다. 그래서 인권운동사랑방의 활동가들은 어느 단체의 활동가보다 인권 현장을 잘 이해할 수 있게 되었다. 이처럼 《인권하루소식》은 활동가 훈련의 중요한 역할도 해냈다.

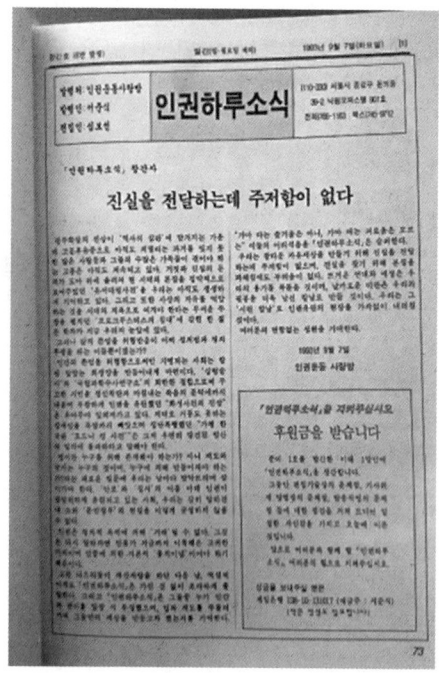

《인권하루소식》 창간호. 사진 저자 제공.

'연세대 사태'와 총여학생회의 증언

1996년 8월에는 이른바 '연세대 사태'가 발생했다. 범민련, 한총련 등 민족자주 계열 진영은 매년 8·15를 맞아 통일선봉대를 운영하고 서울에서 범민족대회를 개최해왔다. 1996년에는 연세대학교에서 '제7차 범민족대회'를 열기로 했는데, 정부는 이 대회를 친북 대회로 규정하며, 한총련 조직 붕괴라는 목표를 갖고 대회를 봉쇄했다. 경찰의 원천 봉쇄를 뚫고 전국에서 2만 명 넘는 학생들이 연세대학교에 집결했고, 연세대에 들어가지 못한 학생들은 주변의 학교와 거리에서 투쟁을 이어 갔다.

이전의 범민족대회 때와는 달리 경찰과 정부의 입장이 강경했기 때문에 연세대에 집결했던 학생들은 거리 진출도, 해산도 하지 못했다. 연세대에서 나오는 학생들을 속속 연행하고 구속했기 때문이었다. 한총련은 8월 15일, 범민족대회를 마친 다음 '안전 귀가 보장 시 자진 해산'을 밝혔지만 당국은 국무총리까지 나서서 강경 진압 방침을 천명했다. 완전히 고립된 상황 속에서 음식물은 물론 여성들의 생리대까지 반입할 수 없는 상황이 되었다. 연세대학교 과학관과 종합관 등을 점거한 학생들에 매일 강경 진압이 진행되다가 8월 20일 헬기까지 동원한 진압이 시작되었고, 과학관과 종합관에서 각각 2000명 이상의 학생들이 연행되었다. 이 과정에서 경찰 한 명이 숨지는 사건도 일어났다. 과학관과 종합관에서 연행되지 않은 학생들은 담을 넘어 인근 주택가 등을 통해 학교 밖으로 탈출할 수 있었다. 정부는 한총련을 이적단체로 규정하고, 지도부 전부에 대한 검거령을 내렸다.

범민족대회 기간 중 연행된 학생은 총 5848명이었고, 20일 당일에만 3499명이 연행되었다. 이 중 462명이 구속되었고 3341명은 불구속 입건되었다. 이런 대대적인 연행과 구속 사태는 1986년의 1525명이 연행되고 1288명이 구속되었던 건국대 때보다 훨씬 규모가 커서 지금까지도 단일 사건으로는 가장 많은 연행자와 구속자를 낳은 사건으로 남게 되었다.

이 사건을 접하고 인권운동사랑방은 한국인권단체협의회에 제안해 '연세대 사태 인권 피해 신고센터'를 개설했다. 경찰이 저지른 인권침해를 조사하기 위해서는 한총련 지도부의 협조가 필요했다. 하지만 한총련 지도부는 모두 수배 중이라서 협조를 구하기가 쉽지 않았다. 입장 차이도 있었다. 한총련 지도부는 '반통일적인 정권의 강경 진압에 맞서 항쟁을 벌인 것'이라는 입장이 강했다. 어렵게 접촉한 한총련 지도부로부터 이런 얘기를 들을 때 기운이 빠지기도 했다. 그렇다고 포기할 수는 없었다.

"그럼, 총여학생회를 통해서 인권침해 사례를 조사하면 되지 않을까요?"

누군지는 기억나지 않지만, 총여학생회를 통해서 조사를 한다면 가능할 것 같다는 판단을 했다. 물론 그조차 쉽지 않았지만 연행되었다가 풀려난 이들을 수소문해서 총여학생회 조직들과 선이 닿았다. 그들은 자신들이 당한 성추행 사건을 알리고 싶어 했다. 한편으로는 PC통신 등을 통해서도 제보가 들어왔다. 이 중에 신빙성이 있는 제보자들 108명을 만나서 설문 조사도 하고 그중 10

여 명에 대해서는 구체적으로 인터뷰도 했다. 인터뷰 내용은 녹음을 했는데, 이 조사 결과는 이후 국회에서까지 크게 주목을 받았다.

연세대 사건

시위 현장에 여경 배치가 당연해진 이유

1996년 9월 13일, 인권 단체와 여성 단체들을 중심으로 구성된 '한총련 강경 진압 및 탄압 비상대책위원회(비대위)'는 비공개 기자회견을 갖고 연세대 범민족대회 강경 진압 과정에서 "상당수의 대학생들에게 집단적·조직적인 폭행과 성추행이 가해졌음이 확인됐다"고 밝혔다. 당시 피해 학생들은 공포에 시달렸고 대인 기피 증세까지 보이는 경우가 많았다. 이들을 보호하기 위해서는 평소 신뢰할 만한 언론사의 기자들만을 초대해서 조사 결과를 발표하고 증언하는 자리를 만들어야 했다. 이 자리에 어렵게 나온 학생들도 큰 용기를 낸 것이었다.

　23살의 남학생 박 아무개 씨는 "전경이 곤봉으로 얼굴을 때려 앞니 4개가 부러졌다"고 증언했다. 시위와 무관했던 홍익대 1학년 남학생은 자신이 계속 "자취방을 구하러 다니다" 연행되었음을 진술했지만 구타를 당해야 했다. 이렇듯 1차 조사 결과 108건에는 폭언, 폭행, 최루탄 피해, 수사 과정에서 허위자백 강요 등이 나타났고, 소지품과 돈을 빼앗긴 경우도 확인되었다. 연행되어 조사받는 3일 내내 폭행을 당해서 나중에는 구토 증세를 보인 경우도 있었고, 경찰이 쇠 파이프를 쥐여주고 "사진을 찍은 뒤 구속영장을 청구했다"고 증언한 일도 있었다.

남학생은 폭행, 여학생은 성추행·성폭언

남학생들에게는 폭행과 폭언이 가장 심한 인권침해였다면, 여학생들에게는 성추행과 성폭언이 연행 단계에서부터 모든 과정에서 자행되었다. 설문조사에 응한 108명 가운데 여학생이 70명이었는데 이 중 41명이 성추행을 당했다고 조사에서 답했다. 23살의 여학생 정 아무개 씨는 "20일 종합관에서 연행될 때 전경이 가슴과 엉덩이를 만졌다. 팔로 뿌리치자 곤봉으로 머리를 때렸다. '588이나 가라' '정신대로 보내야 돼' '김정일 기쁨조나 해라' '밑을 도려내겠다' '우리 차에 타면 다 강간해 버릴 거다' 등의 성폭언"을 당했다고 증언했다. 또 정 씨는 "밤 12시경 강남경찰서 강당에 수용되어 있을 때, 누군가 '눈을 감고 다리를 벌리고 앉으라'고 명령했다. 몇 분이 수 시간이나 지난 것처럼 길었고, 수치감은 이루 말할 수 없을 정도였다"며 울먹였다. 이와 같이 남성 전경들에 의한 성추행은 광범위하게 일어났다. 정 씨와 같이 성추행과 성폭언을 당하고도 항의 한번 못 했다. 연행된 여학생들은 20대 초반의 여학생들이었는데, 이런 인권침해를 당하고 정신적 충격이 심해서 자신의 피해 사실을 증언하지 못하는 경우가 많았다. 학교에 휴학계를 내고 정신과 치료를 받는 경우도 있었다.

이런 조사 결과를 발표했지만 대다수의 언론은 외면했고, 일부 언론들에만 보도가 나갔을 뿐이었다. 폭력적인 한총련에 대한 '엄정한 법 집행'이 강조되고, 친북·좌경 단체로 낙인찍힌 한총련을 '이적단체'로 규정하여 탄압해야 한다는 여론이 비등했던 때였다. 공권력, 특히 경찰의 인권침해는 묵인되는 분위기였다. 나아가 집시법(집회 및 시위에 관한 법률)을 개악하여 집회 장소를 제한해야 한다는 등의 주장, 폭력시위 진압에 실탄을 쏴야 한다는 주장까지 나오던 상황이었으니 우리가 조사해서 발표한 경찰 인권침해는 애써 외면되던 분위기였다.

그러나 이 문제가 묻히게 할 수는 없었다. 당시 야당이던 새정치국민회의 추미애 의원실에 전화를 걸었다.

"의원님을 만나서 연세대 사건 관련해 부탁을 드리고 싶습니다."

다음 날 의원실에서 전화가 왔고, 조사 자료를 갖고 나갔다. 성신여대 근처의 한 커피숍에서 만나 자료와 피해자의 진술이 담긴 녹음테이프를 건넸다.

그해 10월 9일, 서울경찰청에 대한 국회 내무위(현재의 행정안전위원회) 국정감사에서 추미애 의원은 위의 정 씨의 증언 등을 자세하게 소개했다. 추 의원은 "인권운동사랑방이 제공한 녹음테이프를 갖고 있다"고 말했다. 추 의원의 이 발언으로 국회는 벌집을 쑤신 듯이 난리가 났다. 여당이었던 신한국당은 국회의원의 품위를 주로 공격했다. 추 의원이 여학생이 성추행당하면서 들었던 성폭언을 그대로 옮긴 것을 두고 하는 말이었다. 추 의원 외에도 같은 당의 유선호, 정균환, 이기문 의원 등이 이 문제를 집요하게 추궁했다. 유 의원은 우리의 조사 결과를 근거로 "당시 연행된 학생 108명에 대해 설문 조사한 결과 폭행 86건, 성추행 41건, 부상 21건, 폭언 63건, 고문에 의한 허위자백과 정신적 후유증 10여 건 등 모두 290건의 인권침해 사례가 있다"며 구체적으로 문제점을 지적했다.

'이적 세력 도와준다'며 비난받기도

이에 대한 정부와 여당의 반박은 군색했다. 신한국당은 고위 당직자 회의를 가진 뒤 김철 대변인을 통해 입장을 밝혔다. "추미애 의원의 발언은 친북 폭력시위로 인해 경찰이 죽고 다친 한총련 사태에 대한 국민의 인식을 흐리게 한다는 점에서 균형을 잃었다"는 것이었다. 신한국당의 이재오 의원(현 민주화운동기념사업회 이사장)은 "일부 정치권이 한총련 사태를 왜곡시키고 공권력을 약화시켜 이적 세력을 도와주고 있다"고 발언해 물의를 빚었다.

이후 이 사건 피해자들은 경찰을 상대로 민형사 소송을 제기했다. 형사 소송은 대체로 기각되었다. 가해자를 특정할 수 없다는 게 법원의 판단이었다. 민사 소송에서는 일부 사실이 인정되기도 했다.

이런 폭로에 대해서 한사코 부인하던 경찰은 그 후 1999년 3월부터 집회, 시위 현장에 여경 기동대를 배치하기 시작했다. 집회, 시위 진압 과정마다 성추행 문제가 불거졌기 때문이었다. 2000년 이후 집회, 시위 현장에서 여성 시위자를 연행할 때는 당연히 여경이 투입되었다. 이런 과정을 거쳐서 집회, 시위 현장에서의 성추행 논란은 점차 사라져 갔다. 연세대 사건은 공권력을 행사할 때 정당성을 갖추어야 한다는 점을 부각했고, 결국 인권 단체들의 주장이 옳았음을 확인시켜 주었다.

무모한 도전, 인권영화제

1996년은 우리나라에서 처음 국제영화제가 시작된 해다. 그해 9월 13일부터 21일까지 부산국제영화제가 열렸다. 부산국제영화제는 2025년에 30회를 맞아, 이제 한국을 대표하는 국제영화제로 자리 잡았다. 첫해만 9월에 열렸던 부산국제영화제는 2회부터는 매년 10월에 열린다.

첫 부산국제영화제가 화려하게 개막한 뒤, 11월 2일 제1회 인권영화제가 이화여대에서 개막했다. 부산국제영화제는 부산 지역의 모든 극장을 활용한 영화제였지만 인권영화제는 극장을 구할 수 없어서 학교로 갔다. 대학교도 연세대 사건 이후 모든 외부의 행사를 불허하는 추세였다. 학교 잡기도 쉽지 않았다.

인권운동사랑방은 1996년 9월 《인권하루소식》 창간 3주년을 어떻게 맞을 것인가를 두고 고민을 거듭했다. 뭐 하나 마땅한 게 없었다. 기념식을 하는 것도, 후원 주점을 하는 것도 모두 마땅치 않았다. 그때 1년 동안 미국에서 살다 온 서준식 대표가 아이디어를 냈다. 샌프란시스코에선가, 시카고에선가 인권영화제가 열리는 걸 봤다는 것이었다.

"우리도 인권영화제를 하면 어때?"

참신한 제안이라고 생각했다. 부산국제영화제도 한다는데, 우리는 좀 소박하게 하면 되지 않을까 싶었다. 서준식 대표는 런던에 연락을 취했다. 런던 앰네스티 본부에는 류은숙 활동가가 나가 있었다. 인권 교육에 관심이 많았던 인권운동사랑방의 방침에 따라, 류은숙 활동가를 앰네스티 본부에 파견해서 인권 교육 프로그램을 배워오게 했던 차였다. 류은숙은 즉각적으로 반대 의사를 보내왔다.

"1년에 영화 한 편도 안 보는 사람들이 무슨 영화제냐. 못 한다."

그럼에도 인권운동사랑방은 인권영화제 준비에 들어갔다. 새롭고도 무모한 도전이 시작되었다.

인권영화제 1

영화 속의 인권, 인권 속의 영화

인권영화제를 개최하기로 했지만, 무모한 결정이라는 점은 곧 드러났다. 영화에 상영할 작품들을 고르고 상영권을 확보하는 일, 영화 대사를 번역해서 자막을 넣는 일, 영화제 장소를 잡는 일 등등 산은 너무도 많았다.

이 모든 것을 넘어야 했다. 우선 영화제 개최에 가장 반대했던 류은숙의 공이 컸다. 영국 런던 앰네스티 본부 영상 자료실에서 무려 300편의 영화를 스크린했다고 했다. 눈에 진물이 날 정도로 보고 또 봐서 고른 영화 30편 정도를 갖고 들어왔다. 그다음엔 상영권을 확보해야 했다. 외국에 전혀 알려지지 않았고, 영화 관련 전문성도 없는 한국의 작은 인권 단체에 상영을 허락할 리가 없었다. 외국 영화 제작자나 감독들과 소통을 하는 일은 서준식과

류은숙이 이메일을 보내고 전화를 하면서 해결해 갔다.

영화를 번역해서 자막을 넣자니 영어, 프랑스어, 스페인어, 중국어, 일본어 등 외국어 전문가들이 필요했다. 또 영상에 자막을 넣는 작업도 필요했다. 이런 일들에 자원봉사자들을 모집했는데 많은 이들이 모였다. 그들이 자신의 재능을 발휘해서 번역해온 것을 진영종 교수(성공회대 영어학) 등이 감수했다. 영화제 예산을 만드는 일도 필요했다. 전체 필요 예산은 2500만 원이었다. 우리가 확보한 재정은 시민운동지원기금에서 500만 원을 받은 게 전부였다.

영화계 인사들도 조직위 참여

그런데도 관람료를 받지 않는 무료 영화제로 운영하기로 방침을 정했다. 무슨 배짱이 있어서가 아니었다. 검열을 거부하는 표현의 자유를 위한 영화제인데 돈을 받을 수는 없었다. 배지와 해설 책자를 팔고, 시민들의 후원을 받아서 재정을 마련하기로 했다.

제1회 인권영화제 조직위원회는 1996년 10월 11일에 기자회견을 열었다. 이 자리에서 "'검열 거부'라는 고난을 거쳐 치러질 인권영화제는 표현의 자유를 신장하는 결과를 가져올 것"이라고 밝혔다. 1996년에 헌법재판소는 영화의 사전심의에 제동을 거는 결정을 내렸다. 그럼에도 비디오라는 영상매체에 대해서는 여전히 사전심의 검열이 남아 있었다. 국제영화제를 하기 위해서는 영화진흥위원회의 추천이 필요했는데, 이런 절차도 거부했다. 어차피 우리 영화가 영진위의 추천을 받기는 불가능할 것이기 때문이었다.

'인간의 존엄'을 앞세운 인권영화제가 검열을 반대하면서 표현의 자유를 지향한다는 점이 알려지자 조직위원회에 시민사회 원로들만이 아니라 영화계 인사들도 참여했다. 영화배우 안성기, 영화감독 이장호, 정지영 씨가 참여했고, 음반 검열 폐지 운동을 벌여서 성과를 낸 가수 정태춘 씨도 참여했다. 집행위원회에는 김동원 푸른영상 감독, 김명준 노동자뉴스제작단 대표 등 독립영화계의 대표적인 인사들과 이충직 중앙대 교수, 김혜준 영화연구소 실장 등이 참여했다. 영화제 주관은 인권운동사랑방, 주간《씨네21》, 월간《키노》그리고 이화여대 총학생회가 함께하기로 했다.

인권영화제를 이화여대에서 진행하기로 한 데에는 그해 여름 연세대 사건 이후 정부의 탄압으로 제대로 남아 있는 대학 총학생회가 거의 없었고, 대학들이 외부 단체 행사를 거부하고 있던 사정과 관련이 있었다. 또, 그해 5월에는 이화여대 대동제에 고려대학교 남학생들이 난입해서 중단되는 사건이 있었다. 이 문제를 그냥 넘어가지 않고 당시 이화여대 윤민화 총학생회장이 이화여대생들과 함께 고려대에 가서 항의하며 사과까지 받아냈다. 고려대 남학생들의 폭력적인 대동제 방해 사건을 해결한 그 투지와 인권영화제 조직위원회의 입장이 맞아서, 이화여대에서 역사적인 인권영화제 개막을 할 수 있었다.

제1회 인권영화제 부스를 운영하는 모습. 사진 인권운동사랑방 제공.

대박 난 인권영화제

예상했던 대로 개막일인 11월 2일을 앞두고, 서대문구청은 신고된 공연이 아니라는 이유로 공연 중지 명령을 내렸다. 문화체육부는 교육부를 통해서 학교 쪽을 압박했다. 학교 당국은 공식적으로 영화제를 불허하는 공문을 보내왔다. 공식 불허된 행사라서 경찰이 진입할 수도 있는 상황이었지만, 흔들림 없는 총학생회 덕분에 모든 어려움을 헤쳐 나갈 수 있었다.

그런데 영화제는 대박이 났다. 11월 2일부터 8일까지 일주일 동안 열린 인권영화제를 찾은 관객이 1만 5000명에 달했다. 그중에는 장미희 씨 같은 유명 배우도 있었다. 대형 강의실에서 빔프로젝터를 통해 상영하는 것이어서 영상 화질이 좋을 리 없었고, 음질도 형편없었다. 곳곳에서 사고도 여러 번 있었다. 영상이 나오면 소리가 안 들렸고, 소리는 나오는데 영상은 나오질 않았다. 그럴 때마다 양해를 구하고 급하게 사고를 수습했다. 그런 모든 걸 관객들은 이해해 주었다. 시민들은 갈증이 있었다. 국내에서는 제목만 알려져 있던 유명 감독들의 희귀한 작품들을 볼 수 있는 처음 생긴 기회였다. 이런 갈증에 더해, 다른 나라의 인권 상황에 대한 궁금증도 합쳐져 터진 상황이었다.

"영화 속의 인권, 인권 속의 영화"란 타이틀을 내건 제1회 인권영화제 개막작은 〈잊지 말자 Contre L'Oubli〉였다. 이 영화는 1991년 국제앰네스티 창립 30돌을 기념해 세계 30개국 인권 문제를 유명 감독들이 옴니버스 형식으로 제작한 작품이었다. 인터뷰도 있었고, 뮤직비디오 형식도 담겼다. 독재에 맞서는 세계인의 투쟁을 압축적으로 보여주는 작품이었다. 가장 인상 깊었던 작품은 〈도둑맞은 아이들〉이라는 제목으로 아르헨티나 인권 상황을 보여주는 다큐멘터리 영화였다. 군부독재에 의해 고문·실종·살해 등 국가 폭력이 자행되었던 '더러운 전쟁' 기간 동안 실종된 아동들을 찾아 나선 오월광장 어머니회의 캠페인과 함께, 아이들이 본래의 가족을 찾아가는 이야기가 담겨 있었다. 그 외에도 미국, 프랑스, 대만, 쿠바, 칠레 등의 영화가 상영되었다. 한국의 독립 다큐도 세 편 상영되었다.

일주일간의 영화제를 마치고는 지방 영화제가 이어서 진행되었다. 인천, 광주, 부산 등등 전국의 거의 모든 광역시·도에서 영화제가 이어졌다. 이 영화제마다 인권운동사랑방의 활동가들이 작품이 든 비디오테이프를 들고 내려갔다. 작품 복제를 막기 위해서 영화 상영 바로 전에 테이프를 주최 쪽에 전달하고, 상영 뒤에는 곧장 회수했다. 우리를 믿고 상영권을 준 국외 영화 제작자와 감독들과의 신의를 지키기 위한 어쩔 수 없는 과정이었다.

제1회 인권영화제에 1000여 명이 넘는 학생과 시민들이 몰려 세계의 양심수들을 다룬 첫 상영작 〈잊지 말자〉를 관람하고 있다. 사진 인권운동사랑방 제공.

경찰이 봉쇄한 제2회 인권영화제

전 과정에서 수많은 사람이 인권운동사랑방 작은 사무실에 몰려 들어 북적였다. 일도 많아서 영화제 준비 기간에는 거의 매일 밤샘 작업이 이어졌다. 그럼에도 인권운동사랑방은 활기로 가득 찼다. 인권운동사랑방이 가장 빛나던 시절이었던 것 같다. 인권영화제의 성공에 힘입어서 이후에는 여성영화제, 환경영화제, 독립다큐영상제, 퀴어영화제 등등 많은 독립영화제가 생겨났다. 이런 과정을 거치며 영화에 대한 검열 제도는 바뀌어 갔다. 인권영화제는 검열에 반대하면서 한국 영화 발전에 기여했다.

하지만 제2회 인권영화제는 시련의 연속이었다. 1997년 제2회 인권영화제는 홍익대학교에서 9월 27일~10월 4일까지 열릴 예정이었다. 이때 집중적인 관심은 조성봉 감독이 제주 4·3 피해자들을 인터뷰해서 만든 다큐 〈레드 헌트〉를 상영하느냐에 쏠렸다. 이미 대학가에서는 이 영화를 상영한다는 이유로 경찰이 학교로 진입해 영화 상영을 중단시킨 일이 있었다. 이 영화를 상영하면 국가보안법으로 구속될 수 있는 상황이었다. 그렇지만 인권과 표현의 자유를 내걸고 시작된 인권영화제가 이 영화를 외면할 수는 없었다. 그건 우리의 정체성을 포기하는 일이었다.

제2회 인권영화제 개막일인 1997년 9월 27일, 홍익대학교 정문을 경찰이 막아섰다. 학교는 개막식을 열기로 한 강당의 전원을 차단했다.

인권영화제 2

서태지도 인권영화제도
표현의 자유를 위해 싸웠다

김영삼 정권 말년에 해당하는 해였던 1997년은 표현의 자유와 관련한 이슈들이 끊이지 않던 해였다. 음반에 대한 사전 검열 제도는 가수 정태춘의 선도적인 투쟁과 1995년 서태지와 아이들의 저항(4집 앨범 《컴백홈》에 실린 〈시대유감〉의 가사를 공연윤리위원회가 문제 삼자 가사를 삭제한 채 발매) 등에 힘입어 '음반 및 비디오물에 관한 법률'이 개정되었다. 6년여 동안의 투쟁이 결실을 맺어 대중가요에 대한 검열이 철폐되었다.

하지만 영화는 그렇지 않았다. 1997년에 개정된 영화진흥법에는 사전심의 관련 조항이 그대로 존속되었고, 스크린 쿼터 축소 조항도 들어 있어서 영화계가 반발하고 있었다. 1997년 7월에 공연윤리위원회는 세계적인 영화배우 장국영, 양조위 등이 출연하는 왕가위 감독의 홍콩 영화 〈해피 투게더〉를 수입 금지했다. 장선우 감독의 〈나쁜 영화〉는 한국 영화 최초로 등급 외 판정을 받았다. 1996년에 이어서 1997년에도 서울퀴어영화제가 무산되었다. 만화계에서는 만화가 이현세의 《천국의 신화》가 음란성과 폭력성을 담고 있다고 해서 검찰에 소환 조사를 받는 일로 만화가들이 단체로 절필 선언을 하기도 한 해였다.

와우관이 폐쇄되고 전기마저 끊겨도

제2회 인권영화제는 언제든지 탄압으로 중단될지 모른다는 불안감을 안고 시작되었다. 개막일인 1997년 9월 27일 경찰이 서울 홍익대 정문을 원천 봉쇄하여 한때는 출입마저 가로막았다. 그럼에도 시민들은 인권영화제를 찾았다. 개막식이 예정되었던 오후 2시에는 500명이 넘는 사람들이 모여들었다. 하지만 학교 측은 개막식이 열릴 예정이었던 와우관을 폐쇄하였다.

어쩔 수 없이 개막식은 와우관 마당에서 열었다. 개막작인 볼리비아 우카마우 집단의 〈새의 노래〉를 학생회관 휴게실에서 상영하려던 순간 학교는 전기마저 차단했다. 하지만 우리는 이런 상황을 예상하고 발전기를 준비해놓고 있었다.

"어디서든지 영화제는 계속한다"는 게 인권영화제 방침이었다. 학교가 상영 장소를 막으면 미술관 앞 계단(이른바 '롱다리 계단')과 같은 야외에서도 상영을 이어 갔다. 가을날의 야외 상영은 운치는 있었지만, 바람이 불어와 스크린이 넘어지는 상황도 종종 발생했다. 중간에 발전기가 꺼지는 사고도 일어났다. 그럴 때마다 나를 비롯한 활동가들은 분주하게 사고를 수습하기에 바빴다. 그러니 관객들이 영화에 몰입해서 볼 수 있는 환경은 아니었다. 그럼에도 관객들은 매일 영화를 보러 홍익대로 몰려왔다.

제2회 인권영화제 상영작 가운데 가장 인기가 많았던 작품은 단연코 〈레드 헌트〉였다. 제주 4·3 사건을 다루는 것은 그때까지 금기시되어 있었다. 제주 4·3 사건을 아무런 제지 없이 말할 수 있었던 것은 2000년 1월 '제주 4·3 사건 진상규명 및 희생자 명예회복에 관한 특별법'이 공포된 이후부터였다. 제2회 독립다큐영상제는 이 영화를 상영하지 않는다는 조건으로 행사를 열 수 있었다. 하지만 "인간을 위한 영상을 찾아서"를 모토로 내건 제2회 인권영화제는 '탄압을 받더라도 공공연하게 상영하자'는 입장이었다.

첫 회 영화제 상영작인 〈하비 밀크의 시대〉는 앙코르 상영되었다. 미국의 게이 활동가인 하비 밀크는 샌프란시스코의 시정 감시관에 선출되어 지역사회에 산적한 문제들을 진보적인 관점에서 해결하려 노력하다가 결국 죽음을 맞게 된다. 미국 사회의 편견과 그를 깨려는 운동을 소개하는 1980년대 미국 다큐멘터리의 대표작이어서인지 앙코르 상영인데도 관객들의 호응이 좋았다.

그리고 제2회 인권영화제를 대표하는 작품은 뭐니 뭐니 해도 〈쇼아Shoah〉였다. 프랑스의 클로드 란츠만 감독이 11년에 걸쳐 아우슈비츠를 비롯한 나치의 유대인 강제수용소들을 방문하고 관련자들을 인터뷰해서 만든 다큐멘터리다. 러닝 타임만 무려 9시간을 넘기는 대작이었다. 나치의 유대인 학살이 별로 알려지지 않았던 당시의 한국에 나치의 만행을 본격적으로 알린 최초의 영화였다. 인권영화제 조직위원회는 영화제가 끝난 다음인 10월 5일에 이 영화만을 상영하는 자리를 따로 가졌다.

1997년 9월 제2회 인권영화제 개막 장소였던 서울 홍익대 정문 앞에 학교 당국이 행사 불허 방침을 알리는 안내판을 세웠다. 사진 인권운동사랑방 제공

서준식 영화제 집행위원장 구속

영화제 상영 기간인 10월 1일 새벽 1시 45분께, 경찰은 홍익대 총학생회실 등에 대한 압수 수색을 벌이고 총학생회 간부 2명을 체포했다. 경찰이 압수 수색을 단행했지만 우리는 미리 비밀 장소에

모든 눈물에는 온기가 있다

발전기와 스크린 등 영화 상영 장비들을 감쪽같이 감추었기 때문에 큰 피해는 없었다. 하지만 조기 종결하지 않으면 총학생회 간부들을 구속하겠다는 경찰의 압박 때문에 우리는 깊은 고민에 빠졌다. 결국 인권영화제는 폐막 하루를 앞두고 10월 3일 조기 폐막했다. 이후 명동성당과 명동 향린교회 등에서 상영회를 이어 갔다. 지역영화제들도 탄압을 받기는 마찬가지였다. 일부 지역에서는 문제가 되는 〈레드 헌트〉 상영을 포기하기도 하였다.

당국의 탄압은 여기서 멈추지 않았다. 11월 4일, 서준식 영화제 집행위원장을 전격 체포, 구속하였고 인권운동사랑방을 압수 수색했다. 사전심의를 받지 않고 인권영화제를 개최해 〈레드 헌트〉 등을 상영한 것에 대해 '음반 및 비디오물에 관한 법률(음비법)', 국가보안법 위반 등의 혐의를 적용했다. 이에 맞서서 영화제 조직위원회를 중심으로 '서준식 무죄 석방 공동대책위원회(공대위)'를 구성했다. 공대위는 〈레드 헌트〉 전국 동시 상영회를 추진했고 영화과 교수, 한국 현대사 사학자, 법학자 등 전문가들의 입장 표명을 조직했다. 국제앰네스티를 비롯한 국제사회도 정부의 탄압에 항의하는 입장을 속속 발표했다. 이런 움직임 덕분에 서준식 집행위원장은 1998년 2월 5일 보석으로 풀려났다.

자유를 향한 싸움은 멈추지 않는다

제3회 인권영화제는 1998년 12월 5일부터 10일까지 동국대학교에서 열렸다. 개막식에서 서준식 집행위원장은 "정부의 탄압으로 많은 어려움을 겪었음에도 1년이 지난 오늘 많은 이들의 격려 속에 다시 제3회 인권영화제의 막을 올릴 수 있게 된 것은 '표현의 자유'를 기치로 내건 인권영화제의 승리"라고 감회를 말했다.

그해 상영된 영화 중에는 3부작 〈칠레 전투〉가 단연 압도적이었다. 1970년 칠레 아옌데 정권이 수립된 이후 전국에서 민중 조직이 만들어지며 대중투쟁이 진행되는 과정을 담았다. 1973년 미국은 아옌데 정권을 붕괴시키기 위해 군사 쿠데타를 일으킨다. 대통령궁에 대한 폭격 장면부터가 충격이었다. 현장 촬영 중에 군이 쏜 총탄이 카메라 렌즈를 맞히던 순간 카메라는 멈췄다. 다큐멘터리의 명작이었다. 폐막작으로는 〈칠레, 지울 수 없는 기억〉을 상영했다. 두 작품 모두 파트리시오 구즈만 감독의 작품이다.

국내작은 박종필 감독의 〈IMF 한국, 그 1년의 기록〉이 관객들의 관심을 끌었다. 6개월 동안 노숙인들과 함께 생활하면서 촬영한 이 작품은 현장 다큐의 정수를 보여주었다. 그런데 박 감독은 상영 시간 직전에서야 작품 편집본을 넘겨주었다. 그가 헐레벌떡 뛰어오면서 건넨 비디오테이프의 따끈따끈함이 지금도 기억난다. 박 감독은 이후에도 인권영화제에 다수의 작품을 출품했다. 꾸준히 작품 활동을 하던 그는 2017년, 목포신항에 거치된 세월호를 촬영하던 중 간암을 얻었고, 그해 여름 세상을 떠났다. 제3회부터 인권영화제에는 국내 다큐 작품들이 많이 출품되었다. 나는 이때부터 주로 국내 영화를 선정하는 역할을 맡았다.

2013년, 인권영화제는 인권운동사랑방에서 '서울인권영화제'로 독립하였다. 몇 년 동안은 인권영화제가 상영관으로 들어가서 진행되기도 했지만, 서울 청계광장을 거쳐서 대학로 마로니에 공원 등 주로 야외 상영으로 맥을 이어 갔다. 지역에서는 인천 지역만 인권영화제를 매년 지속하고 있다. 인권영화제는 지금도 표현의 자유를 위한 투쟁을 멈추지 않고 있다.

불심검문 거부

공권력은 시민을
함부로 해할 수 없다는 '상식'

1997년 말 IMF 외환위기가 터졌다. 성탄 특사로 전두환, 노태우 등 학살의 주범들이 대통령 특별사면을 받았다. 12월 30일에는 사형수 23명에 대한 사형도 집행되었다. 우리나라에서는 마지막으로 사형이 집행된 날이다. IMF의 요구를 수용해 본격적인 신자유주의 정책이 밀어닥쳤고, 공권력의 서슬은 시퍼렇고 날카로웠다. 김대중 정부에 들어와서도 억압적인 정책은 그대로 유지되었다. 구조조정에 따라서 노동자들이 직장에서 대량으로 쫓겨났고, 거리에는 노숙인들이 눈에 띄게 증가했다.

 1998년 암담한 상황에서 의미 있는 인권 행동이 서울대학교 학생들에 의해 시작되었다. '불심검문 거부 운동'이었다. 당시 한총련을 불법화한 당국은 한총련 수배자들을 검거한다고 대학가에서 수시로 일제 검문을 하고 있었다. 그해 3월 20일, 한총련 산하 서울지역총학생회연합(서총련)이 서울대에서 집회를 연다는 첩보(실제 이날 서총련 집회는 열리지 않았다)를 접한 경찰은 이른 아침부터 서울대 정문을 막고 출입하는 학생들에 대해 무차별 불심검문을 했다. 이런 일은 대학가에서 종종 있는 일이었다. 하지만, 이날은 달랐다. 서울대 총학생회는 이의 부당함을 알리는 집회를 갖고 정문으로 몰려가서 경찰에 항의했다. 학생들은 경찰관직무집행법을 들어 경찰의 불법성을 따졌다.

'법대로 하자! 불심검문' 캠페인

이런 행동이 알려지자 대학가에 급속도로 불심검문 거부 운동이 번져 갔다. 인권운동사랑방은 학생들의 자발적인 항의와 불복종 운동을 접하고 4월 7일 워크숍을 개최해, 15일부터 '법대로 하자! 불심검문' 캠페인을 시작했다. 대학로에서 진행된 캠페인에는 대학생들만이 아니라 일반 시민들의 호응도 뜨거웠다. 불심검문 대응 요령을 명함 크기의 카드로 만들어 배포하자 시민들이 너나없이 받아 갔다. 불심검문 피해 신고 전화도 개설하고, 불법 불심검문 사례는 모아서 소송도 진행했다.

 시민들까지 이 캠페인에 적극적으로 호응하게 된 이유는 평소 경찰의 불심검문에 대한 불만이 많았기 때문이다. 민주화가 되었다고 하지만 경찰의 시민을 대하는 태도에는 변함이 없었다. 일제 검문을 하면 지나가는 누구나 붙잡혀 신분증을 보여주고 가방을 열어야 했다. 검문을 피하기 위해 경찰이 보이면 일부러 멀리 돌아가는 사람들도 많았다. 가장 심한 곳은 대학가였다. 대학가에서 집회를 막고, 한총련 수배자들을 검거한다는 명목으로 거의 매일 불심검문이 진행되었다. 여학생들의 가방에서 생리대며 속옷까지 꺼내서 들어 보이며 모욕하는 짓도 서슴지 않았다. 길거리에서도 마찬가지였다. 사람들이 많이 다니는 거리와 전철역, 고속버스 터미널 등에는 경찰이 항시 배치돼서 무차별적인 불심검문을 진행했다. 이런 모든 게 오랜 관행이었다. 독재정권 시기의 나쁜 관행이 시정되지 않고 그대로 이어진 것이었다. 불복종 캠페인이 진행되면서 자신의 권리가 무엇인지에 대한 시민들의 인식이 높아졌다. 거리 곳곳에서 시민들이 자발적으로 경찰에 항의하는 모습이 목격되었다. 이전에는 생각도 할 수 없는 모습이었다.

경찰관직무집행법 제3조 제1항 제1호는 "수상한 행동이나 그 밖의 주위 사정을 합리적으로 판단하여 볼 때 어떠한 죄를 범하였거나 범하려 하고 있다고 의심할 만한 상당한 이유가 있는 사람"을 불심검문할 수 있다고 정해 놓고 있었다. 여기서 중요한 점은 "상당한 이유"였다. 자의적인 판단으로 의심하면 안 되는 것이었다. 또, 법에 의하면 경찰관이 불심검문을 할 때는 경찰관 증표를 제시하고, 소속과 성명을 밝히고, 이유를 설명해야 한다. 그리고 검문을 당하는 사람은 질문을 거부할 수 있고 경찰서로 동행하는 것도 거부할 수 있다. 모두 법으로 명문화된 것이지만, 경찰은 당연한 것처럼 법을 지키지 않았다.

1998년 서울대 앞 불심검문 거부 캠페인 모습.
사진 인권운동사랑방 제공.

'친절 불심검문'이라는 어불성설

이처럼 불심검문 거부 운동이 확산되자 경찰이 처음 내놓은 반응은 서울경찰청이 일선 경찰서에 하달한 '친절 불심검문' 지침이었다. 인권운동사랑방은 즉각 논평을 냈다. "경찰이 '친절'을 내세우면서도 과거와 같은 무차별적인 불심검문을 계속하겠다는 의지를 표명한 것"이라고 규탄했다. 인권운동사랑방은 이영태 활동가를 팀장으로 세워서 집회 장소나 거리에서 불심검문을 한다는 소식을 들으면 현장에 즉각 출동했다. 곳곳에서 경찰과 마찰이 일어났다.

그런데 집단으로 움직이면서 행동하는 일은 그래도 할 만한 일이었다. 함께 항의하고 싸울 수 있으니까 크게 문제가 될 것이 없었다. 그러나 개인이 혼자서 경찰에 항의하고 대항하는 일은 인권운동을 하는 나조차도 쉽지 않았다. 그때까지도 내게 경찰은 두려운 존재였던 것 같다. 한번은 1호선 전철을 타고 동대문역에서 4호선으로 갈아타던 환승 통로에서 경찰이 나를 불러 세우고는 신분증을 보자고 했다.

"이거 불법인 거 아시죠?"

나는 경찰관직무집행법 제3조를 말해주면서 검문 거부 의사를 밝혔다. 그러자 경찰은 "떳떳하면 신분증 하나 못 보여줄 게 뭐냐"면서 막무가내로 신분증을 보자고 하는 것이었다.

"맘대로 하라. 나는 법대로 거부하는 거니깐"이라고 하고 가던 길을 가려고 했다. 그러자 경찰이 우르르 몰려와서 내 앞을 가로막았다.

"이게 뭐하는 짓이냐. 경찰이 불법을 저질러도 되냐"고 항의했다. 그러자 사람들이 몰려와서 같이 항의하는 일이 벌어졌다. 시민들의 기세에 눌려서인지 경찰은 곧 길을 터줬는데, 경찰 한 명은 내가 4호선을 타는 데까지 쫓아왔다. 이런 일이 종종 일어났다.

불법 검문에 항의하는 일이 많아지자 경찰은 법에 있는 대로 소속과 이름을 밝히고, 검문 이유도 설명하면서 가는 사람을 붙잡아 세웠다. 경찰이 법 절차를 지켜서 신분증을 보자고 하면 시민들은 대체로 응했다. 그걸 거부할 수 있는데 그렇게 하지는 않았다.

그해 9월에 6개월 동안 진행된 불심검문 불복종 캠페인에 대한 평가 워크숍을 열었다. 이때 가장 적극적으로 캠페인을 전개했던 서울대와 연세대 총학생회는 "학우들이 불심검문의 이유, 절차에 대해 문제 제기하고 집단적 저항을 하게 되었다"고 평가했다. 인권운동사랑방의 이영태 활동가는 학생들에게 '거부의 권리'를 강조했다. 아무리 법적인 절차를 지키더라도 불심검문은 거부할 수 있다는 생각으로 발전할 수 있어야 한다는 점을 알려준 것이었다.

불심검문 거부 캠페인 소책자.
사진 인권운동사랑방 제공.

사소하지만 위대한 변화들

그해의 불심검문 캠페인만으로 당장 경찰의 태도를 변화시킬 수는 없었다. 하지만 지속적으로 경찰의 억압적인 관행에 문제를 제기하면서 서서히 불법적인 불심검문은 사라졌다. 로마 병정 같은 복장을 한 경찰이 늘어서서 지나가는 시민들을 감시하며, 언제든 붙잡아 세워서 신분증을 보자 하는 일은 이제 거의 없다. 인권 단체와 학생 등 시민들의 노력이 더해진 덕분이다.

인권운동사랑방의 문제 제기를 통해 바뀐 관행들은 이 밖에도 여러 가지가 있다. 감옥에서 미결수와 기결수의 복장이 푸른색 수의로 같았는데, 무죄 추정의 원칙에 따라 미결수는 기결수와 복장이 달라야 한다는 점을 지적해서 미결수의 수의 색깔이 갈색으로 바뀐 것도 그 한 예다. 또, 검사의 약식명령에 불복해서 정식 재판을 청구하는 일도 가능해졌다. 형사소송법에만 있던 사문화된 규정을 실제 현실에 다시 살려낸 일이다.

나는 경찰서와 검찰에서 진술조서를 받고 확인을 시킬 때 도장이 없으면 지문을 찍게 하는 관행도 거부했다. 간인도 확인란에도 서명으로 대신했다. 지문을 찍는 일은 나의 소중한 개인정보를 지키는 중요한 일이었다. 유치장에 들어갈 때도, 구치소에 수감될 때도 모두 지문을 찍게 했던 관행을 거부했다. 처음에는 강압적으로 지문을 강요하던 그들도 결국 나의 요구를 수용했다. 지금은 지문을 찍는 대신 모두 서명하는 것으로 바뀌었다. 사소한 일 같지만, 이런 작은 것에서부터 변화를 만들어 갔던 시절이 있었다.

양지마을 사건

죽어야 나갈 수 있던 그곳

오랜 시간이 흘러도 마치 어제 일처럼 생생하게 기억나는 사건이나 장면들이 있다. 내게는 1998년 7월에 진행했던 '양지마을' 인권유린 조사 과정이 그렇다.

양지마을에서 탈출한 박 아무개 씨가 서울 종로구 혜화동에 있던 인권운동사랑방에 온 것은 그해 7월 10일이었다. 동국대 학생들이 놀이터에서 술 마시고 있는 박 씨를 발견하고 우리 단체로 데리고 온 것으로부터 양지마을 사건은 시작되었다.

박 씨는 온몸이 긁히고 찢긴 상처투성이였다. 그 상처들을 치료도 받지 못하고 방치해 놔서 고름이 차 있었고, 썩어들어 가는 지독한 냄새를 풍겼다. 한밤중에 쇠창살 사이로 몸을 빼내서 담을 넘고 산속을 정신없이 달리다가 난 상처들이었다. 그를 씻기고 밥을 먹인 다음 날부터 나는 그의 증언을 들었다. 그의 증언은 경악할 만한 내용이었다. 대전역, 조치원역, 천안역 등에서 사람을 납치하고 그들을 폭행하다가 사망에 이르면 '개미고개'라는 곳에 암매장하고, 여성들에게는 불임시술과 강제노역을 시킨다고 했다. 군대처럼 소대장, 중대장, 대대장, 연대장이란 계급을 부여하고, 시설장의 말을 잘 들으면 여자와 합방도 시켜준다고도 했다. 믿을 수가 없었다.

탈출자의 끔찍한 증언

나는 박 씨를 앞혀 놓고 의심나는 대목을 하나하나 확인해 갔다. 그에게 그곳 시설을 그림으로 그리게 했다. 그의 진술이 사실인지를 확인하기 위해서 조치원까지 내려가 지역 신문의 함 아무개 기자도 만났다.

"증언이 무척 구체적이네요. 이분이 말하는 게 사실일 겁니다. 안 그래도 소문이 들려서 취재하려고 했는데, 그 안에 들어갈 수가 없었어요."

그러면서 양지마을에는 교도소처럼 높은 담이 설치되어 있고, 철문 세 개를 통과해야 그곳에 수용된 사람들이 생활하는 곳에 들어갈 수 있다고도 확인해 주었다. 박 씨의 말이 지어낸 얘기가 아닌 사실임을 확인하는 순간, 다음 순서를 생각했다. 인권운동사랑방과 천주교인권위원회 활동가들로 조사단을 구성했다. 거기에 새정치국민회의 소속 이성재 국회의원의 도움을 받기로 했고,

정신과 의사로 유명했던 김병후 원장도 동행하기로 했다. KBS와 《한겨레》 등의 언론사들도 따라붙었다. 나는 이 조사를 '햇볕 작전'이라고 명명했다.

폭행, 감금 등 광범위한 인권유린이 자행된 사회복지시설 양지마을의 생활실 모습. 철창에 잠금장치가 되어 있다. 사진 인권운동사랑방 제공.

1998년 7월 16일 오전 7시경, 조치원에 집결한 40여 명의 조사단과 취재진은 각자의 차를 타고 양지마을로 향했다. 동이 트자마자 시설을 급습한 것이었다. 들은 대로 교도소 담장만큼이나 높은 담을 확인할 수 있었다. 국회의원이 있으니 근무자가 철문을 땄다. 그러자 조사단과 취재진이 우르르 정문을 통과했다. 다시 중간에 문을 열고 들어가니 군대 막사 같은 곳이 나왔다. 핏기 없는 얼굴의 남자들이 쇠창살 질러진 창에 얼굴을 내밀고 들이닥친 우리를 내다봤다. 막사로 들어가는 문은 밖으로 잠금장치가 되어 있었고, 자물쇠가 걸려 있었다. 밖에서 열어주지 않으면 밖으로 나올 수 없게 되어 있었다. 사람들이 쇠창살 사이로 얼굴을 내밀고 우리에게 하소연했다.

"제발 우리를 집에 가게 해주세요. 여기는 지옥입니다."

"여기는 감옥보다 더해요. 형기가 없어요. 죽어야 나갈 수 있어요. 문 좀 열어주세요."

열쇠를 갖고 오게 해서 막사 문을 따고 들어갔더니 영락없는 군대 내무반 구조였다. 양옆으로 나무로 된 침상이 있었다. 그런데 문 입구에는 쇠창살이 질러진 방이 두 개가 있었는데, 그곳에 밧줄과 채찍 같은 게 걸려 있었다. 무슨 일이 있었을지 충분히 짐작하게 하는 도구들이었다.

이 지옥의 주인은 노재중이란 자였고, 그와 그 가족들이 운영하고 있었다. 그는 천성원이라는 사회복지법인을 운영했고 대전과 이곳 충남 연기군 전동면(현 세종특별자치시 전동면)에 양지마을, 송현원, 요양원 등 세 개의 시설을 두고 있었다. 노재중과 양지마을 직원들의 방해가 있었지만 이성재 의원의 요청으로 경찰이 나왔고, 그곳의 사람들을 만나서 이야기를 들을 수 있었다. 양지마을과 송현원에서 당장 나가고 싶은 이들의 의사를 확인했다. 그러자 20명 넘는 사람들이 희망했다. 버스를 급히 구해서 그들을 시설에서 데리고 나왔지만, 당장 어디로 갈 곳이 없었다. 대전에 있는 가톨릭농민회관에서 이틀 밤을 지내면서 그들을 면담했다.

탈출해도 희망은 없었다

서울로 올라와서도 그들을 모두 수용할 수 없으니 가족들과 연락이 닿는 사람들은 가족들에게 인계했지만, 갈 곳 없는 사람들은 사무실에서 생활하도록 했다. 한 달 반 동안을 사무실에서 밥을 해 먹였다. 그러면서 그들이 양지마을에 들어가게 된 경위와 그곳에서 당한 인권침해에 대해 보강 조사를 벌였다. 얼마나 맞았는지 몸에 난 상처가 뚜렷하게 남아 있는 경우도 있었다. 한 여성은 등짝 전체에 매를 맞은 자국이 선명했다.

"맞아서 기절한 사람을 보았어요."

"죽은 사람을 개미고개로 가서 묻었습니다."

그들의 진술을 정리해서 민변, 인권운동사랑방, 천주교인권위 이름으로 노재중 등 관련자들을 특수강도, 특수감금, 강도치상 등의 혐의로 검찰에 고발했다.

이 사건은 사회에 큰 충격을 주었다. 검찰이 전국의 부랑인 수용시설에 대한 내사를 진행하고, 양지마을 사건 관련자들도 구속 수사했다. 그렇지만 검찰은 적극적인 수사를 하는 게 아니라 가장 약한 혐의를 적용해서 기소했다. 국가보조금 횡령 같은 죄는 상대적으로 가벼운 것들이었다. 결국 노재중은 3년의 징역형을 선고받았는데, 수많은 사람들의 인생을 망친 범죄에 비하면 너무도 약한 형벌이었다. 그때만 해도 사회복지시설장에 대한 처벌은 거의 없던 시절이었다.

보건복지부는 시설장을 교체하고 운영 주체도 바꾸었다. 양지

양지마을을 운영했던 노재중 이사장(시계 방향 셋째)이 인권유린 실태 조사단에 항의하고 있다.
사진 인권운동사랑방 제공.

마을에 수용되어 있던 400명 중 대부분이 시설을 나왔고, 가족들에게 돌아갈 수 없는 이들은 인권운동사랑방으로 찾아왔다. 당장 생활할 곳이 없으니까 잠시만이라도 사회복지시설에 들어가 있으면 대책을 마련하려고 했지만, 그들은 시설 입소를 결사적으로 반대했다. 양지마을에서의 고통스러운 경험 때문이었다.

"하루를 살더라도 자유롭게 살고 싶다."

그들의 주장을 꺾을 수도 없고, 그렇다고 무한정 그들을 돌볼 수도 없었다. 탈시설한 사람들이 갈 곳이 없었다. 가족에게 돌아갈 수 없는 사람들은 노숙인이 되었다. 그들은 종종 내게 찾아와 밥 먹게 돈을 달라고 했다. 나는 가난했지만 어떻게든 그들에게 돈을 만들어 쥐여 줬는데, 그들은 그 돈으로 술부터 샀다. 그래서 다음부터는 식당에 데리고 가서 밥부터 먹인 다음에 돈을 주고는 했다. 사람들은 떠나갔고, 시간이 흐르면서 연락은 끊겼다. 들리는 소문으로 거리에서 죽었다는 얘기들이 떠돌았다.

악마는 지금도 악마로서 살아 있다

이 사건을 거치면서 고민이 많았다. 그들을 지옥 같은 시설에서 데리고 나온 것은 잘했는데, 그 뒤를 준비하지 못한 점에 대한 후회가 일었다. 미리 준비한 뒤에 시설에서 사람들을 데리고 나왔다면 그들이 거리에서 노숙인으로 살다가 죽어가는 일은 막을 수 있지 않을까 하는 후회다. 그리고 그때 양지마을에서 폭행으로 사망한 사람들을 암매장한 개미고개 무덤들을 제대로 조사하지 않은 일이 그다음 후회였다. 나중에 개미고개 무덤들을 찾아가 봤지만, 찾지 못했다. 지금이라도 개미고개의 무덤들을 조사해 유해를 발굴하고 가족들을 찾아주어야 하지 않을까 생각한다. 봉분도 제대로 없던 무덤들이 지금도 종종 기억난다.

그 사건 뒤에 양지마을의 담은 허물어졌고, 법인도 천성원에서 분리하여 이화사회복지법인이 되었고, 양지마을은 금이성마을이 되었다. 하지만 지금도 그 시설은 여전히 노재중 가족들이 운영하고 있다.

에바다 사건

한국 장애인 인권운동의 상징, 에바다

1999년 여름 어느 날, 장애인운동가 박경석 씨(현 전국장애인차별철폐연대 공동대표)의 전화를 받았다. 우리 사무실은 엘리베이터가 없는 4층에 있었으므로 그를 사무실로 오게 할 수 없었다. 성균관대 근처의 서점 '논장'에서 그를 만났다. 그로부터 나는 '에바다 사건'에 끌려 들어갔다. 지옥은 곳곳에 있었고, 그 지옥에는 세상에서 가장 약한 사람들이 갇혀 있었다.

    박경석 당시 노들장애인야학 교장이 나를 찾아온 그때는 '에바다 투쟁 1000일'을 겨우 두 달 정도 앞둔 시기였다. 1996년 11월 27일부터 시작된 에바다 투쟁을 나와 인권운동사랑방은 잘 알고 있었다. 에바다 투쟁은 모니터링하면서 추이를 지켜보고, 《인권하루소식》에 소식을 싣는 정도에서 대응하고 있었다.

"비리 재단이 청각장애 학생들을 폭력으로 길들이고 교사도 폭행하고 있어요. 학생들에게는 물론이고요. 이거보다 심각한 인권 문제가 어디 있습니까?"

박 교장의 휠체어가 우리 사무실에 들어올 수 없어서 밖에서 만나는 것부터가 미안했던 상황이었는데, 그는 내 양심을 콕콕 찔렀다. '네가 그러고도 인권운동가냐'라고 비난하는 것 같았다. 그와 만난 자리에서 에바다 투쟁에 함께하기로 약속했다. 그 약속에 따라 평택 지역의 '에바다 문제 해결을 위한 공동대책위원회' 단체들과 서울의 인권 단체들, 대학생연대회의까지 아울러 99년 12월 '에바다 정상화를 위한 연대회의'를 만들고 집행위원장을 맡았다.

학대와 폭력이 난무했던 '지옥의 학교'

에바다학교는 경기도 평택시 진위면에 위치한 청각장애인 학생들을 교육하는 특수학교였고, 한 울타리 안에 생활시설인 에바다농아원이 같이 있었다. 사회복지법인 에바다는 두 시설 외에도 에바다장애인종합복지관을 운영하고 있었다. 최성창 이사장은 청각장애인들의 교회인 에바다교회를 운영하는 목사였다. 그때까지 에바다에서 드러난 비리는 가히 '종합판'이었다. 국가와 시의 지원금과 후원자들의 후원금 착복은 물론이고 유령 직원, 이중 등록된 원생, 사망하거나 퇴소한 원생들까지 인원으로 잡아서 지원금을 타냈다. 청각장애 아동들을 제책소에서 혹사시키기도 했다. 아이들이 맞아 죽고, 실종되고, 팔려 나갔다는 소문까지 있었다. 농아원 내에 교회와 신학교까지 만들어서 교주 노릇을 했다.

  1996년 11월 27일 새벽 5시, 굶주리고 추위에 떨던 에바다 학생들은 "대통령 할아버지께"로 시작하는 편지를 낭독한 뒤 농성에 들어갔다. 농성 소식에 출동한 경찰은 농성 학생들의 얼굴에 권총을 들이대면서까지 농성을 풀 것을 강요했지만, 학생들은 물러서지 않았다. 권오일 등 교사들이 학생들의 농성에 합류했다. 그로부터 긴긴 투쟁이 시작되었다. 학생과 교사들의 농성장은 서울의 한 장애인 단체 사무실에서 약 6개월간 있다가 에바다학교에서 4킬로미터 정도 떨어진 진위천 변의 폐업한 식당을 개조해서 사용했다. 그 집을 '해아래집'이라고 불렀다. 그 집은 교사들이 갹출해서 만든 기금으로 확보했다.

  최성창 목사 일가들은 에바다학교 선배들을 장악하고 사주했다. 선배들은 후배들을 폭력으로 무조건 복종하게 만들었다. 그들의 폭력은 주로 농성에 합류한 교사들에게 집중되었다. 임신 6개월인 교사의 가슴과 배를 주먹으로 때려 실신케 했고, 커피포트의 펄펄 끓는 물을 여교사 머리에 붓게 했다. 교사들을 향한 폭언과 폭행은 일상적이었다. 이런 일이 학생들이 보는 앞에서 버젓이 일어났고, 이사장을 비롯한 학교 책임자들은 이런 일을 부추겼다. 일부 학생들은 점점 '폭력 기계'처럼 되어 갔다.

  1998년 5월에는 TV로 생중계된 〈국민과의 대화〉에서 김대중 대통령이 사태 해결 약속을 했고, 그해 11월에는 에바다복지회 이사진에 이성재, 김홍신, 김명섭 국회의원이 합류하고 이성재 의원이 이사장을 맡기도 했다. 1999년 5월에는 평택시와 최성창 일가의 비밀 합의서가 폭로되기도 했다. 그럼에도 사태 해결은 안 되고 있었고, 점차 사회적 이슈에서 멀어지고 있었다. 농성 1000일 문화제를 서울과 평택에서 하고, 3주년 집회도 열었다. 1999년에는 제4회 인권영화제에서 박종필 감독이 만든 〈끝나지 않는 투쟁, 에바다〉가 상영되었다.

차라리 저를 폭행하라 하십시오

하지만 에바다는 아주 서서히 변화하고 있었다. 먼저 2001년 3월에 평생 장애인 교육에 헌신해온 김지원 교장이 부임했다. 이사진 구성도 바뀌어 갔다. 우리 쪽 이사들이 들어가기 시작하다가 급기야 2001년 8월 열린 이사회에서는 민주파 이사진들이 다수를 차지하는 상황을 맞게 되었다. 새 이사장은 윤귀성 안세치과 원장이 맡았고, 김칠준 변호사, 김용한 공대위 대표, 박경석 교장, 그리고 나까지 이사로 합류했다. 그래서 이사회는 9 대 4로 완전히 역전되었다.

농아원에 들어가서 이 모든 상황을 지휘하던 최성창 일가는 자신들이 불리한 처지로 몰리자 교문을 쇠사슬로 칭칭 감아서 봉쇄했고, 학생들이 쇠 파이프를 들고 지키게 했다. 뿐만 아니라 교장실을 비롯한 학교 시설들을 파괴했다. 학교 안은 치외법권 지대로 변하고 있었다. 합법적인 이사였던 우리는 학교 안으로 몇 번 들어가려고 시도했지만, 평택 경찰이 도리어 우리를 제지했다.

"불법으로 시설을 점유하고 있는 최성창을 끌어내란 말이야."

윤귀성 이사장의 요구에도 그들은 여전히 꿈쩍도 하지 않았다.

2002년 수원지방법원 평택지원에서는 이사회가 신청한 최성창 등 최씨 일가들의 '출입 방해 금지 등의 가처분'을 인용했다. 이 결정문을 고지하던 중 학생들의 폭력에 에바다 연대회의 남정수 활동가가 집단 폭행을 당해서 앞니 3개가 부러지는 등 전치 3주의 부상을 입었고, 권오일 교사도 폭행을 당했다. 그해 3월 14일 MBC 〈PD수첩〉이 계속되는 폭력 상황을 구체적인 사례를 들어서 보도했다. 이틀 뒤인 3월 16일 밤 11시, 농성하던 학생들과 교사들이 잠자고 있던 해아래집에 괴한들이 습격했다. 닥치는 대로 기물을 부수고, 폭행했다. 이성존 학생 등 다수가 병원에 입원했다. 괴한들은 에바다농아원의 원생들이었다.

이 소식을 듣고 가만히 있을 수 없었다. 나는 《오마이뉴스》에 〈차라리 저를 폭행하라 하십시오〉라는 호소문을 발표했다. 더 이상의 폭력 상황은 막아야 한다는 절박한 심정이었다. 3월 18일, 나와 박경석 교장은 '대화합시다'란 피켓을 들고 에바다 학교 정문에 섰다. 박경석 교장은 수어로 학생들과 대화를 시도하고 있었다. 그러길 30분 정도 지났을까? 한 학생이 바가지를 들고 우리에게 무언가를 흩뿌렸다. 나는 순간 피켓으로 얼굴을 막았지만, 박경석 교장은 온몸에 그걸 모두 뒤집어썼다. 똥물이었다. 우리는 학교에서 내려와 길가 식당 앞 수돗가에서 똥물을 씻어내고 다시 올라갔다. 그렇지만 박경석 교장 얼굴에 붉은 반점들이 생겨났다. 똥독이 오른 것이었다. 해아래집으로 철수해서 씻어내고 그날은 철수했다.

그런 중에도 학생들 교육에 책임을 져야 하는 이사회와 학교는 수업을 이어 가야 했다. 처음에는 해아래집에서 수업을 하다가 나중에는 에바다장애인종합복지관에서 수업을 이어 갔다. 농아원에 있던 학생들도 하나둘 수업에 들어왔다.

기억해야 할 이름, 윤귀성

2003년 노무현 정부가 들어섰다. 그해 3월에는 청와대를 찾아갔다. 박주현 참여혁신수석비서관을 만났다. 청와대에서 소식이 온 것은 두 달 뒤였다. 2003년 5월 28일, 경기도경 경찰들이 보는 앞에서 김지원 교장과 김용한 농아원장이 학교 교문을 칭칭 감고 있던 쇠사슬과 자물쇠를 절단했다. 우리는 합법적으로 학교 안에 들어갔다. 7년 6개월 만에 문을 열었다. 6월 7일에는 최성창 목사가 에바다 농아원을 떠났고, 이틀 뒤에는 모든 학생들이 수업에 복귀했다.

학교와 농아원은 모든 게 파괴되어 있었다. 성한 문짝 하나가 없었고, 이후에는 속속 답지하는 각종 청구서들을 해결해야 했다. 이사회는 이 모든 상황을 책임져야 했다. 어려운 과정을 거쳐서 2006년 11월 25일 에바다 학교는 원위치로 돌아왔다. 10년 만의 일이었다.

새로운 학교가 만들어지고 정상화되어 가던 과정 중에 안타까운 일이 일어났다. 2013년 12월 24일 자신의 사재를 털어가면서까지 에바다를 정상화하기 위해 헌신했던 윤귀성 이사장이 갑작스러운 교통사고로 세상을 떠났다.

"우리 아이들도 외국 여행 한번 가게 해 줍시다. 비용 걱정 말고 계획 한번 세워 보세요."

에바다가 정상화된 과정은 윤귀성 이사장 없이는 설명할 수 없다. 이사장이라는 짐을 '가문의 영광'이라고 하면서 넉넉한 웃음을 짓던 그 사람. 우리는 영결식에서 "그런 사람 또 없습니다"라고 추모했다. 그의 이름을 세상 사람들이 꼭 기억해 주기를…. 고인이 된 윤귀성 이사장이 보고 싶어진다. 막걸리 한잔하면서 "고마웠다"고 말해주고 싶다.

국가인권위 1

'인권 대통령' 시대에도 계속된 싸움

최초의 평화적 정권교체로 김대중 정부가 들어선 뒤에 한국 사회는 급격한 변화를 맞고 있었다. 인권 분야에서 특히 그랬다. 김대중 대통령 자신이 '인권 대통령'을 표방했기 때문이기도 했다. 물론 김대중 대통령을 인권 대통령으로 평가할 수만은 없다. IMF 외환위기 이후에 신자유주의 정책이 본격 도입되면서 노동자를 비롯한 민중생존권 문제는 도리어 후퇴하거나 악화했기 때문이다. 노동자를 비롯한 민중들의 생존권 투쟁에 대해서는 경찰력을 동원한 진압이 김대중 정부 내내 큰 인권 문제로 등장했다.

기회이기도 했던 김대중 정부 시절

김대중 정부에서는 생존권 분야와 달리 자유권(시민·정치적 권리) 분야에서는 많은 변화와 진전이 있었다. 인권 대통령을 표방하는 김대중 정부에서는 45년을 복역하여 세계 최장기수로 알려진 김선명 씨를 비롯한 장기수가 모두 석방되었다. 이 과정에서 정부가 강요한 '준법서약서'로 인해 인권 단체들의 입장이 갈렸다. 준법서약을 하고 석방된 이들도 있었지만, 강용주는 끝내 이를 거부하고 1999년 2월 마지막으로 석방되었다. 그럼에도 김대중 정부에서도 양심수들은 매년 300명 이상 구속되었다. 김대중 대통령은 UN 등이 지적했던 '국가보안법의 개정'을 약속했으나 실현되지 못했다. 준법서약서 논란과 국가보안법 폐지 관련한 입장 차이 등에 대해서는 대대적인 국가보안법 폐지 운동이 일어났던 2004년 투쟁을 설명하면서 본격적으로 풀어내 볼 생각이다. 1999년 12월 말에는 '제주 4·3 사건 진상 규명 및 희생자 명예 회복에 관한 특별법' '의문사 진상 규명에 관한 특별법' '민주화운동 관련자 명예 회복 및 보상 등에 관한 법률' 등 과거사 청산을 위한 법률이 국회를 통과했다. 과거 국가가 저지른 국가 범죄를 국가기구가 조사하여 진상을 규명하는 작업이 시작된 것이었다.

김대중 정부의 등장은 인권 단체들에 새로운 기회이기도 했다. 인권운동사랑방은 1995년부터 시작한 인권 교육 분야에서 '활동가·교사를 대상으로 하는 인권 교육가 양성 워크숍'을 열었고, 국내 최초의 본격적인 인권 교육 교재 《인권교육 길잡이》를 출간했다. 인권운동사랑방 사회권위원회는 외환위기 이후 사회권 침해 현상을 종합적으로 살펴보는 보고서 〈인간답게 살 권리: IMF 이후 사회권 실태 보고서〉도 발간했다. 1997년부터 천주교인권위원회와 함께 시작한 감옥 인권 실태를 감시하고, 고발하는 활동도 전개했다. 새롭게 떠오르는 정보인권 관련해서는 지문 날인에 대해 '국민을 감시하고 예비 범죄인화한다'는 문제의식으로 진보네트워크와 함께 주민등록증 지문 날인 거부 운동을 벌이기도 했다. 이후 정보인권 문제에 대한 대응도 지속해서 전개하게 된다. 인권운동사랑방은 이런 활동들을 제안하고 주도해 갔다.

김대중 정부에서 가장 중요한 인권 관련한 일은 무엇보다도 국가 인권 기구 설립이었다. 2000년 12월 28일, 나를 포함한 18명의 인권 활동가가 명동성당에 모였다. 낮에는 영하 10도, 밤에는 영하 20도 이하로 떨어지는 강추위가 몰아치던 때였다. 마침 그때는 직전에 있었던 한국통신(현 KT) 노동자들의 파업 투쟁으로 명동성당이 몸살을 앓고 난 직후였다. 성당 쪽이 경찰에 시설보호 요청을 해 놓았던 때라서 성당에 들어가는 일조차 어려웠다. 우리는 일단 맨몸으로 성당 들머리에 들어갔다. 경찰이 물품 반입을 강력하게 막고 있었다. 유가협 어른들이 와서 "우리 애들 다 죽는다"고 소리치면서 물품들을 던져주셨다. 그 덕분에 계단 바닥에 스티로폼을 깔고, 침낭을 둔 뒤 그 위에서 비닐 한 장을 덮고 버텼다.

명동성당 들머리 폭설 속 단식 농성

"가라! 국가보안법, 오라! 국가인권위원회."

펼침막 하나 세우고, 피켓을 들머리 계단 앞에 늘어놓았다. 명동성당은 유난히 바람이 세차서 겨울이면 더 추운 곳이다. 손발만 어는 게 아니라 등뼈까지 시려왔다. 밤이면 꽁꽁 언 몸뚱이를 침낭 속으로 밀어 넣고 비닐을 덮었다. 그러다가 새벽이면 칼끝에 베이는 통증을 느끼며 깨어나고는 했다. 한밤중이면 가로등마저 꺼져 도심이었지만 어두웠다. 어둠 속 그 비닐 너머 흐릿하지만 별들이 서늘하게 빛나는 밤들이었다.

2001년 새해를 폭설과 함께 맞았다. 그때의 폭설은 30년 만이라고 했다. 그때는 3일의 신정 연휴가 있던 때였다. 아무도 찾아오지 않는 명동성당 들머리에서 연말을 보내고 신정 연휴도 보내야 했다. 그리고 1월 4일, 새해 첫 출근일에 우리가 단식 농성을 한다는 소식을 들은 시민사회단체들이 기겁하며 달려왔다.

우리가 혹한기 단식 농성에 들어가게 된 과정을 설명하자면 이랬다. 1993년 빈 세계인권대회 참가를 통해서 UN이 국가 인권 기구의 설립을 회원국에 권고하고 있음을 알게 된 국내 인권 단체들은 '파리원칙(국가 인권 기구의 지위에 관한 원칙)'에 따른 국가 인권 기구의 설립을 정부에 촉구해왔다. 파리원칙은 국가 인권 기구가 인권의 보호와 인권 교육, 인권침해에 대한 조사와 구제를 할 수 있는 광범위한 권한을 가진 기구여야 하고, 구성에서 인권 분야의 전문성과 경험을 갖춘 다양한 구성원들로 조직되어야 하며,

준사법적 권한을 갖는 입법·사법·행정부에 속하지 않는 독립적인 국가기구로 설치되어야 한다고 규정하고 있다. 여기서 가장 강조되어야 할 점은 '독립성'이었다.

국가 인권 기구의 설립을 공약으로 내건 김대중 대통령이 당선된 뒤에도 "인권법 제정과 인권위 설립"을 재차 강조했다. 그러나 대통령의 지시로 법무부가 작성한 법안은 '법무부 산하에 특수법인으로 설치한다'는 내용이 뼈대였다. 사실상 검찰이 장악한 정부 조직인 법무부 산하로 기구를 설치한다니, 그런 기구는 독립성은 아예 생각도 할 수 없는 약체일 수밖에 없었다. 인권 단체들은 1999년 4월에 정부안에 반대하는 단식 농성을 명동성당에서 일주일간 전개하면서 법무부가 만든 법안의 문제점을 드러냈다. 74개 인권 단체와 시민사회 단체들은 '올바른 국가 인권 기구 실현을 위한 민간단체 공동대책위원회(이하 공대위)'를 구성하여 법무부와 싸움을 이어 갔다. 1999년 12월에는 여당이었던 새정치국민회의가 "인권 단체의 환영을 받지 못하는 상태에서 인권법 제정을 추진할 수 없다"면서 인권법 제정 연기를 선언했다.

그런데도 법무부는 애초의 고집을 꺾지 않았다. 2000년 연말에는 국가 인권 기구가 더 이상 국회에서 논의조차 되지 못하고 흐지부지 사라지는 상황까지 내몰렸다. 어떻게 해서든 국가 인권 기구 논의를 되살리고 독립적인 국가인권위원회를 설립해야 한다는 절박한 상황에서 할 수 있는 일은 몸을 던지는 싸움밖에 없었다. 전국의 인권 활동가들에게 전화를 했다. 명동성당에서 단식 농성을 하자는 데 의견이 모였다.

서울 명동성당 국가인권위원회 설치를 요구하는 농성장 모습. 사진 인권운동사랑방 제공.

아이도 어른도 함께했다

나는 명동성당 단식 농성단의 상황실장을 맡아서 분주했다. 여기저기 연락도 해야 했고, 찾아오는 언론들도 상대해야 했다. 신정 연휴가 끝나고 달려온 시민 단체 활동가들과 의논해서 '국가보안법 폐지, 국가인권위원회 설립, 부패방지법 제정'까지 포함한 3대 요구를 내걸고 단식 농성을 이어 가기로 했다. 초기에는 적은 인원이었던 인권 활동가 농성단은 이때부터 100명이 넘는 사람들이 같이하는 대규모 농성단으로 발전했다.

농성장에는 7살, 5살의 두 딸도 엄마 손을 잡고 찾아왔다. 딸들은 인권운동 하는 삼촌, 이모들과 신나서 놀고, 저녁 문화제 때는 함께 촛불도 들었다. 당시 폐기종을 앓고 있었던 윤한봉 선배는 멀리 광주에서 한달음에 달려왔다. 그 선배는 5·18 최후의 수배자였고, 투병하다가 2007년에 운명했다. 문정현 신부님과 공대위 집행위원장을 맡고 있던 곽노현 방송통신대 교수(전 서울시 교육감)와 이덕우 변호사 같은 이들은 우리와 같이 성당 들머리 계단에서 비닐을 쓰고 잠을 잤다. 유가협 어른들도 농성에 합류했는데, 오영자(박선영 열사 모친) 어머니는 단식하다가 쓰러져 병원에 갔다가 다시 농성에 합류하기도 했다. 이제 싸움은 인권 활동가만의 싸움이 아니었다.

국가인권위 2

인권위는 위기를 벗어날 수 있을까

매일매일 혹한의 추위와 폭설을 이겨내야 하다 보니 단식 중이던 인권 활동가들이 속속 쓰러져 병원으로 실려 갔다. 나도 단식 농성 9일째인 2001년 1월 5일, 순간 머리가 띵하더니 눈앞이 깜깜해지면서 쓰러졌다. 단식하면서 상황실장까지 맡다 보니 힘이 들었던 탓일 것이다. 구급차에 실려 서울 사당의원으로 갔더니 링거 주사를 놓아주었고, 저녁 식사라고 흰쌀죽을 한 사발이나 내주었다. 아흐레나 추위 속에 굶었으니 그 죽이 얼마나 맛있었겠는가. 배가 부르도록 나온 죽을 다 먹었다. 요즘 상식으로는 절대 있을 수 없는 일이다. 단식 뒤에는 회복이 중요하니, 미음부터 시작해 음식량을 조금씩 늘려 먹어야 하는데 그때는 그러지 않았다. 병원에서 먹은 죽이 얼마나 맛있던지 허겁지겁 다 먹어 치웠다.

모든 눈물에는 온기가 있다

2001년 1월 서울 명동성당에서 국가인권위원회 설립과 국가보안법 폐지를 요구하는 단식 농성을 하던 인권운동사랑방 활동가들의 모습. 앞줄 맨 오른쪽 인물이 박래군 저자, 앞줄 가운데가 서준식 대표다. 사진 인권운동사랑방 제공.

하루 병원에서 쉬고 다시 농성장에 나갔다. 이제 단식 농성단 인원이 백 명을 넘어갔다. 시민사회 전체가 결합해 정치권을 압박했다. 1월 8일 오후에는 종교인들이 '3대 개혁 입법 제정 및 폐지 시민·종교인 기원대회'를 열었고, 저녁에는 민중가수들이 대거 참여한 문화 한마당을 열었다. 이 자리에서 단식 농성을 이튿날인 9일에 접기로 했다고 발표했다.

1월 9일에도 폭설이 쏟아졌다. 오전 10시, 명동성당 들머리에서 기자회견을 열고 "국가인권위원회의 실질적 독립성과 실효성을 보장하기 위한 최소한의 조치를 취할 것, 국가보안법은 폐지되어 마땅하나 이번 국회 회기 중에 적어도 7조를 폐지할 것, 특별

검사제 도입과 내부 비리 제보자 보호 조치 마련 등 실효성 있는 부패 방지법을 제정할 것"을 촉구했다. 기자회견을 마친 인권 활동가들은 급히 국회로 이동하여 기습 시위를 벌였다.

인권 활동가들과 시민사회가 한목소리로 외치고 요구한 덕분이었을까. 다시 국회에서 국가인권위 법안 논의가 시작되었고, 우여곡절 끝에 2001년 4월 30일 법안이 국회 본회의를 통과했다. 재적의원 273명 중 찬성 137명, 반대 133명, 기권 3명으로 찬성과 반대 표차가 겨우 4표였다. 3년 넘게 싸웠는데도 이렇게 아슬아슬한 표차로 통과되었다. 그만큼 당시 여당이었던 새천년민주당 의원들도 많이 반대했다. 이 법은 5월 24일, 공포 및 제정되었다.

'살색'을 없애주세요

국가인권위원회법은 "헌정사상 처음으로 입법부·사법부·행정부 어디에도 속하지 않는 독립된 국가기구"를 법률로 만들어냈다는 것에 큰 의미가 있었다. 집요하게 법무부 산하 기관으로 설치하려던 시도를 극복하고 싸워서 얻은 결과였다. 수사기관에서 인권침해를 당한 경우 인권위가 직접 조사를 할 수 있고, 사인 간의 차별 행위에 대해서도 조사할 수 있게 되었다. 장애나 성별 등을 이유로 기업에 채용을 거부할 때 인권위가 나서서 조사도 하고 시정도 권고할 수 있게 된 것이다. 그리고 구금 시설이나 보호 시설에 수용된 사람들도 인권위에 직접 진정할 수 있게 되면서 인권 사각지대에서 벌어지는 인권침해를 시정할 수 있게 되는 등 많은 내용이 법률에 담겼다. 한계도 많았다. 국가기관에 의한 인권침해만 조사할 수 있다든지, 수사기관이 수사하는 사건이나 재판 중인 사건은 조사가 불가능했다. 국가인권위원장을 대통령이 임명하는 것도 독립성을 흔들 수 있는 중요한 약점이었다.

이런 약점 속에서도 국가인권위 설립 준비가 진행되고 있었다. 8월 1일, 김대중 대통령은 초대 국가인권위원장으로 민주사회를위한변호사모임 출신의 김창국 변호사를 임명했다. 곧이어 설립 준비단도 만들어졌고, 인권 단체들의 간담회도 진행되었다.

11월 25일, 직원 정원과 직제령 등으로 정부와 이견이 해소되지 않아서 사무처 직원 없이 인권위원들만으로 국가인권위는 출범했다. 제1호 진정 사건은 서울대 의대 김용익 교수가 장애인이라는 이유로 제천보건소장으로 임명되지 못한 제자를 대리해서 접수했다. 유명 성우 양지운 씨도 종교적 신념을 지키며 '양심적 병역 거부'를 했다가 구속된 아들을 대신해 사건을 접수했다. 상습적인 폭행과 욕설을 견디다 못해 피신 중이었던 외국인 노동자들은 크레파스와 물감 색깔 가운데 '살색'을 없애달라고 진정했다. '크레파스 색상의 피부색 차별 권고'는 여기에서부터 시작되었다. 조사관이 구성되지 않았는데도 출범 첫날 122건의 사건이 접수되었다. 이런 첫날 풍경은 언론에 대서특필되었다.

인권 단체 따돌린 인권위 설립 과정

그런데 이런 설립 과정에서 내가 속해 있던 인권운동사랑방을 비롯해 혹한기 단식 농성에 참여했던 다수의 인권 단체들이 배제되었다. 우리에게는 공유되지 않은 소식들을 언론 보도를 통해서 접하게 되었다. 지금까지도 나는 왜 우리가 국가인권위 설립 과정에서 배제되었는지에 대한 설명을 듣지 못했다. 설립 과정에서 배제된 다산인권센터, 울산인권연대 등 35개 인권 단체들은 '국가인권위 바로 세우자! 인권단체 연석회의'를 구성해 "국가인권위는 설립 과정에서부터 다른 정부 기구와 달라야 하지 않겠는가"라고 촉구했지만, 소용이 없었다. 인권운동사랑방을 비롯한 몇몇 단체는 김창국 변호사가 국가인권위원장에서 물러난 2004년까지 협력 거부를 유지했다.

국가인권위가 자리를 잡아가면서 특히 감옥의 인권 상황이 많이 개선되었다. 수형자들이 직접 인권침해를 진정할 수 있었기 때문이었다. 새까만 '먹방'이 사라졌고, 감옥 내 폭력도 많이 사라졌다. 사회복지시설, 군대 같은 인권 사각지대에도 감시의 손길이 뻗쳐 갔다. 각종 차별 사건에 대한 의미 있는 결정들이나 이라크 파병 반대, 국가보안법 폐지 권고 등의 정책 권고들도 내려서 우리나라 인권 기준을 세워 가고, 선도해 갔다. UN을 비롯한 국제사회의 평가도 좋아서 모범적인 국가 인권 기구 사례로 외국에 많이 알려졌다.

하지만 준헌법기관으로서 법이 독립적 운영을 규정하고 있어도, 실제 국가인권위는 '약체' 국가기관이었다. 예산 편성권이나 인사권도 행정안전부와 협의해야 했다. 정부의 협조를 받지 못하면 그만큼 운영이 어려워지는 기관이었다. 보수 정권이 들어설 때마다 국가인권위는 크게 흔들렸다.

인권침해 기관이 된 인권위

2008년 1월 인권 활동가들은 다시 명동성당 들머리에 모여야 했다. 대통령에 당선된 이명박 정권 인수위원회가 국가인권위를 대통령 직속 기구로 만들려 했기 때문이다. 이 문제는 즉각적으로 UN에 알려져 항의를 받았다. 우리는 이번엔 릴레이 단식 농성으로 대응했고, 대통령 직속 기구화는 저지했다. 그러나 조직은 축소되었고 안경환 위원장의 후임으로 현병철 위원장이 임명된 뒤에는 독립성 훼손 등의 문제로 세계국가인권기구연합회GANHRI의 심사를 통해 A등급에서 B등급으로 평가가 떨어졌다. 국가인권위가 본래의 기능을 잃고 정부의 인권침해에 침묵하는 기관이 되어버린 것이다. 인권위는 2008년 이른바 '광우병 촛불시위' 때 경찰의 폭력 진압에 대해서도, 2009년 용산 참사 때도 침묵했다. 청와대는 조사관들의 성향을 파악했고, 그에 따라 불이익을 주었다. 이런 점들에 항의해서 당시 문경란 상임위원, 조국 비상임위원 등이 사임하고 직원들이 1인 시위를 하는 등 항의 행동들이 이어졌다. 현병철 위원장은 연임하여 6년 동안 국가인권위를 엉망으로 만들었다.

이후 여러 노력 끝에 다시 국가인권위가 정상화되는 듯했지만, 윤석열 정권에서는 더욱 심각한 상황을 맞게 되었다. 이충상, 김용원 상임위원이 등장했다. 그들은 국가인권위를 파괴하려는 목적으로 상임위원 자리를 차지하고 있는 듯 행동했다. 공개 석상에서 모욕적이고 차별적인 언행을 마구 뱉어냈다. 상임위 규칙도 후퇴시켰다. 이런 행동들이 언론에 많이 보도되어 망신을 당했다. 그런 와중 차별금지법을 적극적으로 반대하는 활동을 해온 극우 보수 인사인 안창호 변호사가 국가인권위원장에 임명되었다. 국가인권위는 차별금지법 제정이라는 숙명적인 과제를 추진할 동력을 상실하고, 도리어 인권침해 기관으로 탈바꿈해 갔다.

  윤석열 정권 등장 이후 인권 후퇴 현상은 심각해졌다. 국가인권위도 망가졌고, 지자체의 인권 조례들, 학생 인권 조례들도 속속 폐기되고 있다. 법률과 제도를 만드는 일도 중요하지만, 그것을 지키는 일도 그만큼 힘들다.

의문사 진상 규명 1

422일 천막 농성으로 탄생한 의문사법

국가인권위원회 설립을 위한 서울 명동성당 농성을 마친 다음, 2001년 1월에 나는 인권운동연구소 상임연구원 자리로 갔다. 인권운동사랑방은 진보적 인권운동을 위한 이론 작업을 하기 위한 부설 기관으로 2000년에 인권운동연구소를 개설했다. 서준식 대표는 1998년 민변 창립 10주년 토론회에서 〈진보적 인권운동을 위하여〉를 발표하였다.

" '계급의 문제'를 고민하지 않고, 사회구조의 문제에 육박하지 않고, 인권이 구현되는 세상으로의 '초월'이나 변혁을 꿈꾸지 않고 그리고 조국 통일에의 소망을 품지 않고서 어떻게 '보편적으로' 인권을 구현시키기 위한 고민을 할 수 있단 말인가? 나는 사회의 변혁을 꿈꾸면서 인권운동을 하고 있다."

사회변혁의 지향을 간직한 채 "인간 현실의 무한한 복잡함을 정직하게 받아들이면서도 진보 편에 굳건히" 서는 인권운동을 진보적 인권운동으로 규정한 서준식 대표의 생각은 곧 인권운동사랑방의 운동 방침이 되었다. 이에 따라 인권운동사랑방 활동가 2명이 2년씩 번갈아 가면서 상임연구원으로 가서 공부하기로 했다. 다른 단체에도 연구원 한 자리(객원연구원)를 주기로 했다. 첫 번째 상임연구원으로는 나와 배경내 활동가가 배치되었다. 전북평화인권연대의 문만식 활동가는 객원연구원이 되었다. 연구소 학습 프로그램의 대부분은 참여하고자 하는 활동가에게 개방되었다.

'머리 근육'도 단단해져 갔다

4호선 한성대입구역 인근 건물에 있는 인권운동연구소는 '갇힌 자들의 벗'과 같은 사무실을 썼다. 갇힌 자들의 벗은 감옥의 반인권적인 실태를 감시하며 문제 제기를 해왔던 인권운동사랑방이 새롭게 만들기로 한 수형자 인권 전문 단체였다. 감옥에서 인권침해를 당한 사람들의 사연이 모이고 있었고, 청송보호감호소에서 출소한 이들이 활동가들과 만나 이 단체를 준비했다. 인권운동사랑방은 천주교인권위원회, 민변 등과 '사회보호법' 폐지를 위한 활동도 해오고 있었기에 청송 출소자들과도 연결되고 있었다.

인권 현안과 현장을 중심으로 활동해 온 나를 잘 아는 사람들은 과연 엉덩이를 책상에 붙이고 공부할 수 있겠느냐는 의구심을 드러내곤 했다. 솔직히 오랜만에 하는 공부가 쉽지는 않았다. 거기에 한글책과 자료만 보는 게 아니라 영어·일어책도 읽어내야 하는 과정이 많았다. 인권론의 고전들은 거의 영어책이었고, 《기본적 인권론》은 일어책이었다. 처음에는 책을 펴들기 전부터 머리가 지끈거렸다. 대학 들어간다고 재수 생활을 한 이래, 학생운동 한다고 사회과학 학습을 한 이래, 근 20년 만에 본격적인 공부를 하는 것이었으니 적응하기가 쉽지 않았다. 신경이 온통 진행되는 인권 현안과 현장으로 쏠리는 것도 연구원 생활에 지장을 주었다.

그렇지만 연구원 생활을 통해서 인권 저작들을 읽어낸 것, 에릭 홉스봄의 '시대 시리즈(《혁명의 시대》《자본의 시대》《제국의 시대》《극단의 시대》)'와 이매뉴얼 월러스틴의 《근대세계체제》를 공부한 것은 이후 활동에도 많은 도움이 되었다. 마음의 근육과 함께 머리의 근육도 단단해지는 뿌듯함 같은 게 있었다. 엉덩이를 들썩이게 하는 사건들이 줄을 이었지만, 많이 참았다. 연구원을 하면서 장애인 인권을 위한 에바다 투쟁이나 신자유주의 세계화에 맞서는 아셈ASEM(아시아-유럽 정상회의) 반대 투쟁 등에 살짝살짝 결합하기도 했다. 연구소에서는 대충 눈감아주었다.

'의문사위 조사3과장'이 되어

공부에 재미를 붙이던 2002년 4월의 어느 날, 나는 졸지에 별정직 4급 공무원이 되어 연구소를 떠나야 했다. 그해 3월 유가협 의문사 지회의 허영춘(군 의문사 허원근 일병 부친), 신정학(노동자 신호수 부친), 최봉규(군 의문사 최우혁 이병의 부친) 등 아버님들이 연구소로 쳐들어오셨다. 와서는 다짜고짜 의문사진상규명위원회(의문사위) 조사3과장을 해 달라면서 눌러앉으셨다.

"아무것도 모르는 우리를 싸움판에 끌어다 놓고 나 몰라라 할 수 있냐. 네가 위원회 가서 일해야겠다."

그러니까 아버님들의 요구는 위원회 조사 활동 기한이 6개월 밖에 안 남았는데, 조사3과장이 공석이어서 사건 마무리가 안 되고 있으니 무조건 내가 조사3과장을 맡아야 한다는 것이었다. 요구를 수용하지 않으면 안 나가겠다고 버티시는데, 참으로 난감한 상황이었다. 서준식 대표는 "너한테는 피할 수 없는 십자가 같은 거"라 생각하라고 했다.

그렇게 해서 의문사위의 조사3과장이 되었다. 의문사위에는 4개의 조사과가 있었다. 조사1과는 국가정보원(중앙정보부, 국가안전기획부) 관련 사건, 조사2과는 경찰·검찰 관련 사건, 조사3과는 국방부 관련 사건, 조사4과는 특별 조사과로 실종 사건과 직권 조사 사건을 다루게 되어 있었다. 나는 조사3과장으로 갔으므로 군대 내에서 일어난 군 의문사 사건들을 조사하는 게 임무였다.

앞서도 언급했지만 1990년대는 과거 국가가 저질렀던 수많은 국가 범죄가 속속 모습을 드러내며, 피해자들이 해결을 요구하던 시기였다. 그런 시대적 흐름을 끌어낸 것은 5·18이었다. 1980년 광주 학살 이후 민주화운동의 핵심적인 과제는 5·18 진상 규명과 책임자 처벌이었다. 그런 투쟁을 통해서 1995년 '5·18 민주화운동 등에 관한 특별법'이 제정되었고, 전두환과 노태우 일당이 구속되었다. 5·18 특별법이 제정되고 전·노 일당이 구속되자 1996년 12월에는 인권·시민 단체들을 중심으로 '5·18 완전해결과 정의실현·희망을 위한 과거청산범국민위원회'가 결성되었다. 이 연대체의 사무국장으로 일하면서 우리나라의 시급한 과제가 과거 국가범죄의 진상을 규명하고, 책임자를 처벌하는 것임을 알게 되었다. 그러나 전두환은 무기징역, 노태우는 징역 27년 형을 선고받고 복역하다가 1997년 크리스마스 특사로 풀려났다. 그 뒤로 연대기구였던 과거청산범국민위도 동력을 잃고 흐지부지되어 버렸다.

다음으로 과거청산운동의 물꼬를 튼 이들은 유가협 회원들이었다. 유가협은 김대중 정부가 들어서자 의문사 진상 규명을 위한 캠페인을 지속해서 전개하다가 1998년 11월 4일, 국회 앞에서 '민족민주열사 명예 회복과 의문의 죽음 진상규명 특별법 제정'을 요구하며 천막 농성에 들어갔다. 국회에서 법안 심의는 더디기만 했다. 유가협 회원들은 여의도 국민은행 앞 천막에서 422일을 농성하면서 국회를 압박했다. 그 결과 1999년 12월 28일, '의문사진상규명에관한특별법' '민주화운동 관련자 명예회복 및 보상 등에 관한 법률'이 국회를 통과했다. 이 두 개의 법안과 함께 '제주4·3사건 진상규명 및 희생자명예회복에 관한 특별법'도 통과되었다.

2002년 월드컵 와중에도 밤샘 근무

의문사진상규명특별법에 따라 설치된 '대통령 소속 의문사진상규명위원회'는 2000년 10월 17일 현판식을 갖고 활동에 들어갔다. 의문사위는 2년간 의문사 신고 사건이나 직권으로 조사하기로 결정한 사건을 조사하게 되어 있었다. 의문사위는 최초로 국가가 저지른 범죄를 규명하기 위해 국가 조사 기구를 설치·운영했다는 점에서 획기적이었다. 나로서는 10년 전 의문사 진상 규명 농성 때부터의 노력이 결실을 본 셈이었다. 의문사위는 국방부, 경찰, 국정원, 검찰 등의 기관들에서 파견 나온 공무원들과 민주열사 추모 단체들에서 추천한 민간 조사관들로 구성되었다는 점에서도 특별한 기구였다. 초기에는 민간 조사관과 파견 조사관들의 갈등이 너무 심했던 것이 문제였는데, 시간이 지나면서는 이런 갈등들은 봉합되어 가는 모양새였다. 그런 갈등 속에서 조사3과장은 2001년 하반기부터 공석이었다. 의문사위는 서울 광화문 인근의 이마빌딩에 있었다.

2002년에는 한·일 월드컵이 열렸던 해이다. 시민들은 한국 팀 경기가 열리는 날마다 광화문에서 거리 응원전을 펼쳤다. 월드컵 기간 동안 밖은 무척 시끄러웠으나 나는 사건 파일들을 읽고, 조사 결과를 정리하느라 밤을 지새우는 날이 많았다. 내가 조사과장으로 부임한 날로부터 조사 활동 종료일까지는 채 6개월도 남아 있지 않았다. 책임이 무거웠고, 그만큼 할 일이 많았다.

의문사 진상 규명 2

33년 동안 자살과 타살을 오간
허원근 일병

제1기 의문사위가 조사해야 할 사건은 모두 85건이었고, 내가 맡은 조사3과는 '강제징집-녹화사업' 관련 의문사 6건(정성희, 이윤성, 한영현, 한희철, 김두황, 최온순)을 포함해 모두 28건이었다. 조사는 막바지로 가고 있었지만, 몇몇 사건 외에는 지지부진했다. 일단 자료 확보에 어려움이 많았다. 의문사위로서는 국가정보원이나 국군기무사령부(옛 보안사), 검찰의 자료를 확보해야 했으나 협조 요청으로는 그들 기관을 움직일 수 없었다. 우리 과는 국방부 자료실까지는 실지조사를 할 수 있었지만, 기무사는 접근조차 할 수 없었다.

전 재산이 29만 원이라더니

2002년 8월 19일 밤, 보안사 3처 5과장을 지냈던 서의남 씨가 1983년 3월부터 3개월간의 녹화사업을 진행한 업무 일지를 갖고 있음을 우리 과 조사관이 확인하고 보고했다. 보안사 3처 5과는 녹화사업 전담 부서였다. 녹화사업은 시위를 하다가 강제징집된 대학생들의 사상을 개조한 뒤 프락치로 활용했던 군 보안사의 프로젝트였다. 그의 업무 일지는 중요한 기록물이었다. 다음 날 그에게 업무 일지 제출을 요구하는 공문을 보냈으나, 그는 "이미 그 업무 일지는 소각해서 없다"고 발뺌을 했다. 업무 일지를 불태우는 사진 세 장도 같이 보내왔다. 그런 뒤에 그는 연락도 끊고 집에서도 사라졌다.

우리는 그의 집에 찾아가서 실지조사를 하려고 했으나, 방법이 없었다. 나는 기자들에게 "눈앞에서 역사적인 기록물을 확인해 놓고도 입수할 방법이 없다. 우리는 통화 내역이나 차적을 조회할 수도 없고 계좌 추적도, 압수 수색도 불가능하다"고 호소했다. 의문사위는 서 씨를 공개 수배했으나, 그는 의문사위 활동이 종료될 때까지 행적을 감추었다. 지금도 너무 아쉬운 대목이다. 의문사위는 그만큼 힘이 없었다.

녹화사업에는 필경 고문과 같은 폭력이 뒤따랐다. 강제징집되어 모든 언행을 감시받으면서 부대 생활을 하다가, 어느 날 갑자기 보안사 지프에 실려 과천이나 서울 퇴계로 진양상가 등에 있는 보안사 안가로 끌려간다. 거기서 어떤 이는 가자마자 폭행을 당한 뒤에 유서까지 써 놓고 조사를 받아야 했다. 그러다가 회유를 당한다. 휴가를 줄 테니 학교에 가서 이런저런 동향을 파악해서 보고하라는 것이었다. 고문과 협박 끝에 운동조직의 비밀을 실토하거나, 허위 자백 뒤에 괴로움 또는 프락치로 활용당할 것에 대한 괴로움으로 죽음을 택한 이들이 있었던 것이다.

강제징집-녹화사업의 입안과 실행에는 전두환과 노태우의 지시가 있었다. 최종적인 책임을 묻기 위해 전두환, 노태우에게 위원회에 출석하여 조사받을 것을 요구했으나 그들은 출석하지 않았다. 그래서 의문사 특별법에서 쓸 수 있는 권한을 다 쓰기로 했다. 먼저 동행명령장을 발부받아서 서울 서대문구 연희동의 전두환, 노태우 자택에 전달했다. 물론 그들이 동행명령에 응할 리가 없었다. 그다음으로 쓸 수 있는 카드는 과태료였다. 전두환 1000만 원, 노태우 700만 원의 과태료를 통지했더니 즉각 납부했다. 전두환은 통장에 29만 원밖에 없다고 했는데도 1000만 원의 큰돈을 일시에 납부했다.

탄피 한 발은 어디로 사라졌나

강제징집-녹화사업-선도공작(녹화사업 종료 발표 후 노태우 정권까지 진행된 운동권 출신 병사들에 대한 프락치 공작)의 피해자는 얼마나 될까? 당시에는 1300여 명의 명단을 확인할 수 있었는데, 2022년 11월에 제2기 진실화해위원회에서는 2921명의 명단을 파악했다고 발표했다. 보안사는 이들을 일일이 A, B, C 등급으로 분류해서 관리하거나 활용했다. 법적인 근거도 없이 불법으로 약 20년 동안 국가권력이 행한 범죄였다.

시국과 관련한 사건이 아닌 경우의 군 의문사 사건들은 대체로 신변을 비관하여 자살한 것으로 결론지어진 사건들이 많았다. 하지만 사건을 조사해 보면 군 헌병대의 조사 결과에는 숱한 의문점이 있었다. 그중에 가장 이상한 사건은 단연코 허원근 일병 사건이었다.

군 당국의 발표로는 1984년 4월 2일, 허원근 일병이 강원도 화천의 한 GOP 중대 유류고에서 자신의 오른쪽 가슴과 왼쪽 가슴에 M16으로 한 발씩 쏘고도 죽지 않자, 머리에 총을 쏴서 자살했다는 사건이었다. 이 사건을 처음 접했을 때, 군 생활 경험이 있는 나로서는 도저히 믿을 수가 없었다. 사건을 담당한 조사관도 처음부터 자살이 아닌 타살이라는 심증을 굳히고 주변 정황들을 샅샅이 뒤지고 있었다. 먼저 가장 들어맞지 않는 부분은, 세 발을 쏴서 자살했다고 했는데 발견된 탄피는 두 발밖에 없었다는 점이었다. 허원근 일병이 사망했다는 날 총성을 청취한 것도 두 발이었다. 그러니까 한 발이 사라졌다.

또, 군 당국에서 밝힌 사망일 하루 전인 4월 1일 밤에 중대장실에서 술자리가 있었고, 중대장 전령이었던 허원근 일병도 그 자리에 있었다. 그 자리에서 중대장과 노 아무개 중사 사이에 다툼이 있었다는 사실을 밝혀냈고, 4월 2일 아침에 중대원들이 막사 물청소를 했다는 사실 등을 확인했다. 중대 본부 요원들은 사건 발생 이후에 헌병대에 끌려가서 혹독한 체벌을 당해야 했다. 이런 모든 정황은 한 방향을 가리키고 있었다. 자살이 아닌 타살. 그 자리에 있었던 전 아무개 씨와 이 아무개 씨가 술자리에서 오발 사고가 있었음을 시인하는 진술을 했다. 하지만 중대 본부의 병사들 대부분은 입을 맞춘 듯이 허 일병이 자살했다고 주장하고 있었다.

조사 활동 기간이 만료되어 가는데 더 이상 사건 조사에 진전이 없어서 답답했다. 이 사건만은 밝히고 싶은 욕심이 컸다. 8월, 우리는 사건 조사 중간 결과를 발표했다. "이 사건의 목격자를 찾습니다. 제보를 기다립니다"라는 내용으로 언론들 앞에서 사건 조사 결과를 발표했다. 언론에서는 대서특필했다.

사인은 다수결로 정해졌다

그런데 《조선일보》가 의문사위 조사 결과를 반박하기 시작했고, 국방부도 신속하게 '허원근 사망 사건 특별 조사단(단장 정수성 중장)'을 구성하여 의문사위의 조사 결과를 반박하고 나섰다. 국방부는 의문사위의 조사 결과가 군의 명예를 실추시킨다는 판단을 하고 있었다. 그들은 국내의 저명한 법의학자를 한자리에 모아놓고 타살이 아닌 자살임을 다수결로 정했다. 타살임을 주장하는 의견은 쉽게 묵살당했다. 사인을 다수결로 정하는 것부터 말이 안 되는 일인데 심지어 헬기까지 동원해서 현장 재연을 했다. 그들은 헬기로 움직였지만, 우리는 자동차로 힘들게 현장에 접근할 수밖에 없었다. 화천의 현장으로 가는 길에는 《한겨레》의 김훈 기자가 동행했다. 현장 검증에는 이 사건 핵심 증인인 전 아무개 씨와 이 아무개 씨가 동행하기로 했다. 그런데 이 아무개 씨는 화천에서 돌아갔다. 김훈 기자는 그의 칼럼에서 이 장면을 다음과 같이 썼다.

"이 사회에서 누가 나를 보호해 줄 것인가"라며 이 씨는 GOP로 올라가기를 거부했다. 전 씨는 "네가 가버리면 나 혼자서 이 사태를 어떻게 감당하겠느냐. 제발 함께 가자"며 이 씨에게 매달렸다. 옛 전우들은 그렇게 헤어졌다. 이 씨의 선택은 현명해 보이기도 한다. "누가 나를 보호해 주겠느냐"던 이 씨의 불안은 틀린 걱정은 아니었다.

그해 11월 국방부 특조단은 다시 자살이 맞다며, 의문사위의 조사 결과를 정면으로 부정했다. 답답한 노릇이 아닐 수 없었다.

의문사위는 최종적으로 허원근 사건 기각 결정을 내렸다. 민주화운동 과정 중 발생한 사망 사건이 아니었기 때문이다. 그럼에도 2003년에 재개된 2기 의문사위에서 재조사하여 역시 타살 결론에 이르렀다. 그 뒤 유가족들이 국가를 상대로 손해배상 청구 소송을 제기했는데 1심은 타살, 2심은 자살로 오락가락했다. 2015년 9월에 대법원은 자살인지 타살인지 알 수 없지만, 부실 수사 책임이 당국에 있다고 인정하여 국가가 유가족에게 배상할 것을 결정했다. 국방부는 2017년 4월 허원근 일병이 사망한 지 33년 만에 순직을 결정했다. 22살의 건장한 청년, 휴가를 하루 앞두고

모든 눈물에는 온기가 있다

죽은 청년 허원근과 같은 억울한 죽음이 참으로 많다.

　김훈 기자는 소설 《칼의 노래》로 유명한 그 소설가다. 그는 허름한 옷을 걸치고 구부정한 아저씨의 모습으로 의문사위 아무 곳에서나 원고지에 연필로 기사를 썼다. 그러고는 팩스를 신문사에 보내야 하는데 팩스 쓸 줄을 몰라서 내게 부탁하고는 했다. 그 부탁을 들어주다가 친해졌다. 그때의 인연이 오늘까지 이어지고 있으니 의문사위에 고마워할 일이다.

국가보안법 폐지 운동 1

짓눌린 사상과 양심의 자유를 찾아서

의문사위는 2002년 9월 16일, 위원회 출범 이래 2년간 85건을 조사해 그 결과를 발표했다. 각하하거나 취하한 사건 3건을 제외한 82건 가운데 민주화운동과 관련 있는 죽음이라고, 부당한 공권력 행사로 사망했다고 인정된 사건은 19건이었다. 중앙정보부 조사 중 투신자살로 발표된 서울대 교수 최종길[1], 인민혁명당 재건위 사건 관련 수감 중 숨진 장석구[2], 강제징집 뒤 휴가를 나왔

---

[1] 1931년 4월 28일~1973년 10월 19일. 서울대학교 법과대학 교수로 재직하던 중 1973년 중앙정보부로부터 유럽 간첩단 조작 사건 수사 협조 요청을 받고 자진 출두, 고문과 가혹행위로 사망했다. 당시 중앙정보부는 "조사받던 중 용변을 보겠다고 변소에 가 투신 자살했다"고 발표했으나, 이후 의문사진상규명위원회와 법원의 판단을 통해 고문치사로 인정되었다.

[2] 1927년 9월 19일~1975년 10월 15일. 서울 출생으로 단국대학교 정치학과를 졸업한 뒤 한일기본조약 반대와 박정희 정권의 3선 개헌 반대 투쟁에 참가했다. 1975년 인민혁명당 재건 사건으로 구속되었고 서대문구치소에서 뇌출혈로 사망했다. 이후 2009년 11월 17일 33년 만에 재심에서 무죄 판결을 받았다.

모든 눈물에는 온기가 있다

다가 귀대 직후 사망한 정성희[3], 청송보호감호소에서 교도관 폭행 등으로 사망한 박영두[4] 등이었다. 이는 은폐와 조작으로 어둠 속에 깊이 묻혔던 사건의 진실이 드러난 사례들이다.

하지만 30건은 진상 규명 불능, 33건은 기각으로 처리했다. 진상 규명 불능은 그때까지의 위원회 조사로는 공권력의 부당한 행위로 인한 죽음이라는 인과관계를 밝힐 수 없었기 때문이다. 기각된 33건은 민주화운동 관련성이 없다는 이유 등이었다. 2003년 7월에 제2기 의문사위가 재가동되었지만, 이런 문제들은 해결하지 못했다.

'진화위'의 성과와 한계

민주화운동과 관련 없이 '국가 폭력=국가 범죄'에 대한 전면적인 조사를 하게 된 것은 '진실·화해를 위한 과거사 정리 기본법'이 제정되어 시행된 2005년 이후다. 이 법에 따라 설립된 '진실·화해를위한과거사정리위원회(진화위)'는 약 5년 동안 일제 강점기 시절 국내외에서 벌인 독립운동, 해방 이후부터 한국전쟁 전후 민간인

---

[3] 1962년 6월 14일~1982년 7월 23일. 1981년 연세대학교에 입학, 같은 해 11월 25일 교내에서 열린 시위에 참가했다가 서대문경찰서로 연행되어 시위와 관련된 조사를 받았다. 이후 정상적 입영 절차를 거치지 않은 채 강제징집되어 1982년 군에서 의문의 죽음을 당했다. 2018년 7월 13일 국방부는 이 사건의 원인을 "민주화운동과 관련하여 강제징집되어 DMZ 근무 중 보안부대의 불법적인 조사와 감시, 진술 강요 등 위법한 공권력의 행사"로 인정했다.

[4] 1955년 7월 28일~1984년 10월 13일. 경남 충무에서 태어난 그는 삼청교육대와 청송감호소에서 인권 탄압에 맞서 싸우다 삼청교육대생 집단 저항 사건에 연루되어 징역 10년형을 선고받았고, 청송감호소에 수감 중 교도관들로부터 집단 폭행과 가혹행위를 당한 끝에 사망했다. 이후 의문사진상규명위원회는 박영두의 죽음을 고문치사로 인정했다.

희생 사건, 권위주의 통치 시기의 국가에 의한 인권침해 사건 등에 대한 조사를 진행했다. 이명박 정권 때 활동이 중지되었지만, 2020년부터 제2기 진화위로 재출범하여 2025년 12월까지 활동을 이어 갔다.

그런데 이런 진화위 활동으로 과연 과거사를 제대로 정리할 수 있을까? "왜곡되거나 은폐된 진실을 밝혀냄으로써 민족의 정통성을 확립하고 과거와의 화해를 통해 미래로 나아가기 위한 국민 통합에 기여함"을 목적으로 한다고 하지만, 한시적인 조사 기구로는 많은 한계가 있을 수밖에 없다. 또 반인권적인 시각의 뉴라이트 인사들이 위원장과 위원으로 들어와 오히려 사건을 왜곡하고, 피해자들에게 2차 피해를 주는 일도 발생하고 있다. 권위주의 독재에서 민주주의로 이행하는 과정에, 정의를 세우는 일은 아직도 미완성이다.

나는 2002년 12월 제1기 의문사위가 활동을 종료하면서 인권운동사랑방으로 돌아오게 되었다. 그해 12월에는 '미선이·효순이 사건'으로 시민들이 광장에 촛불을 들고 모였고, 16대 대통령 선거에서 노무현 후보가 당선되었다. 인권운동사랑방으로 돌아오면서 다시는 공무원을 하지 않겠다는 다짐을 했다. 공무원은 내게 맞지 않는 옷이라는 생각이 짙어졌고, 나는 인권 현장을 지키는 운동가로 살겠다고 다짐했다. 이후에도 과거사 기구들이 설립되어 요청을 받았지만, 모두 거절했다.

2003년에 교육부가 '나이스NEIS(교육행정정보시스템)'를 전면 시행하려고 해서 이를 저지하는 싸움도 벌였고, 사회보호법 폐지

운동에도 참여했다. 그해 가장 큰 사건은 아마도 이라크 파병 문제일 것이다. 파병 반대 투쟁에도 함께했다.

국가보안법 논쟁 불붙인 '송두율 사건'

2003년 9월에 독일에 있던 저명한 사회학자이자 철학자인 송두율 교수가 부인 정정희 씨와 함께 37년 만에 방한했다. 그는 여러 차례 방북을 했던 전력이 있어서 오랫동안 한국 땅을 밟지 못하다가 민주화운동기념사업회 등이 주선해서 귀국하게 되었다. 그는 오자마자 '해방 후 최대 거물 간첩' '가짜 교수'로 보수 세력들에 의해 마녀사냥을 당했다. 그는 '조선노동당 정치국 후보위원'으로 몰려서 구속·기소되었다. 1심 재판부는 대부분의 혐의를 인정해서 7년 형을 선고했다.

그렇지만 2004년 7월, 2심 재판부는 혐의 대부분을 무죄로 판단했다. 다만 대한민국 국적을 갖고 있던 시기에 방북을 한 부분만 유죄로 인정하여 징역 3년에 집행유예 5년을 선고했다.(최종적으로는 2008년 7월 징역 2년 6개월에 집행유예 5년 확정) 송 교수의 귀국에서 석방까지 10개월 동안 한국 사회에서는 양심과 사상의 자유 한계에 대한 논쟁이 계속되었다. "이 사건으로 국가보안법이 유지되는 한 사상과 양심의 자유, 학문의 자유에 대한 보장은 궁극적으로 불가능하다는 점"을 확인하게 되었다.

민가협, 민변, 민주주의법학연구회, 천주교인권위원회, 인권운동사랑방 등의 인권 활동가들은 2004년이 시작되자마자 그해 국가보안법 폐지 운동의 정세가 열릴 것을 예상하고 '국가보안법 팀'을 구성했다. 이 팀에서 논의된 내용들을 민변 변호사들과 민주주의법학연구회의 학자들이 정리해, 같은 해 8월 9일 국회에서 국가보안법 폐지 해설서 《국가보안법을 없애라》 발간 행사를 열었다. 이 팀은 2004년 하반기 국가보안법 폐지 논의 국면에서 구실을 톡톡히 해냈다.

2004년 국가보안법 개폐 논의가 급물살을 타게 된 계기는 그 해 4월 15일에 열린 제17대 국회의원 선거였다. 노무현 대통령에 대한 탄핵소추안이 국회에서 가결된 채 진행된 총선에서 열린우리당이 과반수 의석을 차지하고, 민주노동당이 10석을 얻게 된다. 총선 직후 《한겨레》는 의원 당선자들을 상대로 국가보안법 개폐에 대한 설문 조사를 진행했다. 이 설문에는 국회의원 당선자 299명 중 269명이 응답했다. 설문 조사 결과 국가보안법의 일부 개정 58.7퍼센트, 폐지 29.0퍼센트로 국가보안법의 개폐에 찬성하는 국회의원 당선자가 87.7퍼센트로 나타났다.

8월 24일, 국가인권위원회는 "사상과 양심의 자유, 표현의 자유 등 인간의 존엄성을 해할 소지가 크며, 형벌 법규로 의율이 가능하다"는 이유를 들어서 국가보안법의 폐지를 법무부 장관과 국회의장에게 권고했다. 9월 5일에는 노무현 대통령이 "낡은 유물은 폐기하고 칼집에 넣어 박물관으로 보내는 게 좋지 않겠느냐"며 국가보안법의 폐지를 역설했다. 이어 열린우리당은 10월 17일에 열린 의원총회에서 형법 보완을 전제로 한 국가보안법 폐지를 당론으로 결정했다.

이렇게 이전과는 다른 국면이 열리고 있었다. 이전에도 국가보안법이 중심 이슈로 떠올랐던 때가 있었다. 김대중 대통령이 1999년 8·15 경축사에서 "변화하는 남북 관계를 제대로 반영하지 못하고 있는 국가보안법도 개정할 것입니다. 인권침해의 소지가 있는 부분도 고치겠습니다"라고 말했다. 김 대통령의 이런 발언은 소강상태에 있던 국가보안법 폐지 운동을 움직이게 했다.

국가보안법 제7조 삭제 운동

새로운 국면이 열리는 것에 맞춰서 인권운동사랑방은 국가보안법의 전면적인 폐지를 주장하기보다는 제7조의 완전한 삭제가 관건이라는 인식을 갖고 있었다.

우선 국가보안법 제7조 1항은 '국가의 존립·안전이나 자유민주적 기본질서를 위태롭게 한다는 정을 알면서 반국가단체나 그 구성원 또는 그 지령을 받은 자의 활동을 찬양·고무·선전 또는 이에 동조하거나 국가변란을 선전·선동한 자는 7년 이하의 징역에 처한다'고 규정한다. 북한은 반국가단체이고, 정부의 정책이나 방침에 반하는 주장을 펴는 것은 반국가단체의 주장을 찬양·고무하고 동조하는 행위이므로 처벌되어야 한다. 또한 이런 행위를 하는 단체도 이적단체로 처벌되어야 하고(제7조 3항), 이른바 '불온서적'을 소지하고 배포하는 행위도 처벌되어야 한다(제7조 5항)는 것이 제7조의 전반적인 내용이다. 매년 국가보안법 위반으로 300~500명이 구속되던 때였는데 이들 구속자의 95퍼센트가 제7조 위반이었다.

국가보안법 제7조 삭제에 동의하는 115개 단체는 1999년 8월 20일 '국가보안법반대국민연대'를 창립하고 활동에 들어갔다. 고문으로 참여하신 리영희 선생님은 "최고강령만을 주장할 때 운동은 패배를 경험하기 쉽다. 현시점에서 우리의 역량이 부족하다면 가능한 것부터 시작해야 한다"고 제7조 삭제 운동의 의미를 강조하셨다.

하지만 국가보안법은 폐지만이 답이라는 주장을 강력하게 견지하는 단체들은 '국가보안법폐지국민연대'를 결성했다. 폐지연대에 참여한 쪽은 인권운동사랑방이 운동 대오를 분열시키고 있다고 엄청나게 비난했다.

국가보안법 폐지 운동 2

박종철 같은 죽음이 더는 없도록

1999년의 국가보안법 폐지 투쟁은 용두사미 격으로 흐지부지되고 말았다. 그러다가 2003년 송두율 교수의 귀국으로 국가보안법 문제가 주요 이슈로 부각되었고, 2004년에는 정치 상황을 비롯해 국가보안법 폐지 투쟁에 유리한 국면이 만들어졌다. 이에 따라서 활동이 없었던 국가보안법폐지국민연대(이하 폐지연대)를 8월 10일에 재발족했다. 우리도 이 대열에 합류했다. 우리는 국가보안법에서 제7조가 얼마나 중요한 조항인지를 충분히 알렸기 때문에, 7조 삭제 운동을 하던 국가보안법반대국민연대를 굳이 계속할 이유가 없었다.

마침 9월 14일 서울에서 열린 세계국가인권기구대회에 참석한 UN 인권고등판무관(현 UN 인권최고대표) 루이스 아버도 "한국의 국가보안법 폐지 논의는 시의적절하고 국가보안법은 민주적 절차로 이른 시일 내에 폐지했으면 한다"는 입장을 밝혔다. 이보다 앞서 6월 18일 UN 인권이사회는 〈모내기〉 그림으로 신학철 화백을 사법 처리한 것은 "시민적·정치적 권리에 관한 국제조약의 제19조 표현의 자유를 침해한다"는 결정을 내렸다. 국제 인권 기구들은 국가보안법 제7조부터 삭제하고, 궁극적으로는 국가보안법을 폐지해야 한다는 지침을 계속 권고하고 있었다.

이렇게 국가보안법이 정치적 핵심 이슈로 떠오르자 대형 교회를 비롯한 수구 세력들은 이 흐름을 저지하고자 대규모 대중 집회를 열기도 했다. 10월 4일 시청광장에 수만 명이 모여서 국가보안법 사수를 주장했다. 이들의 논리는 한결같았다. 국가보안법이 국가 안보와 체제 수호에 필수적인 법이라는 것이었다. 국가보안법은 통일로 가는 길에 최대 걸림돌이며, 표현의 자유와 사상·양심의 자유를 원천적으로 부정하는 반인권법이라는 민주개혁 세력의 입장과는 정반대였다. 이런 주장들이 정면으로 부딪치는 듯했지만, 국가보안법 사수 세력들은 10월 4일 대회를 정점으로 힘을 모으지 못한 반면 민주개혁 세력은 하반기 내내 국가보안법 폐지 투쟁으로 힘을 모아 갔다.

수호-폐지 세력의 대립

당시 여당이었던 열린우리당은 국가보안법을 폐지하고, "형법에 '내란 목적 단체 조직죄'를 신설, 국헌 문란 등을 목적으로 단체를 구성하거나 가입한 자는 처벌토록 하자는 '형법 보완론'을 주장" 하고 있었다. 야당인 한나라당은 국가보안법 폐지는 절대 불가하다는 입장을 고수했다. 다만 제7조가 너무 광범위하게 남용되니 '찬양·고무 등'을 '선전·선동 등'으로 변경하자는 정도의 주장을 펼쳤다. 그러나 그렇게 변경된다고 해도 한총련이 이적단체로 처벌되는 등의 일은 계속 발생하게 된다. 정치권에서도 이런 입장들이 첨예하게 부딪치고 있었다.

폐지연대는 각계각층의 선언과 기자회견을 조직하고, 대중집회와 시위 등으로 국회를 압박하다가 11월부터는 아예 여의도에 농성장을 차렸다. 나는 다른 일들을 해가면서 폐지연대의 상황실장을 맡아서 여의도 농성에 결합했다. 폐지연대는 "연내 국가보안법 폐지"를 목표로 내걸고, 투쟁의 수위를 높여 갔다. 국가보안법 제정 56주년인 12월 1일에는 '56인의 삭발식'을, 12월 6일에는 300인 단식 농성을 전개했다. 여의도 공원에 대형 천막을 설치해 밤에는 그곳에서 잠을 자고, 낮에는 여의도 국민은행 앞에 단식 대오가 모여서 집회 등을 이어 갔다. 12월 13일에는 560명 단식, 12월 22일부터는 1000명 단식으로 이어 가면서 국회를 압박했다. 국회 안에서도 열린우리당의 개혁파 의원들과 민주노동당 의원들이 단식 농성을 전개했다.

여의도 1000명 단식 농성

이런 싸움이 전개되자 국민 여론도 점차 달라졌다. 애초에 국가보안법 폐지나 개정에 찬성하는 여론은 30퍼센트를 넘지 않았는데, 이 투쟁 이후 12월에는 55퍼센트를 웃도는 찬성 여론조사 결과도 나왔다. 하지만 모든 게 긍정적이지만은 않았다. 열린우리당에는 국가보안법 개정이나 폐지에 반대하는 의원들도 있었다. '안정적 개혁을 위한 의원 모임' 소속 의원들은 국가보안법 폐지 당론에 반대하는 뜻을 분명히 밝히고 있었다. 한나라당은 박근혜 대표의 지휘 아래 90일 동안 법제사법위원회 점거 농성을 하고 문에 못질까지 하면서 국가보안법 폐지·개정안을 상정하는 것을 저지했다. 열린우리당의 3분의 1가량이 한나라당과 같은 태도인 것도 당시 국가보안법 폐지 투쟁 국면을 진전시키는 데 큰 걸림돌로 작용했다.

여야 당대표와 원내대표 간 협상이 진행되었지만, 여당인 열린우리당의 당대표와 원내대표 간의 입장도 통일되지 않았다. 시간은 자꾸만 지나가는데, 진전이 없었다. 법사위 상정을 통한 법안 심의가 불가능한 상황에서 마지막으로 희망을 걸 수 있는 일은 국회의장이 직권상정을 하는 방법밖에 없었다. 하지만 그때의 국회의장은 정치권에서 '지둘러'라는 별명이 있던 김원기였다. 그는 '여야 합의'만 강조했다.

1000명도 넘는 단식 농성 대오는 막판에는 소금과 물마저도 끊었다. 12월 30일, 길게는 단식 60일(당시 한국청년단체협의회 송현석 정책위원장)을 맞은 사람을 포함해 30일 넘게 여의도 겨울 찬바람을 맞으면서 단식을 이어 온 사람들이 직접 국회로 들어가서 항의를 하겠다고 일어났다. 기운 없는 단식자들이 휘청휘청 국회 앞으로 걸어 나오는 모습에 눈물이 났다. 이 과정에서 30명이 다쳐서 병원으로 후송되었고, 30명은 경찰에 체포되었다. 마지막 날인 12월 31일 밤, 단식 농성단은 짐을 쌌다. "이 겨울 우리는 투쟁을 일시적으로 접고 민중들과 시민들 속으로 들어간다"며 2005년 2월 임시국회에 다시 모일 것을 약속했다.

그러나 2004년 연말과 같은 국가보안법 폐지 투쟁 국면은 2005년에 다시 열리지 않았다. 열린우리당 지도부가 '4대 개혁 입법(사립학교법, 과거사기본법, 언론관계법, 국가보안법)'을 처리하지 못한 책임을 지고 사퇴했고, 152석의 여당인 열린우리당의 의석수는 142석으로 줄었다. 개혁 입법 동력 자체가 소진되고 말았다. 2004년 말과 같은 정치적 상황은 지금까지 오지 않았고, 따라서 국가보안법은 여전히 실정법으로 작동하고 있다.

가장 하고 싶은 일, 국가보안법 폐지

폐지연대 상황실장을 맡게 된 후 내가 주로 했던 일은 국회를 상대로 한 협상 팀의 실무 역할이었다. 대표단과 함께 국회의원들을 만나서 논의를 이어 가는 지루한 협상 자리에 거의 있었다. 그리고 매일 의견서를 썼다. 여의도 농성장을 11월부터 지키면서 어떤 날은 8차례나 성명서, 기자회견문을 써내기도 했다. 나도 처음에는 단식하면서 일을 봤지만, 곧 공동대표를 비롯한 상황실 사람들이 "일을 해야 하니까" 단식을 풀라고 해서 단식은 8일만 하고 그쳤다. 단식을 풀고 나니 10일, 20일, 30일 단식을 이어 가는 이들을 보기가 너무 힘들었다. 결국 그 투쟁은 실패했지만, 성과가 없지는 않았다. 이후 국가보안법의 적용이 엄격해져서 특히 제7조 위반으로 처벌되는 사례가 현격히 줄어들었다. 그럼에도 국가보안법은 실정법으로 살아남아서 큰 사건들을 만들어냈다. '왕재산 사건'이나 '이석기 내란 선동사건' 등이 그런 사건들이다.

나는 37년 차 인권운동가이다. 내게 지금도 가장 하고 싶은 일이 뭐냐고 묻는다면, 국가보안법 폐지라고 답할 것이다. 국가보안법은 단지 법률 하나가 아니라 우리나라의 인권 발전을 가로막는 최대 걸림돌이기 때문이다. 1948년 12월 1일 법이 제정된 이후 이 법으로 '간첩'의 누명을 쓰고, '빨갱이' 사냥의 희생양이 되어 얼마나 많은 사람이 감옥에 잡혀가고, 고문을 당하고, 죽어가기까지 했는가. 이 법의 조항마다 수많은 사람의 피가 짙게 배어 있다. 허울만 국가안보였지 실상은 독재자의 권력을 유지하는 데 기여한 법, 공포와 폭력으로 권력을 유지하게 한 법이다. 나는 국가보안법이 없는 세상을 상상한다.

이 글을 쓴 1월 14일은 국가보안법 사건으로 수배 중인 한 선배로 인해 남영동 대공분실에 끌려갔던 박종철이 고문을 당하다 숨진 날이다. 박종철과 같은 죽음이 더는 없도록 만드는 일이 국가보안법 폐지라고 나는 생각한다.

4장

질 줄 알면서도 싸운다

대추리 투쟁 1

전쟁 기지로는 단 한 평도 내줄 수 없다

2000년대에 들어서면서 인권운동은 매우 복잡하게 펼쳐지고 있었다. 전통적인 인권운동은 양심수 석방, 고문 근절, 국가보안법 폐지 투쟁 등 '시민·정치적 권리(자유권)' 중심의 활동이었다. 집시법 개악 반대와 함께 거리 시위에 대한 경찰의 과도한 진압에 대해서도 감시를 해야 했다. 거기에 '이행기의 정의'에 해당하는 과거청산 운동들이 더해졌다. 의문사와 삼청교육대 진상 규명만이 아니라, '한국전쟁 전후 민간인 학살' 진상 규명도 유가족들 중심으로 전개되고 있었다.

그와 함께 IMF 외환위기 이후 급격히 늘어난 비정규직, 그리고 상시적인 구조조정, 본격화된 노동자 파업에 대한 가혹한 손해배상과 가압류, 그를 통한 노동권의 후퇴에도 대응해야 했다. 주거, 교육, 의료 등 '경제·사회·문화적 권리(평등권)'의 실현을 위한 활동들도 요구되었다. 그와 함께 장애인, 성소수자, 이주노동자 등 소수자들의 목소리가 높아지면서 차별 철폐를 위한 투쟁도 새롭게 일어나고 있었다. 양심적 병역거부 운동, 한미행정협정SOFA 개정 운동, 이라크 파병 반대와 같은 평화권 운동도 새롭게 시작되는 운동이었다. 인권운동의 지평이 상당히 넓어졌고, 그만큼 복잡해지고 있었다.

34개 단체 모인 '인권단체 연석회의'

이런 상황에서 인권운동 단체들은 다양한 주제의 대책위원회에 결합하고 있었다. 민중 단체, 시민 단체들과 연대해 가는 일은 거의 상시적이었다. 2002년부터 인권 단체들은 매년 인권 활동가 대회를 열었고, 2003년에는 인권 단체 간 연대 활동도 활발해졌다. 이런 활동의 연속선상에서 2004년 5월에는 전국의 34개 인권 단체가 참여하는 '인권단체 연석회의'가 출범했다. 인권 단체들의 네트워크가 만들어짐에 따라 일상적인 소통과 협의가 이루어졌다. 매일 새로운 제안과 논의가 이어졌고, 연대 활동들이 전개되었다. 이런 일을 책임 있게 하기 위해서는 운영 그룹이 필요했다. 인권운동사랑방의 필자와 천주교인권위원회 김덕진, 다산인권센터의 박진, 평화인권연대의 손상열 활동가가 소통을 책임지게 되었다.

2004년 하반기엔 국가보안법 폐지 투쟁도 달아올랐지만, 노동운동과 연대한 'KT 상품판매팀 인권침해' 대응 활동도 성과를 냈다. 이는 구조조정 대상자들을 한 팀으로 묶어놓고 모욕 주기 방식으로 퇴사를 강요하는 KT의 노무관리 프로그램이었다. 우리는 전국을 돌면서 상품판매팀 노동자들을 모아 집담회를 이어 갔다. 그 결과를 정리해서 언론에 알렸고, 국회도 움직였다. 그러자 KT도 이 팀을 해산할 수밖에 없었다.

2005년 11월에는 서울 여의도에서 대규모 농민 대회가 있었다. 이 시위를 진압하는 과정에서 전용철[1], 홍덕표 농민이 사망했다. 이때 국가인권위원회가 나서서 사건 조사를 했는데, 인권 활동가들은 별도로 진상 규명 팀을 만들었다. 전용철 농민이 생활했던 충남 보령에 내려가 조사도 하고, 검사 출신 김희수 변호사의 도움을 받아서 여의도 현장에서 현장 검증도 했다. 그때 전용철 농민 사망 진상 규명에는 《민중의소리》 김철수 기자가 찍은 사진이 결정적인 증거가 되었다. 인권위도 경찰의 폭행에 의한 사망이라는 조사 결과를 밝혔고, 인권 단체들도 조사 결과 경찰의 과잉 진압이 사망 원인임을 밝혀냈다. 그러자 노무현 대통령은 "공권력은 특수한 권력으로, 정도를 넘어 행사되거나 남용될 경우 국민에게 미치는 피해가 매우 치명적이고 심각하다. 공직사회에 이 점을 명백히 하고자 한다"며 대국민 사과를 했다. 당시 허준영 경찰청장도 사태에 책임을 지고 사퇴했다.

---

1 1965년 3월 15일~2005년 11월 15일. 충남 보령에서 농사를 지으며 농민회 활동을 했으며 43세였던 2005년 11월, 서울 여의도에서 열린 한미 FTA 반대 농민 집회 도중 경찰의 물대포를 비롯한 폭력 진압으로 쓰러져 뇌출혈로 사망했다. 함께 사망한 홍덕표 농민과 더불어 농민 생존권과 공권력 남용 문제를 환기시켰다.

당시 1001, 1002, 1003, 1004 등 경찰 기동대의 진압 방식은 살벌했다. 이들이 진압에 나서면 부상자들이 속출했다. 이들은 곤봉과 발길질만이 아니라 방패를 날카롭게 갈아서 무기로 사용했다. 이른바 '백골단'이 사라진 자리를 저들 기동대가 대체했다. 인권 단체 활동가들은 전용철, 홍덕표 농민 사망 사건 전후로 시위 현장에서 경찰의 불법, 폭력 행위를 감시하는 활동을 시작했다. 그런 활동은 지금도 '인권침해 감시단'을 통해 이어지고 있다. 이처럼 인권 단체들은 인권단체 연석회의의 이름으로 공동 행동을 활발하게 펼쳐 갔다. 2006년에는 이런 활동이 절정에 이른 해였다.

굴착기 위에서, 바퀴 아래에서

인권 활동가들은 2005년부터 경기도 평택시 팽성읍의 대추리와 도두리 상황에 집중하고 있었다. 전국에 흩어져 있던 미군 기지를 평택으로 모은다는 게 한미 당국의 계획이었다. 9·11 테러 이후 미국의 세계 군사전략이 변화하고 있었다. 주한 미군도 붙박이 방어형이 아니라 신속기동군으로, 세계의 어느 나라에서든 분쟁이 일어나면 투입되도록 성격이 바뀌고 있었다. 노무현 정권은 이런 미국의 군사전략 변화(전략적 유연성)에 가장 먼저 호응했다.
　　대추리와 도두리는 두 번이나 마을을 빼앗긴 역사적 아픔을 간직한 농촌 마을이었다. 일제가 공군 비행장을 만든다고 해서 마을을 빼앗았고, 한국전쟁 중에는 미군이 마을을 밀어내고 미군

기지를 세웠다. 강제로 쫓겨난 주민들은 미군 기지 주변에 마을을 형성했다. 그리고 갯벌을 맨손으로 일구어냈다. 대추리와 도두리 지역의 285만 평 들판은 마을을 뺏긴 농민들의 지독한 노력으로 만들어졌다. 그런데 다시 마을을 내놓고 이주하라고 하니 주민들은 싸울 수밖에 없는 처지에 몰렸다. 주민들은 "전쟁 기지로는 한 평도 내줄 수 없다" "오는 미군 막아내고 올해도 농사짓자"며 싸우고 있었다. 시민 단체들은 '평택미군기지확장저지 범국민대책위원회(이하 평택범대위)'를 구성해서 농민들과 연대하고 있었다.

2006년 3월 6일, 대추분교에 대한 행정대집행이 예고된 날이었다. 대추분교는 마을 주민들의 노동력과 십시일반 갹출한 돈으로 만들었다가 폐교된 곳이었다. 주민들은 이곳에 투쟁 본부를

2006년 3월 15일 국방부가 경기도 평택 대추리에서 굴착기를 앞세워 땅을 파내자 주민들과 박래군 저자를 포함한 시민 단체 활동가들이 저지하고 있다. ⓒ《한겨레》

만들어서 싸우고 있었다. 국방부는 대추분교를 접수하여 마을 주민들의 투쟁 거점을 없애려 했다. 법원의 행정대집행 결정을 받아냈고, 이날은 이를 결행하는 날이었다.

경찰들이 새까맣게 마을로 몰려왔다. 주민 대부분과 시민 단체 활동가들은 대추분교 건물 앞에 모여서 농성을 벌였다. 이날 인권 활동가들은 정문을 맡았다. 그곳이 최전선이었다. 30명 정도 되는 활동가들이 정문 앞에 앉아서 팔짱을 끼고, 쇠사슬로 몸을 묶고 버텼다. 하지만 경찰의 억센 손에 의해서 한 명씩 대오에서 뜯겨 나갔다. 이대로 정문이 뚫릴 것처럼 보였다. 그때 박진 활동가가 정문의 틈새에 손을 집어넣고는 버텼다. 거기에 문정현 신부님도 합세했다. 그렇게 해서 오전에 정문을 지켜냈다.

그날 오후에는 경찰이 정문이 아니라 들판 쪽에서부터 학교 울타리를 넘으려고 했다. 그러자 이번에는 마을 주민들이 경찰 앞에 팔짱을 끼고 드러누웠다. 오전에 인권 활동가들이 하던 걸 보고 배운 것이다. 주민들이 한사코 버티자 경찰은 물러났다. 1차 행정대집행은 그렇게 무산시켰다.

3월 15일에는 경찰들이 굴착기를 앞세우고 사방에서 쳐들어왔는데, 이번에는 대추분교가 아니라 들판이었다. 주민들이 285만 평 중에 100만 평의 논을 갈아서 볍씨를 뿌리려던 참이었다. 논을 갈고 그 위에 볍씨를 직접 뿌리는 직파법으로 벼농사를 지으려고 했다. 그걸 막기 위해서 경찰은 논으로 들어가는 길목에 가로로 깊은 도랑을 파고, 트랙터와 같은 농기구가 들어가지 못하게 막으려고 했다.

동창리에서는 굴착기가 작업하는 것을 막다가 도두리 출신 가수 정태춘 씨가 경찰에 연행되었다. 현수막이 그의 목에 걸려서 졸리는 상황이었는데도 경찰은 막무가내로 연행했다. 인권 활동가들은 도두리 방향의 들판을 맡았다. 우리는 굴착기에 올라탔다. 그러자 기사는 키를 빼서 굴착기를 세워 놓고는 달아나 버렸다. 인권 활동가들은 굴착기 위에도 올라갔지만, 바퀴 아래에도 들어가서 버텼다. 오후에 내가 올라탄 굴착기에 경찰들이 몰려왔다. 우리는 알루미늄 파이프 안에 손을 넣어 연결하고 버텼지만, 경찰들의 억센 손에 끌려 나올 수밖에 없었다. 그렇게 연행되었고, 나와 천주교인권위원회의 조백기 활동가가 구속되었다. 20대 때인 1986년에 처음 구속되었는데, 딱 20년 만에 다시 구속되었다.

대추리 투쟁 2

평화로 잇는 길을 내고 싶었다

 인권운동가들은 평택 대추리 싸움에서 '평화적 생존권'의 깃발을 들었다. '사람을 죽이는 전쟁에 반대하고 자신이 살아온 곳에서 평화롭게 살아갈 권리'는 보편적인 권리임을 우리는 주장했다. 평화적 생존권을 주장하는 만큼 투쟁의 방식도 평화적이어야 했다. 우리는 시민불복종 운동 방식을 택해서 공권력에 저항했다. 이렇게 평화적 생존권을 주장하며 비폭력 투쟁을 벌이자, 더 많은 이들이 대추리 투쟁에 공감하며 함께하는 길을 열었다. 이 마을의 평화를 지키는 일은 한반도의 평화를 지키는 일이기도 했다.
 2006년 3월 그런 싸움을 하다가 20년 만에 구속되었다. 나는 수원구치소 평택지소에 수감되었다. 큰 방에 혼자서 지냈다. 아무런 준비도 없이 들어온 감옥은 초봄 날씨여서 춥기만 했다. 그러다가 오래 살지 않고 보름 정도 만에 구속적부심에서 풀려났다. 전국의 시민 단체들이 긴급행동을 구성해서 움직였고, 조영황 국가인권위원장도 성명을 내서 우리의 석방을 요구했다. UN에는 '인권 옹호자가 구속되었다'고 알렸다. 무엇보다도, 절절한 내 아내의 탄원서가 판사에게 큰 영향을 미쳐 석방되었다는 게 당시 사람들의 중론이었다. 아내는 탄원서에서 "'공무집행방해'라는 실정법보다 더 소중한 것은 이 땅의 평화이고 농민들의 생존권"이라고 짚었다. 또 "이 땅을 전쟁 기지로 내어주고, 농민을 내쫓은 일도 부끄러운 역사가 되리라는 것을, 실정법보다 더 소중한 가치를 용기 있게 지켜내려 했던 실천이 옳았음을 재판 과정에서 밝힐 것"이라면서, 남편을 석방해 달라고 당당하게 요구했다.

무너지는 대추분교를 보며 통곡했다

석방된 이후에는 평택범대위의 공동집행위원장 겸 대변인 역할을 맡아서 대추리, 도두리 싸움에 참여하게 되었다. 정부는 4월 7일에도 3차 행정대집행을 단행했다. 이번에는 수로를 파괴하고 거기에 레미콘을 부어서 논에 물을 대지 못하게 하려고 했다. 저녁 때 경찰과 용역들이 철수하고 난 다음에 주민들이 수로의 레미콘을 모두 걷어냈다. 아직은 레미콘이 굳지 않아서 가능했다. 이렇게 세 차례에 걸친 행정대집행이 모두 무산되자 국방부는 다른 방법을 찾았다. 절차를 어겨 가며 대추리, 도두리 지역을 군사시설 보호구역으로 설정해 버렸다. 특히 대추리는 마을까지도 이 구역 안에 포함되었다. 사실상 최후의 통첩 같은 것이었다.

　5월 3일 최대한 많은 사람이 대추리로 모여 달라고 평택범대위는 다급하게 공지했다. 전국의 경찰들이 대추리, 도두리 지역으로 모여들고 있었다. 한밤중에 1만 명의 경찰이 마을을 완전히 포위했다. 군인들은 마을 주위에 포진했다. 지금까지의 행정대집행과는 차원이 다른 작전이 진행될 것이 예상되었다.

　5월 4일 새벽 4시경, 나는 기자들 앞에 섰다. "군이 민간인을 진압하고 있습니다. 우리는 끝까지 평화적인 시위로 막아낼 것입니다" 같은 말을 했다. 어둠도 걷히기 전부터 군인들이 움직였다. 막아서는 활동가들이 군인들에게 포박당하고 있었다. 안성천에는 부교를 띄워서 불도저와 굴착기 등 장비를 싣고 운반했다. 그리고 헬기가 도두리 방향에서 날아왔다. 헬기는 들판 곳곳에 철조망 묶음들을 내렸다. 그러자 군인들이 황새울과 도두리 들판에 거침없이 철조망을 쳐 나갔다. 들에는 볍씨가 움터서 벼가 자라고 있었지만, 아랑곳하지 않았다. 작업 속도가 매우 빨랐다.

　경찰은 대추분교로 향했다. 노동자들이 경찰들을 막으려고 했지만 저들이 곤봉과 방패를 마구잡이로 휘둘러대는데 별수 없이 뚫려서 밀려났다. 예전과는 다른 모습으로 기세가 살벌했다. 대추분교를 지키려던 노동자와 학생들은 마침 대보름 행사 때 썼던 대나무 봉을 들고 경찰을 맞았지만, 대나무는 경찰 방패로 몇 번 두드리면 쩍쩍 갈라져 버렸다. 결국 경찰의 폭력과 위세에 몰린 사람들은 대추분교 교실로 들어갔다. 경찰은 곧바로 내부로 들어가 닥치는 대로 사람들을 패고, 욕설하면서 끌어냈다. 500명 넘는 사람들이 그렇게 끌려 나왔고, 대추분교 곳곳은 핏자국이 낭자했다.

대추분교 옥상에는 문정현 신부님을 비롯한 천주교정의구현 사제단의 신부님들이 계셨다. 그분들도 더는 버티지 못하고 내려오자 득달같이 달려들어서 대추분교를 부수기 시작했다. 마지막 투쟁의 거점이었던 대추분교는 맥없이 무너져 내렸다. 학교 주변에서 그 모습을 지켜보던 주민들이 땅을 치면서 울었다. 어둠이 깔리기도 전에 학교는 모두 부서져서 잔해들이 거대한 무덤처럼 쌓였다. 누군가 그 잔해 더미 위에 '평화'라고 쓰인 깃발을 꽂았다.

대추리 대추분교에서 마을 주민들과 평택범대위 회원들이 국방부와 경찰이 장악해 허물어 버린 학교 건물 잔해 위에 '평화'라고 쓰인 깃발을 세우고 있다. ⓒ《한겨레》 김태형 기자

군경에 고립된 섬, 대추리

다음 날인 5월 5일, 전국에서 사람들이 달려왔다. 그들은 본정리 농협 앞에서 집결한 다음에 도두리 방향으로 넘어와 황새울 벌판으로 들어왔고, 곳곳의 철조망을 끊으며 제거했다. 그러자 군인들이 달려들어서 시위대를 낚아채고는 논바닥에 엎드리게 해 놓고 포박하고, 시위대를 향해 곤봉을 마구 휘둘렀다. 그렇게 싸우면서 시위대는 대추리로 들어와 주민들과 만나서 서로 얼싸 안았다.

저녁 촛불 행사를 마치고 해산하는데 경찰들이 마을로 들이닥쳐서 보이는 족족 사람들을 연행했다. 마을의 골목마다 사람들의 비명이 하늘을 찔렀다. 공포의 밤이었다. 1980년 광주가 이랬을까 싶었다. 그 뒤로 마을로 들어가는 입구에는 경찰과 군인 검문소가 세워졌다. 군사시설 보호구역의 한가운데 있는 대추리는 완전히 고립된 '육지 위의 섬'이 되어 버렸다.

마을 주위에는 철조망이 쳐져 있어서 주민들은 논에 들어갈 수 없었다. 경찰에 얘기해서 겨우 겨울에 심은 보리와 감자는 수확할 수 있었다. 철조망 안의 논에서 자라는 벼를 보며 주민들은 철조망 너머에서 한숨만 쉬었다. 수배 중이던 대추리 이장 김지태 씨는 자진 출두해 구속되었고, 문정현 신부님은 청와대 앞에서 보름 동안 단식 농성을 하면서 항의했다. 몇 번의 범국민대회를 해서 길을 뚫으려고 했지만, 대추리로 가는 길은 모두 막혀 있었다. 인권 활동가들은 마을로 들어가서 빈집을 수리해서 마을 도서관(솔부엉이 도서관)도 만들고, '들소리 방송국'도 만들어서 영상에 마을 소식을 담아 세상에 알렸다. 매일 저녁에 하는 촛불 행사도 계속되었지만, 마을은 지쳐 가고 있었다.

285리 평화 행진

그래서 7월 5일, 4박 5일의 일정으로 '평화야 걷자!' 행진을 시작했다. 첫날은 과천까지 걷고, 둘째 날은 수원역까지, 셋째 날은 오산까지, 넷째 날은 평택역까지 걸어가서 촛불 문화제를 한 다음에 대추리로 들어가 다음 날 주민들과 대추리 평화공원에서 마무리 집회를 하는 일정을 짰다. 나는 천주교인권위원회 변연식 위원장과 공동 단장을 맡아서 행진단의 맨 앞에 섰다. 평화 행진은 말 그대로 평화롭게 진행되었다. 사람들이 소식을 듣고 달려왔다. 평화를 염원하는 사람들의 흥겨운 행진이 이어졌다.

7월 8일, 예정대로 평택역에서 대추리 주민들과 함께 집회를 마치고, 행진단은 밤에 대추리로 향했다. 그런데 평택 시내를 벗어나 군문교를 지나자 K-6 험프리스 미군 기지 주변 안정리 주민들이 우리를 공격하기 시작했다. 어둠 속에서 돌이 날아오고, 각목을 휘둘렀다. 경찰은 이런 상황에서 상인들을 적극적으로 막지도 않은 채 수수방관했다.

우리는 평택역으로 후퇴했다가 평택경찰서에 항의 방문을 가기로 했다. 단장인 나는 기진맥진해 있었다. 대오의 뒤에서 겨우겨우 쫓아가고 있었는데, 경찰서 앞에 와서 깜짝 놀랐다. 행진에 참여했던 시민들이 경찰서 문을 밀고 안으로 들어가서 농성을 하는 것이었다. 새벽 2시에 경찰서 내부로 들어가 농성을 하다니, 자칫 공권력과 정면충돌할 수도 있는 위태로운 상황이었다. 사람들에게 소리를 쳐서 급히 밖으로 나오게 했다. 이후 경찰서 밖 인도에서 평택경찰서를 규탄하는 집회를 서둘러 마친 다음에, 행진단이 평택역으로 출발하도록 했다. 그런데 갑자기 경찰들이 몰려와 우리를 마구잡이로 폭행하고 연행해 갔다. 경찰은 "박래군이다. 박래군 잡아!" 하면서 쫓아왔다. 나는 경찰의 다리에 걸려서 인도에 나뒹굴었다. 경찰 버스에 끌려서 올라갔는데, 버스 밖에서는 경찰들이 닥치는 대로 폭행을 일삼고 있었다. 그날 45명이 연행되었다.

대추리 투쟁 3

대추리에서 떠나던 날

평화 행진으로 연행된 사람 중에 나만 구속되어 수원구치소로 넘겨졌다. 수원구치소는 아파트형 감옥이었다. 운동도 실내에서 하는 식이었다. 구속적부심을 받고 온 날, 그날 밤에 혹시 석방 통지가 오지 않을까 기다렸다. 다음 날도 기다렸다. 점심때까지 석방 통지가 오질 않아서 이젠 장기 구속을 준비하려고 마음먹고 이것저것 구매할 물품 목록을 작성했다. 점심 먹은 식기를 설거지하는데, 교도관이 와서 '나가라'고 했다. 석방이었다. 약 20일 정도를 살고 나왔다.

내가 두 번이나 구속되었다가 석방되니까 사람들이 좋아서 난리다. 그리고 부러워하기도 했다. "형님, 무슨 '빽'이 있는 거 아닙니까?" 이런 소리를 많이 들었다. 나도 두 번째는 어려울 거라 생각했는데 막상 석방되고 나니까 UN의 '인권 옹호자'로 등록되었고, 노무현 정부이다 보니 그랬을 거라는 짐작만 한다.

우리 활동가들은 '대추리-도두리 병'이란 걸 앓고 있었다. 대추리, 도두리에서 무언가 연락이 오면 달려가야 했다. 그 연락은 대체로 안 좋은 소식들이었다. 경찰과 군인들의 불심검문은 심해졌다. 그래도 들어갔다. 안 될 때는 대추리 신종원 이장이나 김택균 사무국장에게 전화해서 데리러 오라고 했다. 그렇게 들어가서 활동을 했다. 문화예술인들도 마을을 가꾸는 일에 열심이었다. 사진관도 들어서고, 역사관도 들어서고, 빈집 담벼락마다 그림들을 그렸다. 잠자고 나면 빈집들이 생기는 마을이라서 되도록 아름답게 꾸미고 싶은 예술가들의 노력이 이어졌다. 매일 저녁 평화공원에서의 촛불집회도 그들의 몫이었다.

2006년 9월 13일, 국방부는 경찰과 용역을 끌고 마을로 들어왔다. 빈집 철거가 명분이었다. 이 소식을 들은 시민사회 단체 활동가들은 친척 방문을 빙자해, 부부 행세를 하면서 마을로 한두 명씩 들어왔다. 논둑을 기어서 들어오는 활동가들도 있었다. 1킬로미터, 2킬로미터를 벼가 다 자란 논의 논둑을 기어서 들어오다니…. 마을을 지키기 위한 노력은 이처럼 눈물 나는 행동을 낳았다. 빈집 철거를 예고한 9월 13일, 활동가들과 문정현 신부님을 비롯한 신부님들은 빈집 지붕 위로 올라갔다. 거기서 버티면서 빈집 철거를 막으려는 것이었다. 인권 활동가 5명은 인권 단체들의 집인 '전망 좋은 집'에 세운 '평화 전망대'의 네 기둥에 자신의 몸을 밧줄로 묶고 저항하다 경찰에 연행되기도 했다. 이날 하루 종일 이어진 저항으로 국방부는 마을 외곽의 집 몇 채만 철거한 뒤 철수했다.

엎드려 울고, 끌어안아 울고

집회도 이어지고 불복종운동도 이어졌지만 상황은 시간이 갈수록 기울어져 갔다. 주민들은 지쳐 갔다. 특히나 경제활동을 하지 못하니 더욱 그랬다. 시민사회 단체들도 지쳐 갔다. 시민사회는 한미 FTA 투쟁으로 중심을 옮겨 갔다. 상황은 빠르게 정부와 협상을 통해서 집단 이주하는 방향으로 정리되고 있었다. 김지태 이장이 석방되고, 정부와 주민들은 협상 절차에 착수했다. 2007년 2월 13일, 합의문이 발표되었다. 대추리 마을 공동체를 이주한 다음에도 유지하기로 했다. 저소득층 생계 대책으로 2014년까지 공공근로를 할 수 있게 보장하기로 했다. 정부 당국자들은 환하게 웃었지만, 마을은 침통했다.

이제 떠날 일만 남았다. 2007년 3월 24일, 935일째 촛불 행사가 열렸다. 그날은 마을 출입이 허용되어 400명이 농협 창고에 모여들었다. 마지막 순간, 사회를 맡은 김택균 팽성대책위 사무국장은 "우리는 꼭 이 땅을 찾을 것이고 내가 아니더라도 우리 자식들이 여기 와서 살 수 있는 날이 오길 기대한다"면서 힘찬 함성으로 마치자고 했다. "와!" 하고 함성을 질렀지만, 행사가 끝나고도 아무도 일어나지 못했다. 문정현 신부님은 엎드려서 울음을 터뜨렸.

3월 말까지 대부분 이사를 갔다. 마을을 완전히 떠나던 날, 대추리, 도두리의 황새울들을 지키던 문무인상 앞에서 고사를 지내고 그 상을 불태웠다. 그러고는 대추분교 운동장 한가운데에 구덩이를 파고 항아리를 묻었다. 항아리가 타임캡슐이었다. 주민들은 향나무 판에 "황새울아, 우리 다시 돌아온다. 꼭 온다"고 적었다. 방승률 노인회장은 마이크를 잡고 울기만 했다. 문정현 신부님은 "노무현은 나라를 팔아먹은 부끄러운 대통령으로 기억될 것"이라고 악을 쓰면서 말했다. 구덩이 안에서 향나무 판을 받아놓던 신종원 대추리 이장도 울었다. 그를 끌어안고 나도 울었다.

꼭 돌아올 것을 기약하며

문정현 신부님이 군산으로 내려가기 전날 밤에 밤새워 술 마시며 미친 듯이 노래를 불렀다. 너무 허전했다. 대추리를 마지막으로 떠난 이들은 지킴이들이었다. 그들은 4월 9일, 리어카에 짐을 싣고 서울로 향했다. 나는 무척 아팠다. 고관절이 뒤틀려서 걷지를 못했다. 한 걸음도 떼지 못할 정도로 아팠다. 후배가 소개해 준 한의원에 가서야 나았다. 이후 대추리 주민들은 44가구가 집단 이주해서 함께 마을을 이루어 살아가고 있다.

국방부는 2008년까지 미군 기지 확장 공사를 마무리 짓고 미군에 기지를 넘겨주어야 한다며 주민들을 다급하게 쫓아냈지만, 실제로 기지가 완성되어 미군에 넘겨준 것은 2016년이었다. 2017년 7월 10일, 미군은 신청사 개관식을 열었고 그 뒤로 미8군을 비롯한 전국의 미군들이 이곳으로 옮겨왔다. 세계에서 가장 큰 미군

기지는 대추리, 도두리 주민들의 논과 마을을 빼앗고 그곳에 들어섰다. 이후 제주 강정 해군기지, 경북 성주의 사드 기지까지 갖추어지면서 중국을 상대하기 위한 미군의 군사 전략 거점이 완성되었다. 미국과 중국 간에 전쟁이 난다면 중국에서 제일 먼저 타격할 미군 기지는 당연히 평택 미군 기지이고, 제주 강정 해군 기지, 성주 사드 기지가 다음 목표물이 될 것이다.

시민사회의, 인권운동가들의, 그리고 나의 평화적 생존권 투쟁은 패배했다. 처음부터 승산이 없는 싸움일 수 있었다. 하지만 나는 이 싸움에서만은 꼭 이기고 싶었다. 갯벌을 맨손으로 간척해서 만든 마을이고 들이지 않은가. 질 줄 알면서도 하는 싸움, 나는 늘 지는 싸움만 하는 것 같다.

예상 못했던 광우병 촛불집회

2008년 노무현 정부가 물러나고 이명박 정부가 들어섰다. 이명박 정부의 임기가 시작된 것은 2월 25일부터였는데 5월에 이른바 '광우병 촛불'이 타올랐다. 서울시청 앞 서울광장은 시민들로 가득 찼다. 분명코 시민 단체가 먼저 주도한 촛불이 아니었다. 평소 집회나 시위에 참여하지 않을 것 같은 시민들이 주도하는 촛불이었다. 유모차를 끌고 나오는 여성들부터 중학생들까지 참여했다. 이전의 반정부 시위 대오에서는 찾아볼 수 없는 모습이었다. 이들은 끈질겼다. 집회와 행진이 끝나도 집으로 돌아갈 생각을 하지 않았다.

광우병은 공포였는데, 정부가 미국의 요구대로 광우병 의심 미국산 소를 수입하기로 한 것에 대한 저항이었다. 예상하지도 못한 촛불이 타올랐을 때, 인권 단체들은 '촛불인권침해감시단'을 조직했다. 〈인권을 지키는 시위대를 위한 안내서〉를 만들어 배포하고, 경찰들의 불법 인권침해를 감시했다. 100일 넘게 진행된 촛불집회에서 가장 기억에 남는 날은 6월 10일이었다.

이날 경찰은 청와대로 시위대가 가지 못하도록 '명박산성'을 광화문 네거리에 쌓았다. 컨테이너를 2층으로 쌓아서 사람들이 통행할 수 없게 만들었다. 시민들은 청와대로 가고 싶어 했으나, 이걸 뚫을 수는 없었다. 인권 활동가들은 스티로폼 뭉치를 쌓아서 명박산성에 올라가는 데 성공했다. 그러자 그곳에 올라간 깃발들이 힘차게 나부꼈다. 그렇지만, 그곳을 넘어서 청와대로 갈 수는 없었다.

2008년은 세계인권선언이 UN에서 채택된 지 60년이 되는 해였다. 인권 단체들은 '2008 인권선언 추진위원회'를 만들어서 각계각층의 인권선언부터 조직했다. 장애인, 성소수자, 비정규직 노동자, 청소년, 환자, 이주노동자와 이주민, HIV 감염인 등이 인권선언을 발표했고, 거기에 주거권 선언, 빈곤에 맞선 인권선언, 표현의 자유 선언 등이 진행되었다. 이런 여러 선언을 종합해서 2008년 12월 10일, 촛불집회가 타올랐던 청계광장에서 전문과 29개 조로 구성된 '얼어붙은 세상을 녹이자! 2008 인권선언'을 선포했다. 이 인권선언의 마지막 조문은 다음과 같다.

"인권을 유린하는 압제적 정치와 사회구조에 맞서 저항하는 것은 고귀하고 정당한 권리이다."

용산 참사 1

불타는 망루 안에 사람이 있었다

2009년 1월 20일, 대한大寒이었다. 며칠 전부터 한파가 몰아치고 있었다. 하루 전날인 1월19일, 서울 용산역 건너편 한강대로 변 남일당 건물 옥상에 전국철거민연합(이하 전철연) 철거민들이 망루를 짓고 농성에 들어갔다는 소식을 들었다. 그들이 망루를 세우고 농성에 들어간 지 하루 만에 경찰이 강제 진압에 나섰다. 경찰특공대는 새벽 3시 반쯤부터 움직이기 시작했다.

오전 7시 전에 경찰특공대가 망루에 진입했다. 옆 건물에서 물대포가 파란색 양철로 만든 4층짜리 망루를 향해서 물줄기를 쏘아대고 있었다. 그리고 크레인에 매달아 올린 컨테이너로 망루를 치고 있었다. 컨테이너가 망루를 칠 때마다 망루가 쓰러질 듯 휘청했고, 그런 위태한 상황에서도 컨테이너 안에 탑승한 특공대원들은 망루 안으로 최루액 호스를 집어넣고, 쇠갈퀴 같은 것으로도 망루를 공격했다. 너무 위험천만한 행동이었다.

오전 7시 6분께 1차 화재가 발생했다. 망루 안으로 들어와서 마지막 층으로 올라오던 특공대원들이 갑자기 망루 밖으로 빠져나간 이유였다. 다행히 화재는 쉽게 꺼졌다. 이미 망루 안은 휘발유나 신나 등이 엎어지면서 유증기가 가득 들어차, 언제고 불꽃 하나만으로도 폭발할 가능성이 있는 상태였다. 진압 경찰들이 잠시 쉬고 있을 때 무전기에서는 "진압"을 독촉하고 있었다.

현장은 처참했다

오전 7시 20분께, 망루 틈새로 한줄기 불빛이 위에서 아래로 내리꽂히더니 갑자기 불길이 확 올라왔고, 불길은 망루 전체를 덮쳤다. 진압을 위해 망루에 들어갔던 경찰들이 갑자기 후퇴했다. 망루 안에서 농성자들이 신나 등이 든 것으로 보이는 통을 밖으로 내던졌고, 사람들이 망루 창으로 뛰어내렸다. 불길이 거세게 타오를 때 현장을 생중계하던 인터넷 방송 리포터가 다급하게 외쳤다.

"망루 안에 사람이 있어요. 저기 사람이 있어요."

불길에 휩싸인 망루는 쓰러졌고, 망루에서 탈출한 두 명이 건물 위에서 울부짖고 있었다. 망루에서 빠져나온 철거민 지석준 씨는 불길을 피해 건물 4층 난간에 매달려 있다가 팔에 힘이 빠져 그대로 추락했다. 바닥은 매트리스 하나도 깔려 있지 않은 맨바닥이었고, 크게 다쳤다.

나는 다급한 일들을 처리한 다음, 저녁에 참사 현장에 도착했다. 현장의 모습은 처참했다. 불탄 망루가 쓰러져 건물 위에 걸쳐져 있었다. 저 망루 안에서 사람이 6명(철거민 5명, 경찰 1명)이나 죽었다는 게 믿기지 않았다. 한 피켓은 이렇게 적고 있었다. "만약 진압이 아니라 구조였다면 살릴 수 있었다." 저녁 시간, 처참한 폐허의 현장에서 1000명가량의 사람이 모여서 분노의 말들을 쏟아냈다. 시민들은 명동까지 행진해 가면서 이명박 정권의 '살인 진압'을 규탄했다.

그때 한 언론사 기자에게서 제보가 왔다. 한남동 순천향병원 장례식장에 주검들이 있는데, 곧 다른 병원 장례식장으로 분산시키려 한다는 내용이었다. 수원에서도 연락이 왔다. 경찰이 아주대병원 장례식장을 예약해 놨다는 내용이었다. 나는 이 사실을 사람들에게 알리고 순천향병원 장례식장으로 달려갔다.

제보 내용은 사실이었다. 부검을 마친 철거민들 5명의 주검이 그곳 영안실에 있었다. 시민들이 달려와서 영안실을 막았다. 밤중까지도 주검의 신원 확인이 안 되면서 정확하게 사망자가 누구인지 알 수 없었다. 검찰의 허락이 떨어진 게 자정 무렵이었다. 실종자 가족들과 의사 우석균 등 몇 사람이 영안실에 들어가 주검을 확인했다.

영안실에 들어갔던 가족들이 울부짖었다. 실종자 가족에서 유가족으로 바뀌는 순간이었다. 철거민들의 아내와 아들, 딸들이 울부짖었다. 사망 철거민들은 이상림(1938~2009), 양회성(1952~2009), 이성수(1959~2009), 한대성(1956~2009), 윤용헌

2009년 1월 20일 오전 철거민 세입자와 전국철거민연합 회원들이 농성하던 서울 용산구 한강로 남일당 건물 옥상 위. 경찰특공대는 크레인에 매달린 컨테이너를 탄 채 진입을 시도했다. 불이 난 망루가 쓰러지자 철거민들은 열기를 피해 옥상 난간에 매달렸다.
ⓒ《한겨레》 김명진 기자

(1961~2009) 씨였다. 70살 이상림 씨와 양회성 씨는 용산의 세입자였다. 동네에서는 사장님으로 불리던 분들이었고, 이들은 은행 대출을 받아서 가게를 운영하고 있었는데 어느 날 갑자기 철거민이 되어 버렸다. 비슷한 처지의 전철연 회원들이었던 이성수, 한대성, 윤용헌 씨는 용산 4구역 투쟁에 연대하러 온 다른 지역 철거민들이었다.

도심 테러범이 된 철거민들

다음날 오전에 용산역 인근 철도회관에서 시민 단체들이 모여 대

모든 눈물에는 온기가 있다

책 회의를 했다. 회의 사회를 보게 된 나는 마이크를 잡는 순간 구속이 될 수도 있다는 직감이 들었다. 그날 '이명박정권 용산철거민살인진압 범국민대책위원회(용산범대위)'를 구성했고, 나는 대책위의 공동집행위원장을 진보네트워크 대표였던 이종회 선배와 함께 맡았다. 상황실장은 노동전선의 김태연이 맡았다.

검찰은 사건 당일부터 정병두 서울지검 차장을 본부장으로 하는 대규모 수사본부를 설치했다. 검사만 20명이 넘었고, 수사관들까지 100명이 넘는 규모였다. 수사본부는 유가족들에게 알리지 않고 강제 부검을 진행했다. 그들은 화재의 원인을 철거민들의 화염병으로 규정했고, 철거민들과 용역업체 직원 몇 명만 구속했다. 철거민 5명과 경찰특공대원 1명이 사망한 사건에서 경찰은 모두 무죄였다. 당시 김석기 서울지방경찰청장(경찰청장 내정자)이 특공대를 투입하는 무리한 진압을 지시했음에도 책임을 묻지 않았다. 다급하게 진압을 지시한 것으로 보이는 청와대에 대해서는 수사조차 하지 않았다. 당시 집권 여당인 한나라당 소속 신지호 의원 등은 철거민들을 도심 테러범으로 몰아갔다.

아무리 전철연이 폭력 투쟁을 했더라도, 안전 대책을 마련한 뒤에 경찰이 진압에 나섰더라면 피할 수 있는 일이었다. 용산범대위는 "여기 사람이 있다"란 구호를 내걸고 싸웠다. 용산 참사가 광우병 촛불시위처럼 대규모 항의 시위로 번질 것을 우려한 이명박 정권은 추모 대회마저 가로막았다. 용산범대위는 2009년 2월 말까지 주말마다 도심에서 경찰과 싸우면서 추모 대회를 강행했다. 그런 일로 나와 이종회 공동집행위원장에게는 수배령이 떨어졌다. 전철연 남경남 의장까지 우리 셋은 순천향병원 장례식장에 갇혔다. 경찰들은 1계급 특진이 붙은 우리 셋의 얼굴이 담긴 전단을 들고 24시간 장례식장을 감시했다.

3월 초, 나는 문정현 신부님께 전화를 걸었다.

"신부님, 도와주세요."

전화를 받고 올라오신 신부님은 용산 남일당을 거쳐서 순천향병원 장례식장에 오셨다. 오셔서는 유가족들을 붙잡고 서럽게 우셨다. 문정현 신부님이 오시니 천주교정의구현전국사제단의 신부들과 수녀들이 같이 왔다. 그리고 사건 현장인 남일당에서 매일 저녁 미사와 문화 행사가 진행되었다. 남일당이 투쟁의 거점이 되어 갔다.

남일당이 포함된 용산 4구역에서는 3월부터 철거를 진행하려는 철거업체와 그를 비호하는 경찰들, 이를 막으려는 용산범대위 간 싸움이 매일 벌어졌다. 그들은 천주교 신부라고 봐주지 않았다. 매일 폭력이 행사되는 상황이 벌어졌다. 장례도 치르지 못했고 시간은 초조하게 흘러갔다. 우리는 고립되고 있었다.

4층 장례식장 창문 옆 가스관을 타고

참사 6개월이 지난 2009년 7월 20일, 용산범대위는 철거민들의 관을 만들어 서울시청으로 나가려고 했다. 시민들에게 용산 참사의 진실을 알리는 시위를 기획한 것이었다. 하지만, 경찰의 철통같은 봉쇄로 병원 밖으로 한 걸음도 나가지 못했다. 장례식장에는 하루 종일 유가족들의 통곡과 시위대의 분노에 찬 구호가 울렸다.

이튿날 새벽 4시께, 세 명의 수배자는 탈출을 시도했다. 장례식장 옆 미군들의 관사가 있는 공터를 통해 탈출할 계획이었다. 완강기 밧줄을 몸에 걸친 내가 먼저 장례식장 4층, 우리가 머물던 방의 창 옆으로 난 도시가스관을 타고 내려갔다. 장례식장과 옆 공터 담 사이에 설치된 비가림막을 딛고, 공터 쪽 담 위의 철조망을 잘라낸 다음에 넘어가면 된다고 생각했다. 비가림막을 디뎠을 때, 갑자기 뿌지직하면서 가림막이 내려앉았다. 그 소리가 천둥소리처럼 크게 들렸다. 그러자 경찰 두 명이 뛰어왔다. 장례식장 담 옆, 어둠 속에 붙어 있는 나를 발견했다. 그들도 당황했을까?

"아저씨, 저 위에서 내려오는 거요, 아래에서 위로 올라가려는 거요?"

그들이 물었다. 반대편에서는 전경들이 뛰어왔다. 여기서 잡히면 안 된다는 생각에 공터 쪽 담을 박차고 올라왔다. 젖 먹던 힘까지 쓰고서야 나를 잡으려는 경찰의 손에서 벗어날 수 있었다.

용산 참사 2

통곡하고, 투쟁하고, 기도했다

용산 참사는 서울 한복판에서, 온라인으로 현장이 생중계되는 상황에서 벌어진 국가 권력에 의한 학살이었다. 철거 용역들이 불법적으로 폭력을 저지르고 다닐 때는 묵인했던 공권력, 아니 어떤 경우에도 철거 용역의 편이었고 결과적으로는 토건 자본의 편만 일방적으로 들었던 공권력이었다. 철거 용역의 폭력에 시달리다가 망루를 짓고 올라가는 선택을 할 수밖에 없었던 게 철거민들의 투쟁 방식이었다.

 재판도 철거민들에게 불리하게만 진행되었다. 재판부는 국민 참여 재판 요청을 불허했다. 검찰이 수사 기록 1만 쪽 가운데 3000쪽가량을 열람조차 못 하게 했지만, 재판은 그대로 진행되었다. 나중에 공개된 3000쪽의 수사 기록에는 사건 초기 경찰에 연행된 관련자들의 진술이 담겨 있었다. 특히 현장의 경찰들은 최초 진술에서 '철거민들이 화염병을 던지는 것을 못 봤다'고 했다. 검찰은 오로지 모든 죄를 철거민들에게 뒤집어씌우려고, 이런 진술이 공개되면 불리하다고 생각했을 것이다. 공정하지 못한 재판 과정에 항의해 권영국 변호사 팀이 사임했다.

이런 상황에서 국선 변호사들에게 사건을 맡길 수는 없어서 천주교인권위원회의 김형태 변호사에게 사건을 부탁했다. 어려운 일을 맡아 달라고 했지만, 김형태 변호사는 변론 팀을 꾸려서 사건을 맡아주었다. 감사한 일이 아닐 수 없었다.

정치권에서는 당시 민주당을 비롯한 야 4당으로 공동대책위원회를 구성했다. 하지만 철거민들을 '도심 테러범'으로 몰아가는 정부와 여당, 그리고 보수 언론의 공세를 이겨내진 못했다. 뉴타운 바람이 몰고 온 재개발 방식에 대한 문제 제기도 성과가 없었다. 용산범대위는 '강제 퇴거 금지법'을 제정하자고 정치권에 요구했다. 그 법안은 발의는 되었지만 해당 상임위에서 심의조차 되지 못했다.

"박래군 씨가 여장할 거라고 누가 생각하겠어요?"

용산범대위는 참사가 일어난 남일당 현장을 지키면서 대정부, 대정치권 싸움을 이어 가야 했다. 그 과정에서 순천향병원 장례식장에 갇힌 우리 수배자 세 명은 용산범대위의 짐이 되어가고 있었다. 이런 상황을 극복하려면 탈출만이 답이었다. 완강기 밧줄을 걸치고 도시가스관을 타고 내려갔던 첫 번째 탈출극은 실패로 끝났다. 이제는 특수 분장으로 벗어나고자 했다. 용산범대위 공동집행위원장을 함께 맡았던 진보네트워크 대표 이종회 선배가 아는 인맥을 동원했다. 영화 하는 사람들, 방송일 하는 사람들이 다녀갔다. 몇 팀이 다녀갔지만, 장례식장을 경찰이 철통 감시하는 것을 보고는 자신 없어 했다. 그러다가 영화 특수 분장 전문 팀이 왔다. 그들이 해보겠다고 했다. 우리 수배자들 사진을 찍어갔다. 그걸로 연구를 한 모양이다.

9월 초의 어느 날, 먼저 남경남 전철연 의장은 완전 백발노인으로 변했다. 남 의장 옆을 따라갔던 전철연 사람들도 그 사람이 남경남이라는 것을 모를 정도였다. 다음은 이종회 선배였다. 대머리의 중년 남자가 되어 선배도 밖으로 빠져나갔다.

앞의 두 사람이 분장할 때는 한 사람당 2시간 이상 걸려서 완전히 딴 사람을 만들어냈다. 분장 팀이 내게는 여자로 변장하자고 했다.

"누가 박래군 씨가 여장할 거라고 생각하겠어요?"

그러니까 사람들의 선입견을 이용하자는 것이었다. 가발을 뒤집어쓰고, 브래지어를 착용한 뒤 수건을 넣어 가슴을 만들었다. 그리고 여자 상복을 입었다.

"절대 고개 들지 말고, 남편 잃은 여자처럼 고개를 숙여요."

엘리베이터를 타고 1층으로 내려가 후문 쪽에 대기하고 있는 승용차를 타고 나가면 된다고 했다. 전철연 두 여성과 함께 엘리베이터를 탔다. 1층으로 내려가 후문을 열었더니 마침 승용차가 있었다. 차 문을 잡아당겼는데, 안 열렸다. 알고 보니 약속했던 전철연 회원이 겁이 나서 차를 대지 않았던 것이었다. 2인 1조 경찰들이 10미터 간격으로 양쪽 길가에 서 있었다. 거기서부터 병원 정문까지는 150미터였다. 가슴이 조였다. 옆에 나를 부축하는 전철연 여성들이 더 떨었다. 조언대로, 남편을 잃고 슬픔에 젖어서 우는 여자처럼 행세했다.

"그만 울어. 어떻게 해. 산 사람은 살아야지."

등에서는 진땀이 흘렀다. 차가 다니는 길까지 어찌어찌 나왔다. 택시를 잡으려는데, 상황을 지켜보던 신유아 활동가가 우리 앞에 차를 댔다.

우리는 서울 명동의 천주교인권위로 들어갔다. 6개월 만에 순천향병원 장례식장을 벗어났다. 거기서 하룻밤 자고 우리는 명동성당에 들어갔다. 본당 신부님이신 박신언 라파엘 몬시뇰께서 영안실을 내주었다. 옛 계성여고 후문 담 옆에 지하 영안실이 있었다.

'용산 참사 국민 법정' 열었지만

경찰은 우리가 탈출한 것을 다음 날까지 전혀 몰랐다. 순천향병원 장례식장을 정리하고, 남일당 현장으로 유가족들도 갔다. 이후 용산범대위는 용산 참사의 진상 규명과 책임자 처벌을 위한 투쟁을 이어 갔다. 그중 하나는 10월 18일에 명동 가톨릭회관에서 연 '용산 철거민 사망 사건 국민 법정'이었다. 전국을 돌면서 기소인들을 모았고, 배심원들도 모아서 하루 종일 재판을 열었다. 말하자면, 모의 법정이었다.

　재판부는 이명박 대통령, 김석기 전 서울지방경찰청장 등 관련자 20명에게 "피고인들은 용산 참사에서 자행한 강제 진압의 실체를 한 점 의혹 없이 밝히고 유가족과 국민에게 진심으로 사죄하라"고 판결했다. 또 "망루 농성에 참여한 철거민들은 도심 테러범이 아니라 기본 권리를 실현하기 위해 투쟁한 것인바, 그들의 명예를 모두 회복시키고 국가의 손해배상 책임을 인정하라"고도 판결했다. 특별검사에 의한 재수사와 용산 4구역 세입자에 대한 재정착 지원, 피해배상, 재개발 관련 법 개정 등도 권고했다. 우리가 간절히 듣고 싶었던 판결이었다.

　그렇지만 현실의 법정은 냉혹했다. 10월 28일 1심 재판부는 아버지를 망루에서 잃은 용산 4구역 철거민대책위원장 이충연 씨에게 7년의 징역형을 선고한 것을 비롯해 7명에게 5~6년의 징역형을 선고했다. 구속되어 있던 2명에게는 집행유예를 선고했다. 철거민들의 주장은 일축하고, 검사의 공소장을 그대로 옮긴 것 같은 판결문이었다. 법정에서 선고를 들은 유가족들은 땅바닥에 주저앉아 통곡했다.

종교인도 예술인도 모두 한마음으로

　용산범대위는 남일당 현장에서 끈질기게 투쟁을 이어 갔다. 현장에서는 매일 저녁 천주교 미사가 열렸고, 문화제가 열렸다. 그럴 때마다 경찰은 우리의 집회가 불법이라면서 폭력을 휘둘렀다. 부상자가 매일 속출했다. 하지만 우리는 현장을 문화적인 공간으로 계속 바꾸어 갔다. 문인들은 시를 짓고 낭독회를 했고, 화가들은 '파견 미술 팀'을 만들어서 철거 현장을 꾸며 나갔다. 종교계에서는 천주교가 가장 적극적이었다. 매일 천주교 정의구현사제단 신부님들과 수녀님들이 현장을 지켰다. 남일당을 본당이라고 하면서 본당 신부로 천주교 서울대교구 빈민사목위원회의 이강서 신부를 세웠다. 불교계에서는 명진 스님이 천일기도를 마치고 거액의 후원금을 갖고 방문하기도 했다. 기독교, 원불교까지 종교계는 용산 참사의 진실을 규명하고 해법을 찾기 위한 노력을 아끼지 않았다.

결국 용산범대위는 참사를 외면하는 정부를 향해 단식 투쟁을 결의했다. 광화문 정부종합청사 앞에서 대표단이 단식을 하다가 끌려갔지만, 남일당 현장에서 단식을 이어 갔다. 우리 수배자들도 명동성당 영안실에서 단식 투쟁에 합류했다. 단식 열하루째 날 새벽, 문규현 신부님이 쓰러져 병원에 갔다는 소식이 들렸다. 문 신부님은 단식을 하면서도 일정을 모두 소화하느라 무리를 했다. 이틀이 지나도록 신부님의 의식이 돌아오지 않아서 노심초사했다. 돌아가실 것만 같아서 초조했다. 나는 천주교 신자도 아니었지만, 정말 진심으로 기도했다. 다행히 사흘 만에 신부님이 깨어나셨다. 나는 '신부님이 부활하셨다'고 기뻐했다.

용산 참사 3

언 땅에 묻은 용산 철거민들

2009년에 일어난 용산 참사는 국제적으로도 관심을 끌어낸 사안이었다. 국가인권위원회가 만들어지고, 인권 분야에서 진보가 이루어지던 나라로 인식되고 있었는데 이명박 정권이 들어서고 나서 급격한 인권 후퇴가 일어났다. 이를 국제사회가 우려하던 가운데 일어난 사건이 용산 참사였다. 6월에는 유엔 주거권 특별보고관이 방문했고, 10월에는 국제앰네스티의 아이린 칸 사무총장이 찾아왔다. 이들은 남일당 현장을 찾았고, 유가족들을 만나고 우리 수배자들의 이야기를 경청했다. 11월 24일, 유엔 사회권위원회는 한국 정부에 "강제 퇴거는 오로지 최후의 수단으로 이용될 것" 그리고 "사전 통지하지 않거나 임시 주거를 제공하지 않은 채 시행되어서는 안 된다는 것"을 권고했다.

355일 만에 치른 장례식

그해 추석에 정운찬 국무총리가 다녀갔다. 그는 이 사건을 풀기 위해서 나름 노력을 했다. 용산 참사는 정부에도 부담이 되고 있었다. 국제사회의 압력도 있었고, 2010년에는 지방선거도 치러야 했다. 2009년 12월 크리스마스를 앞두고 서울시가 다급하게 협상을 제안해왔다. 며칠 동안 비공개로 서울시의 주선으로 용산범대위와 용산4구역재개발조합 간의 협상이 진행됐다. 유가족과 용산범대위의 위임을 받은 천주교인권위의 김덕진과 전철연의 성낙경이 협상 실무를 맡았다.

12월 30일, 용산범대위와 재개발조합 간의 협상이 타결되었다. 유가족 위로금, 용산 4구역 철거민에 대한 피해 보상금, 장례 비용을 재개발조합이 부담하는 등의 내용이었다. 용산범대위는 마지막까지 정부의 사과를 요구했다. 정부를 대표하여 정운찬 국무총리는 "용산 참사는 그 원인이 어디에 있든 농성자 다섯 명과 경찰관 한 명이 소중한 목숨을 잃은 우리 시대에 결코 있어서는 안 될 불행한 일이었습니다. 이러한 안타까운 일이 발생한 데 대해 총리로서 책임을 느끼며, 다시 한번 유족 여러분께 깊은 유감의 뜻을 표합니다"라고 말했다. 미흡했지만, 더 이상 끌 수 있는 상황이 아니었다.

장례식은 2010년 1월 9일로 정해졌다. 장례위원을 모집했더니 순식간에 8000명이 이름을 올렸다. 그날 영하의 날씨에 바람도 불고, 눈발도 날렸다. 순천향병원 장례식장에서 출발한 장례 행렬은 명동을 거쳐서 영결식장인 서울역으로 향했다. 추운 날씨임에도 사람들이 서울역을 가득 메웠다. 그 장면을 인터넷 생중계로 지켜봤다. 노제는 남일당 앞에서 있었다. 눈발은 더욱 세차게 날렸다. 그들은 마석 모란공원 민주열사 묘역에 묻혔다. 355일 만이었다.

1월 11일, 삼우제를 마친 유가족들과 대책위 관계자들이 명동성당으로 왔다. 이제 우리가 나갈 차례였다. 명동성당의 박신언 몬시뇰을 비롯해 신부님, 수녀님들이 우리가 나가는 길을 배웅해 주었다. 들머리에서 기자회견을 했다.

"잠시 (감옥에) 다녀오겠습니다. 355일 만에 장례를 치렀지만, 용산 참사의 진상 규명, 책임자 처벌은 계속되어야 합니다. 그동안 함께해 주신 모든 분들, 정말 고맙습니다."

우리 3명의 수배자는 이런 말들을 했던 것 같다. 남편을 잃은 유가족들을 한 명 한 명 안았다. 그들은 벌써 울고 있었다.

"공집장님(유가족들은 공동집행위원장인 우리를 이렇게 불렀다)들이 왜 감옥에 가요. 어떡해요."

울음이 날 것 같았지만, 마지막까지 참았다. 성당 앞에는 우리가 타고 갈 경찰차가 와 있었다. 조금 전까지는 가슴이 아팠지만, 차를 타면서는 밝게 웃으면서 사람들에게 손을 흔들었다. 10개월간의 기막힌 수배가 끝나는 순간이었다. 남일당 현장에서는 1월 25일까지 모두 철수했다.

용산 참사 문제로 수배됐다가 2010년 1월 11일 경찰에 자진 출석하는 박래군 저자(오른쪽부터), 이종회 용산범대위 공동집행위원장, 남경남 전철연 의장.
ⓒ《한겨레》

서울구치소 1.5평 독방

나는 서울구치소에 수감되었다. 네 번째 감옥이었다. 내 방은 1.5평이었다. 그런데 그 방이 넓게 느껴졌다. 내 몸은 20대에 처음 감옥에 갔던 0.75평 또는 1평의 방을 기억하고 있었나 보다. 수세식 좌변기와 수도도 있었고, 방에는 난방이 들어왔다. 감옥 생활은 힘들지는 않았다. 용산범대위의 공동집행위원장으로 수배를 당하면서 지도부 일을 해야 하는 부담감을 덜어서일까, 마음은 오랜만에 평화로웠다. 하루가 모자랄 정도로 시간을 아껴서 살아냈다.

일주일에 한 번씩 아내와 고등학생, 중학생인 두 딸이 면회를 왔다. 수배당한 다음에 순천향병원 장례식장으로, 명동성당으로 매주 토요일이면 어김없이 찾아와 몇 시간 동안 내 곁에서 머무르다 돌아가곤 했다. 집에 갈 시간이 되면 명동성당 들머리 끝에서 안타깝게 포옹을 하고 손을 흔들어서 보내곤 했다.

구치소 면회는 겨우 10분이었다. 우리 사이를 투명 아크릴판이 막고 있었다. 손도 잡을 수 없으니 그 투명 아크릴판 안팎에 손을 대고 인사하고 이야기를 나누었다.

"먼저 들어가."

매번 아내는 내가 면회실 문을 열고 들어설 때까지 지켜보다가 딸들의 손을 잡고 집으로 돌아가고는 했다.

4월에 재판이 시작되었다. 집회 및 시위에 관한 법률 위반, 일반도로교통법 위반 등등으로 기소되어 있었다. 재판 기록은 1만 쪽 정도가 되었다. 두 차례인가 재판이 진행되었는데, 내 마흔아홉째 생일날인 4월 30일, 갑자기 보석 결정이 내려져 석방되었다. 14개월 만에 세상에 돌아왔다.

감옥에 갔던 망루 생존자들은 이명박 정권 임기 종료 직전인 2013년 1월 31일에 가석방으로 풀려났다. 그들은 대한문 앞 석방 환영 문화제에서 "다른 용산들을 위해서 싸울 것"이라고 밝혔다. 나는 용산범대위의 후속 기구인 '용산참사 진상규명 및 재개발 제도개선위원회' 공동집행위원장을 감옥에 같이 갔던 이종회 선배와 다시 맡았다. 대표는 용산범대위의 공동대표였던 조희주 대표가 이어받았고, 사무국장은 지금은 한국도시연구소 연구원으로 있는 이원호가 맡았다.

우리는 용산 참사 주범인 김석기 전 서울지방경찰청장과 집요하게 싸웠다. 그는 이명박 정권에서 한국자유총연맹 부총재를 거쳐서 오사카 총영사를 지내다가 2013년 10월에는 한국공항공사 사장으로 임명되었다. 한국공항공사가 있는 김포공항에서 노숙 농성을 하면서 싸웠고, 그가 2016년 경주에서 새누리당 후보로 20대 총선에 출마했을 때도 싸웠다. 유가족들을 포함해 우리는 다시 공직선거법 위반으로 입건되어 재판을 받았다. 김석기는 3선 의원이 되었다.

지금도 쫓겨나는 사람들

용삼 참사 현장인 남일당 자리는 2016년 11월 공사가 재개될 때까지 공터였고, 주차장이었다. 사람이 6명이나 죽은 그 현장에는 고급 주상복합 아파트인 '용산 센트럴파크'가 들어섰다. 센트럴파크 오른쪽에 6층 건물은 공공 시설동으로 '용산 도시기억전시관'이 있고, 그 안에 '2009년 용산 참사(기억과 성찰) 기억관'이 들어서 있다.

2018년 8월, 경찰청 인권침해 진상 조사 위원회에서는 용산 참사를 조사한 뒤에 "경찰 지휘부가 안전 대책이 미비했지만 진압을 강행했다"고 발표했다. 위원회는 "(진압 과정에서) 순직한 경찰 특공대원과 사망한 철거민 등에게 사과를 하고, 유사 사건 재발 방지를 위한 제도 개선이 필요하다"고 밝혔다. 이에 따라 당시 민갑룡 경찰청장은 유가족에게 머리 숙여 사과했다. 참사가 발생한

지 9년 만이었다. 반면, 김석기는 "지금 똑같은 상황이 발생하면 현재 경찰도 똑같은 원칙을 가지고 하지 않을까"라는 말을 반복적으로 하고 있다. 그는 여전히 자신의 잘못을 인정하지 않는 것이다.

용산 참사를 다룬 영화 〈두 개의 문〉이 개봉된 것은 2012년 6월이었고, 또 다른 용산 참사 다큐멘터리 〈공동정범〉은 2018년에 개봉되었다. 두 작품 모두 영상 집단 '연분홍치마'가 만들었다. 이 작품들은 용산 참사에 대한 기억을 일깨웠다.

용산에서 생존권, 주거권을 주장하던 철거민들은 뿔뿔이 흩어졌다. 망루에 올랐던 지석준, 김영근은 그때 당한 부상으로 오래도록 고생했다. 망루 생존자 김대원은 트라우마에 시달리다 극단적 선택을 했고, 김주환은 집 밖을 나오지 못한다. 유가족들은 지금도 수면제 없이는 잠을 자지 못한다.

시인 나희덕은 "새로운 도시가 생겨날 때마다 전쟁은 계속되었다. (중략) 지상의 어떤 방도 그 전쟁으로부터 자유로울 수는 없다(〈신정 6-1지구에서 용산 4지구까지〉)"라고 썼다. 지금도 여전히 재개발 지역에서는 전쟁이 계속된다. 여전히 철거민은 쫓겨나고, 그 자리에 고층 빌딩이 들어선다.

용산 참사 현장인 남일당 건물 앞에서 지낸 희생자 노제.
ⓒ《한겨레》

인권센터 탄생기

적금 통장 깨고 축의금 털어준 시민들

용산 참사 진상 규명 활동으로 들어갔던 서울구치소에서 2010년 4월 마지막 날 출소하며 새로운 도전 과제를 갖고 나왔다. '인권센터'를 만들자. 인권센터가 있으면, 성소수자 단체라고 장소 대관이 취소되는 일도 없고, 장애인들이 접근하지 못하는 일도 없을 것으로 생각했다. 한 단체당 월 후원금이 평균 150만 원 정도였고, 인권 활동가들은 최저임금에도 한참 못 미치는 활동비를 받으므로 따로 아르바이트도 뛰어야 한다. 그런 단체와 활동가들에게 도움이 되는 공간을 만들고 싶었다.

 감옥 안에서 그런 궁리를 하고 나왔지만 사실 '인권재단 사람'은 큰돈을 만들어 본 경험도 없었다. 용산 참사로 수배 중에 수원에서 서울로 옮긴 사무실은 한 노동 단체 사무실에 책상 네 개를 놓고 일을 보고 있었다. 그런 속에서 재단 활동가들과 머리를 맞 댔다. 1년 정도 열심히 모금을 해서 '10억 원의 돈으로 100평의 공간을 만들자'는 비현실적인(?) 목표를 세웠다. 내가 먼저 100만 원을 내놨다. 출소할 때 갖고 나온 영치금이었다. 김철환 이사장님과 이사들이 십시일반으로 2300만 원을 모았다.

모금 전문가들은 적극적으로 말렸다. "한국에서는 구호성 모금은 가능할지 몰라도 가치를 앞세운 모금은 불가능하다"는 이유였다. 그렇지만, 일면식도 없던 아름다운재단의 윤정숙 상임이사는 달랐다.

"한번 해 봐요. 내가 도와줄게요."

그러면서 아름다운재단의 경험을 비롯한 모금과 관련한 여러 다양한 의견을 주셨다. 힘이 났다. 그럼 먼저 무엇부터 할 것인가?

발 벗고 나서준 이들과 함께

이런 고민을 문정현 신부님께 의논드렸다. 신부님은 "그럼 나를 팔아서 인권센터 한번 해 봐라"라고 흔쾌히 수락하셨다. 그래서 본격적으로 신부님을 팔기로 했다. '문정현 신부 헌정 공연, 가을의 신부, 길 위의 신부'를 2010년 11월 4~6일 사흘 동안 이화여고 100주년 기념관에서 열었다. 문재인 정부 때 청와대 의전비서관을 지낸 탁현민 씨가 당시 공연 기획을 맡았다. 가수로는 말로, 안치환, 이한철, 두번째달 바드Bard가 나서주었고, 명계남, 여균동 씨가 출연하는 단막극도 올렸다. 공연 관람료 없이 '감동 후불제'

로 감동한 만큼 인권센터에 후원해 달라고 했다. 신부님은 머리에 화관을 얹고 사진을 찍어주셨다. 이때 나도 커다란 돼지 저금통을 끌어안고 사진을 찍었다.

2011년 1월에는 《한겨레》에 〈곁방살이 전전…인권지킴이들 '보금자리 SOS'〉란 기사가 나갔다. 지금은 고인이 된 손준현 기자가 쓴 기사였다. 이 기사가 나가면서 인권센터 건립 기금이 모이기 시작했다. 그를 계기로 상반기에는 유명 인사들의 강연회를 이어갔다. 그때 잘나가던 소설가 공지영, 조국 교수, 금태섭 변호사, 변영주 감독 등이 강연자로 나서주었고, 영화배우 김여진, 코미디언 김미화 씨 등의 홍보 화보도 큰 도움이 되었다. 그리고 거리에서는 접는 종이 저금통도 나눠주면서 홍보를 했다. 종이 저금통은 회수된 건 얼마 되지 않았지만 홍보 효과가 컸다. 그해 9월에는 '대지의 꿈'이라는 제목의 서화전도 개최했다. 민중미술의 역사를 한눈에 꿰는 좋은 기획이라는 평가를 받았다. 이철수 화백의 판화도 팔았다.

그러다가 10월에는 보름 동안 인권 현장 답사에 나섰다. 제주 4·3 사건 현장, 소록도, 한국전쟁 시기 민간인 학살터, 분단의 현장, 마석 모란공원을 거쳐서 서울에서는 서대문형무소, 남산 안기부까지 돌아보는 여정이었다. 김진숙 지도위원이 올라가 농성 중인 한진중공업 85호 크레인을 비롯한 투쟁 현장도 돌아보았다. 매일매일 현장을 답사하고 이것을 페이스북에 기행문으로 올렸다. 처음에는 인권센터 모금을 위한 기행이었지만, 이 자체로도 큰 의미가 있었다. 이 사업을 이어서 2012년에는 소록도, 거창 등을 시민들과 함께 찾아갔다. '남산 안기부터를 인권·평화의 숲으로' 캠페인도 벌였다. 콘서트도 하고 서울시에 청원을 넣는 캠페인도 진행했다.

인권센터 건립 운동 모델이 된 박래군 저자. 사진 인권재단 사람 제공. ⓒ박김형준

인권센터 하나 없다는 게 창피해서

2012년 9월, 공간을 임대하기 위해서 알아보았다. 그런데 웬걸, 100평 정도의 공간을 임대하기 위해서는 최소 월 500만 원의 임대료를 지불해야 했다. 어렵게 모은 돈이 몇 년 안 가서 바닥날 것이고, 장애인 편의 시설을 해 놓았다가 2년 만에 쫓겨날 수도 있었다. 고심 끝에 방향을 전환하기로 했다.

"집을 사자!"

마침 명동 향린교회에서 '섬돌향린교회'가 분가하기로 했다는 소식을 듣고 임보라 목사(1968~2023)를 김정아 상임이사와 찾아가 만나 의논을 했다. 평일에는 주로 우리 재단이, 주말에는 교회가 쓰면 좋지 않을까? 섬돌향린교회가 우리에게 전세를 들기로 했다. 마침 서울 마포 서교동에 단독 주택이 하나 나왔다. 교통이 썩 좋지는 않았지만, 이걸 잡기로 했다. 그러고도 3억 원이 모자랐다.

우리는 페이스북과 이메일, 문자 메시지 등을 통해서 사람들에게 호소했다.

"100만 원씩 3년만 무이자로 빌려주십시오."

기적이 일어났다. 한 달 20일 만에 3억 원이 채워졌다. 누구는 적금을 해지했고, 누구는 결혼 축의금을 몽땅 보내왔다. 가족 단위로 참가한 이들도 있었다. 그들은 "우리 사회에 인권센터 하나 없다는 게 창피하다"며 응원의 문자도 보내주었다. 익명으로 1억 원을 보내주신 분도 있지만, 대체로 넉넉하지 않은 형편의 사람들 지원이 많았다.

2013년 4월 29일, 3층 건물을 리모델링해서 인권센터를 개관했다. 센터의 이름은 '인권중심 사람'이었다. 1층은 사무실, 2층은 다목적홀, 3층은 교회 공간이었다. 층과 층 사이에 작은 방들도 있었다. 우리는 보통 엘리베이터보다 3배나 더 비싼 엘리베이터를 설치했다. 앞으로도 열리고, 뒤로도 열리고, 중간층에도 서고, 옥상까지 올라갈 수 있었다. 옥상에 올라간 장애인들은 "옥상에는 평생 처음 올라와 봐요"라며 감동했다. 화장실은 '모두의 화장실'로 만들어서 성소수자도 함께 쓸 수 있게 했다. 약 3000명의 시민들이 참여해서 차별과 편견 없는 공간이 탄생한 것이었다.

인권센터를 만들었더니 1년이면 약 100개의 회의와 모임, 강연, 행사가 진행되었고, 1만 명 정도가 센터를 찾았다. 이곳에서 수많은 논의가 진행되고, 그런 논의가 현장 활동으로 이어졌다. '공간이 갖는 힘'을 확인할 수 있었다. 인권재단 사람도 본격적인 모금을 통한 중간 지원 기관의 역할을 찾아 가기 시작했다. 긴급 지원, 프로젝트 사업 지원, 인권 활동가들의 쉼 여행, 마음 상담 등등 지원 프로그램도 속속 만들어졌다. '인권 활동가들의 든든한 뒷배가 되자, 지속 가능한 인권운동을 만들자'는 우리의 미션을 차차 실현해 갔다. 인권 현장과 밀착한 재단으로 성장해 갔다.

2023년 말 '스테이션 사람'이란 이름으로 새롭게 문을 연 인권센터. 사진 인권재단 사람 제공.

4187명의 마음이 만든 인권센터

그러다가 다시 일을 냈다. 2021년 서울 마포구 서교동의 인권센터를 매각하고 은평구 새절역 인근에 터를 샀다. 84평의 땅은 이전의 인권센터를 매각한 돈으로 사들였지만, 건축비는 부족했다. 마침 코로나19 팬데믹 이후에 러시아의 우크라이나 침공으로 인한 전쟁까지 겹쳐 건축자재 가격도 엄청 뛰었다.

2023년 말 '스테이션 사람'이란 이름의 새로운 인권센터가 문을 열었다. 지하 1층, 지상 4층의 새로운 인권운동 거점이 탄생한 것이다. 지하 1층 '사람홀'에는 유튜브 송출을 할 수 있는 최신식 영상·음향 시설을 갖췄다. 1층 라운지는 행사가 없으면 누구든지 와서 편하게 사용할 수 있고, 2층은 입주 단체와 섬돌향린교회가 사용한다. 3층은 인권재단 사람 사무실이고 4층에는 작은 회의실이 두 개 있으며, 옥상에 올라가면 북한산이 보이고 신사근린공원의 숲을 가까이 느낄 수 있다. 이 건물을 짓기까지 4187명의 기부자가 참여했다.

그런데도 은행 대출 12억 원, 개인 대출 5억 원이 고스란히 빚으로 남아 있다. 매달 600만 원의 은행 이자가 나간다. 2024년 12월 초에는 후원 행사를 통해서 조금이라도 빚을 덜어 볼까 했는데, 갑자기 윤석열 대통령이 비상계엄을 발표하면서 정국 상황이 어려워 이것마저도 포기했다. 그런 중에도 탄핵 현장의 인권 활동이 더 활발해지기를 바라며 특별 지원을 단행했다. 활동을 지원하면서도 매달 나가는 은행 이자만이라도 줄일 수 있는 방법이 뭐가 있을까 고민한다. 재단의 20년 활동을 살펴보고 더 많은 시민이 인권 활동 지원에 함께해 주기를 바란다.

인권재단 사람 홈페이지

희망버스

연대가 필요한 곳이라면 어디든 달린다

인권센터를 만들기 위해 분주했던 2010년 말부터 2013년까지는 다른 때보다 유난히 연대 활동이 많았다. 쌍용자동차 해고 노동자와 그 가족들이 계속 죽어 가고 있었다. '희망지킴이'란 연대 단위를 만들어서 힘을 보태야 했다. 멀리 제주도 서귀포시 강정마을에서는 미국 해군 기지 건설 반대 투쟁이 한창이었다. 그곳에 문정현 신부님과 '평화바람' 활동가들이 내려가 있었다. 2010년부터 몇 년간은 일이 있을 때마다 제주도로 내려갔다. 밀양에서는 송전탑 건설 반대 투쟁이 벌어지고 있었다. 이들과 연대하기 위해서 희망버스가 조직되었고, 나도 그 버스를 타고 여러 번 내려갔다.

희망버스와 비없세의 탄생

2011년은 희망버스가 만들어진 해였다. 2008년 광우병 집회가 한창일 때 기륭전자에서는 '문자 해고'에 쫓겨난 비정규직 노동자들의 복직 투쟁이 벌어지고 있었다. 김소연, 유흥희 조합원이 회사 경비실 옥상에 목을 매다는 줄을 걸어 놓고 흰 상복을 입고 단식 농성을 벌였다. 김소연 씨는 90일 넘게, 유흥희 씨는 60일 넘게 단식을 이어 갔다. 그렇게 처절하게 연대했던 단체들을 중심으로 '비정규직 없는 세상 만들기 네트워크(비없세)'가 탄생했다. 나는 '소집권자'를 맡았다. 비없세 활동을 같이했던 송경동 시인이 2011년 1월에 한진중공업 구조조정에 항의하며 85호 크레인에 올라가 있는 김진숙 지도위원의 농성을 응원하기 위해서 뭐라도 하자고 했다. 그래서 나온 제안이 희망버스였다. 여러 차례 희망버스가 부산으로 내려가면서 여론을 움직였고, 정치권을 움직였다. 김진숙 위원은 309일 만에 크레인에서 내려올 수 있었다. 나는 희망버스 활동에 연루되어서 8년 동안 부산을 오가며 재판을 받아야 했다.

2012년에는 부산 형제복지원 생존자 한종선 씨가 국회 앞에서 1인 시위를 시작했다. 형제복지원이라는 부랑인 시설의 끔찍한 실체는 1987년 1월, 시설에 수용되어 있던 원생들이 집단 탈출하면서 세상에 알려졌다. 그 뒤로 사건은 묻혔다. 그런데 9살에 들어가 3년 동안 온갖 폭력에 시달렸던 한 아이가 25년 만에 국회 앞에서 이 문제를 해결하고 자신의 흩어진 가족들을 찾겠다고 1

인 시위를 하다니…. 마침 국회를 방문했던 한국예술종합학교(한예종)의 전규찬 교수가 그를 만났다. 전 교수는 한종선 씨에게 그가 겪은 형제복지원 생활에 대해 글을 쓰고, 그림을 그리게 했다. 거기에 전 교수와 나의 글을 보태서 《살아남은 아이》란 책으로 묶었다. 나는 형제복지원 문제를 풀기 위한 대책위원회 공동대표를 맡았다.

2013년 8월에는 '이석기 내란 음모 사건'이 터졌다. 김대중 내란 음모 사건 이후 33년 만에 발생한 충격적인 사건이었다. 이석기 의원은 국회에서 체포되어 구속되었다. 그러나 그가 내란 음모 범죄를 저질렀다는 유일한 물증인 강연 녹취록이 수백 군데 조작된 것이 확인되었다. 그러자 검찰은 공소를 변경해서 '내란선동죄' 혐의로 기소했다. 이미 여론 재판을 통해서 악마화된 이석기 의원은 이후 재판을 통해서 9년 형을 확정받았다. 그리고 이 사건을 근거로 통합진보당은 해산당했다. 시민사회 단체들이 외면하는 가운데 나는 이 사건 대책위원회의 집행위원장을 맡아서 동분서주해야 했다. 나는 지금도 이 사건이 국가정보원이 기획하고 조작한 것이라고 확신한다.

일이 폭주하던 이때, 《한겨레21》에 〈박래군의 인권 이야기〉란 꼭지로 약 1년 정도 연재를 했다. 경희대 후마니타스칼리지에서는 '인권의 꿈 현실 사이에서'란 강의를 맡아서 일주일에 3시간 강의를 했다. 거기에 용산 참사의 뒷일까지, 수많은 일에 치여서일까? 나는 수면무호흡증에 시달려야 했다.

이소선 어머니처럼 살겠다는 다짐

그 시기 가장 슬펐던 일은 이소선 어머니가 돌아가신 일이었다. 서준식 선배에게 인권운동을 배웠다면, 운동가의 삶과 태도를 이소선 어머니로부터 배웠다. 이소선 어머니는 나의 큰 스승이었다. 그분은 41년은 전태일의 어머니로 사셨지만, 큰아들의 죽음 이후에는 아들과의 약속을 지키기 위해서 남은 41년을 바쳐 사신 '모두의 어머니'였다.

2011년 9월 3일, 그날은 강정마을에 일이 있어서 제주도로 가야 하는 날이었다. 이른 아침에 박채영의 전화를 받았다. "래군아, 어떡해. 어머님이 위독하시대." 김포공항으로 가는 택시 안에서 이소선 어머니가 운명하셨다는 소식을 들었다. 공항에서 활동가들에게 사정을 말하고 서울대병원으로 갔다. 그때부터 장례를 치르는 5일 동안 병원을 떠날 수 없었다. 수많은 사람이 진심으로 어머님을 애도했다. 매일 밤 병원에서 추모문화제가 열렸다. 이소선 어머니가 활동하셨던 서울 청계천 평화시장에서부터 마지막까지 사셨던 창신동까지 '어머니의 길'을 따라 걷는 행사에도 많은 사람이 함께했다. 장례를 치르는 동안에는 슬픔을 표현하지 못하고 억눌렀다. 어머님은 마석 모란공원 전태일 열사 뒤편에 모셨다.

49재가 열리던 날, 감정이 북받쳐 올라서 적어 간 추모사를 제대로 읽어 내려가지도 못했다. 중단했다가 다시 읽기를 거듭했다.

"고리키의 《어머니》를 읽지 않고도 세상 모든 사람에게 어머니로 불렸고, 모두의 존경을 받았지만, 어머님의 인생은 골목길 인생이었어요. 세상이 다 알아주는 어머님이지만, 청계 시절에 헌 옷을 모아서 팔아 노동자들 밥을 먹여주셨던 그대로, 남들이 주고 가는 돈을 꼬깃꼬깃 모았다가 가난한 활동가들에게 쥐여주고는 하는 어머님 그대로, 한평생을 사셨어요, 힘들다는 내색도 없이 말이지요. 어머님의 인생은 골목길 인생이었어요. 후미진 창신동 골목길 셋방이 마지막 거처였듯이, '유가협 한울삶'이 창신동 골목길에 있듯이, 어머님은 한 번도 화려한 삶을 살지 않으셨어요. 국내에서나 국제사회에서나 전태일의 어머니는 충분히 유명했고, 충분히 인정을 받았지만, 정작 본인은 늘 한 모습이었어요. 그대로 노동자의 차림, 노동자의 어머니 모습이었지요."

그때 "늘 가난하고, 힘없는 이들의 친구가 되어, 나이도, 경력도, 세상의 인정도 모두 가벼이 여기면서 어머님처럼" 마지막까지 한결같은 삶을 살겠다고 다짐했다.

'노란봉투'라는 새 희망

2012년 10월에는 이명박 정권에서 국가 폭력에 쫓겨나고 싸움을 하던 주체들이 'SKYM(쌍용자동차, 강정마을, 용산 참사, 밀양 송전탑 투쟁의 이니셜)'이란 이름으로 전국 행진을 했다. 10월 5일부터 11월 3일까지 한 달간 "함께 살자, 모두가 하늘이다"란 구호를 내걸고 진행한 '함께 살자, 함께 걷자 2012 생명평화대행진'이었다.

제주 강정마을에서 출발한 행진은 전국의 투쟁 현장들을 돌면서 연대의 힘을 북돋웠다. 그 과정에서 국가 폭력 피해자 간의 연대는 더욱 굳건해졌다. 행진 이후에는 쌍용자동차지부가 천막을 치고 농성을 하던 덕수궁 대한문 앞에 '함께 살자! 농성촌'을 나란히 꾸렸다. 이명박 정권이 자행한 국가 폭력을 폭로하고, 다시 보수 정권이 집권하는 일은 막고 싶었다.

그러던 중 2012년 12월, 18대 대선에서 박근혜 새누리당 후보가 당선되었다는 소식을 들었다. 눈앞이 캄캄했다. 이명박 정권 5년도 고통이었는데, 박근혜 치하에서는 또 얼마나 고통스러울까, 얼마나 더 많은 사람이 죽어갈까 걱정이 앞섰다. 이런 절망은 나만의 것이 아니었다. 박근혜가 대통령에 당선된 이틀 뒤인 2012년 12월 21일, 한진중공업의 최강서 조합원이 유서를 남기고 자결했다.

"나는 회사를 증오한다. 자본, 아니 가진 자들의 횡포에 졌다. 어떻게 해야 할지 모르겠다. 심장이 터지는 것 같다. 내가 못 가진 것이 한이 된다. 민주노조 사수하라. 손해배상 철회하라. 태어나 듣지도 보지도 못한 돈 158억. 죽으라고 밀어내는 한진 악질 자본. 박근혜가 대통령 되고 5년을 또…"

그의 유서를 읽는데, 가슴이 터질 것만 같았다. 2013년을 그렇게 절망 가운데 맞았다. 그해 연말 쌍용자동차 해고 노동자들에게 47억 원을 배상하라는 법원 판결이 나왔다. 너무 가혹했다. 그 판결 뒤에 배상금을 십시일반 모금하자는 '노란봉투 캠페인'이 시작되었다.

노란봉투 캠페인

4만 7000원으로 시작된 기적

용산의 불타는 망루, 그리고 쌍용자동차(이하 쌍용차) 노동자들이 농성하던 공장 건물 옥상에서 쫓기는 노동자를 경찰이 폭행하는 장면은 선명한 이미지로 남아 있다. 내가 용산범대위 일로 수배 중이던 2009년 8월에 쌍용차 파업은 끝났고, 노동자 2500명이 쫓겨났다. 쌍용차 해고자들과 그 가족들은 고통을 견디지 못하고 자살하거나 심근경색증 등으로 사망했다. 열일곱 명이 죽었을 때, 해고자 가족의 심리 상담을 도운 정혜신 박사의 제안으로 심리 치유 공간 '와락'이 만들어졌다. 그러고도 사람들이 계속 죽었다.

쌍용차 해고자 지원 '희망 지킴이'

2012년 3월 30일, 해고노동자 이 모 씨가 자신이 살던 김포의 임대 아파트에서 뛰어내려 생을 마감했다. 스물두 번째 사망자였다. 줄줄이 이어지는 죽음 앞에서 뭐라도 해야 했다. 주로 용산 대책위를 함께했던 송경동 시인, 문화연대의 신유아, 민주노총의 박병우 등과 의논해서 '함께 살자! 희망 지킴이(이하 희망 지킴이)'를 만들었다. 우리는 우선 쌍용차 해고자들에게 '당신들이 잘못해서 해고된 게 아니다'라고 말할 사람 100명을 모으자고 생각했다. 영향력 있는 사람들을 모아 나갔다.

먼저 소설가 공지영에게 쌍용차 해고자 문제를 책으로 써 달라고 부탁했다. 그는 쌍용차 노동자들의 해고와 그 후 과정을 생생하게 책으로 썼다. 《의자놀이》란 이 책은 그가 쓴 첫 번째 르포르타주였다. 그는 인세를 기탁했고, 출판사도 수익금을 사업에 쓰라고 내놨다. 거기에 천주교 주교회의에서도 후원을 했다. 시민들도 십시일반으로 후원금을 보내주었다.

쌍용차 노조에서는 스물두 번째 죽음 이후 서울 덕수궁 대한문 앞에서 천막 농성을 하려고 했다. 그러나 천막 하나 치는 데 한 달 보름 동안 싸워야 했다. 대한문 앞에서 문화 공연을 했다. 전인권, 허클베리핀, 브로콜리 너마저 등 뮤지션과 영화감독 변영주 같은 예술인들이 적극 참여해 대한문 앞에서 몇 차례 콘서트도 열었다. 쌍용차 해고자들의 투쟁에 연대하는 힘이 더 커져 갔다. 그런 힘이 함께 살자 농성촌까지 이어졌다.

2013년은 박근혜 정권이 탄생했으니 더욱 상황이 어려워졌다. 3월 3일 새벽에는 대한문 농성촌에 불이 났다. 다행히 인명 피해는 없었지만, 천막 안에 있던 방송 장비며 여러 집회 도구들이 불탔다. 화재 사건을 계기로 서울 중구청은 농성장에 철거 압박을 더해 갔다.

희망 지킴이는 '쌍용차 해고자 복직과 국정 조사'를 요구하는 목소리에 시민들이 관심을 갖도록 할 이벤트가 필요했다. 자동차를 만들다가 쫓겨난 노동자들이 가장 하고 싶고, 잘할 수 있는 게 자동차를 만드는 것이지 않을까 생각해 'H-20000 프로젝트'를 구상했다. 자동차는 대략 2만 개 부품으로 만들어진다는 데 착안했다. 이런 계획을 발표하니 7000명의 시민들이 참여했다.

궁리 끝에 쌍용차에서 생산한 코란도 중고차를 하나 매입했다. 자동차 공업사를 빌려서 1박 2일 동안 차를 분해하고, 다시 조립하는 과정을 영상에 담았다. 그 차에 이윤엽 화가가 유화로 그림을 그렸다. 세상에서 단 하나뿐인 자동차가 탄생했다. 2013년 6월 7일 서울광장에서 모터쇼를 개최했다. 화려한 그림이 입혀진 자동차 앞에서 포즈를 잡고 쌍용차 해고자들과 시민들이 즐겁게 사진을 찍었다. 그 차는 노래패 '꽃다지'에 돌아갔다.

이런 즐거운 일만 있었던 것은 아니다. 쌍용차지부 한상균, 문기주, 복기성은 2012년 11월 20일부터 2013년 5월 9일까지 171일 동안 쌍용차 공장 앞에 있는 15만 볼트 고압 전류가 흐르는 철탑에 올라가 농성을 했다. H-20000 프로젝트가 끝나자 중구청은 본격적으로 대한문 앞 천막 철거를 압박해왔다. 갑작스럽게 대한문 앞에 화단이 생기고, 남대문서 최성영 경비과장은 악착스럽게 농성자들을 몰아내려 했다. 걸핏하면 연행자가 생겼다. 급기야 김정우 쌍용차지부장은 농성 천막 철거를 막다가 감옥에 갔다. 결국 그해 11월, 쌍용차지부는 대한문 앞 농성을 풀고 평택으로 내려갔다.

노란봉투 캠페인

2013년 12월, 쌍용차 회사와 경찰이 노조 등에 청구한 손해배상에 대한 1심 선고가 있었다. 47억 원 배상 판결이 나왔다. 이 판결을 주목해 본 사람이 있었다. 아이 둘의 엄마였고, 배 안에 셋째를 임신 중이던 배춘환은 아이 학원비를 내려고 했던 돈 4만 7000원을 편지와 함께 주간지 《시사IN》에 보냈다.

"해고 노동자에게 47억 원을 손해배상하라는 이 나라에서 셋째를 낳을 생각을 하니 갑갑해서 작지만 제가 할 수 있는 일을 시작하고 싶어서입니다. 47억 원…. 뭐 듣도 보도 못한 돈이라 여러 번 계산기를 두들겨 봤더니 4만 7000원씩 10만 명이면 되더라고요."

《시사IN》과 아름다운재단이 '노란봉투 캠페인'을 벌였다. 캠페인에는 가수 이효리를 비롯해 유명인들과 정치인들도 대거 참여했다. 4만 7000원이 든 봉투가 답지했다. 어느새 14억 7000만 원이라는 성금이 쌓였다. 이 과정에서 2014년 2월 26일 노동자들에게 가해지는 가혹한 손배가압류 문제를 풀기 위한 시민 단체 '손배가압류를 잡자! 손에 손을 잡고(이하 손잡고)'도 출범했다.

손잡고는 이 기금으로 쌍용차만이 아니라 전국의 해고자를 포함해 손배가압류로 고통받는 노동자들에게 긴급 생활비를 지원했고, 노란봉투법 입법 발의도 하고, 손배가압류 문제를 이슈화하기 위한 '노란봉투법 모의 법정 경연대회'도 열었다. 나도 발기인으로 참여했다.

그러다가 2014년 4월 세월호 참사를 맞았다. 세월호 참사 이후에는 손잡고 관련 일은 까맣게 잊고 있었다. 세월호 참사 추모집회 주도 혐의로 구속되었다가 2015년 11월에 보석으로 나와서야 손잡고에서 활동가가 해고된 일을 알게 되었다. 민주노총 박병우의 소개로 만났던 손잡고 활동가 윤지선은 두 시간 동안 울면서 해고 과정을 설명했다. 다행히 현장 노동자들의 항의로 다시 복직이 되었다고는 하지만 있을 수 없는 일이었다.

그 얘기를 듣고 손잡고 조직의 재건에 나섰다. 노란봉투 캠페인의 첫 기부자였던 배춘환 씨가 대표를 맡고, 나는 운영위원회에 결합하기로 했다. 어려운 과정을 거쳐서 2016년 4월 손잡고 조직을 재건했다. 이후 진상 조사단을 만들어서 윤지선 활동가 부당해고 사건을 밝히기 위한 일에 착수했다. 이 문제를 풀기 위해서 관련자들을 인터뷰했다. 한편으로는 중재자를 세워서 문제를 야기한 한 모 교수와 협상에도 나섰다. 하지만 요지부동이었다. 그해 8월, 진상 조사단은 보고서를 만들어서 인권·사회 단체들에 배포했다. 한 교수는 이 보고서가 자신의 명예를 훼손했다면서 진상 조사단 활동을 했던 나와 박병우, 윤지영 변호사 등 3명을 고소했다. 하지만 한 교수가 완패했다. 너무도 분명한 부당 해고였음을 법원도 확실히 인정했다.

손잡고의 연대는 계속된다

그러던 중에 문재인 정부가 들어섰다. 손배가압류 문제를 해결하겠다는 약속을 한 사람이 대통령이 되었으니 기대가 컸지만, 쌍용차 문제에 대한 국가 손해배상 청구 소송에서 경찰이 소를 취하하면 배임이 된다는 논리로 문제 해결을 회피했다. 결국 2018년 7월 경찰청 인권침해사건 진상조사위원회의 결정에 따라서 당시 경찰청장이 용산 참사 등과 함께 사과한 게 전부였다.

손잡고는 10년 넘게 쌍용차, 유성기업, 상신브레이크, 스타케미칼, KEC, 철도공사, MBC, 현대제철, 동양시멘트, 아사히글라스 등 손배가압류를 당한 노동조합과 연대하는 활동을 이어 갔다. 10년 넘는 기간의 연대 활동 덕분에 현장 노동자들에게 손잡고는 크나큰 신뢰를 얻고 있다. 많은 일을 했지만, 가장 큰 일은 '노란봉투법 모의 법정 경연대회'를 매년 연 일과 손배가압류 소송 기록 '아카이브 33.3'을 구축한 것, 〈노란봉투〉〈C가 왔다〉와 같은 연극 공연을 올린 것, 2023년에 노동 퀴즈쇼를 개최한 것 등이 특별하게 기억에 남는다.

2022년 거제도의 대우조선해양(현 한화오션) 하청 노동자들이 파업을 벌인 이후 노란봉투법이 수면 위로 올라왔다. 그로부터 '노조법 2·3조 개정운동본부'를 만들어 공동대표로 참여했다. 노란봉투법(노조법 2·3조 개정안)은 두 차례 국회 본회의를 통과했지만, 윤석열 대통령이 모두 거부권을 행사했다. 2025년 3월 6일 다시 법안 발의를 했고, 드디어 8월 24일 국회 본회의를 통과해 이재명 대통령이 이 법안을 공포했다. 노란봉투법이 원래 상정했던, 조합원 개인에게는 손배가압류를 금지한다는 내용까지는 이르지 못했다. 그렇지만 노조법 제정 72년 만에 사용자 정의를 수정해서 '진짜 사장'인 원청과 간접 고용, 특수 고용, 비정규직 노동조합이 교섭할 수 있는 길을 열었고, 합법 쟁의의 범위를 넓혔고, 손배가압류를 하기 위한 조건을 까다롭게 규정했다. 이것만으로도 큰 진전이 아닐 수 없다.

손잡고는 현재 2022년 화재 뒤에 폐업한 일본 기업 니토덴코를 상대로 고용 승계 투쟁 중인 구미 한국옵티칼하이테크 문제, 15년째 소송에서 35억 원 확정 판결을 받은 현대자동차 비정규직 문제, 중대 재해 사업장인 현대제철 비정규직 문제, 옛 대우조선 하청 노동자들에게 부과된 손배가압류 문제 등을 풀기 위해 연대하는 활동을 이어 가고 있다. 2025년 9월에는 쌍용자동차(현 KG 모빌리티)지부에 부과되었던 손해배상 문제가 해결되었다. 16년 만이었다. 나는 지금 손잡고의 상임대표를 맡아서 활동 중이다.

5장   세월호 참사와 그 이후

4·16 세월호 참사 1

아이들의 영정 사진은 화사했다

2014년 나는 이전의 인권운동과는 다른 문제를 마주해야 했다. 종전에도 많은 재난 참사가 있었지만, 한국에서 세월호 참사만큼 강렬한 영향을 남긴 사건은 없었다. 그해 4월 16일 이후 재난 참사 관련한 일이 나의 주된 활동이 되었다.

세월호 참사가 났던 날, 여객선이 침몰한다는 소식을 듣고는 큰 사고로 이어지지 않을까 걱정을 했고, '전원 구조' 소식을 듣고 안도를 했고, 그러다가 그 소식이 오보라는 걸 알고는 경악했다. 그로부터 날마다 불안했다. 정부가 사상 최대의 구조 작전을 벌인다는 말은 거짓이었다. 이를 확인도 안 하고 그대로 받아쓴 언론도 '기레기'라고 지탄을 받았다. 매일 안타까운 사연들이 올라왔다. 그런 기사들을 찾아보면서 식구들이 잠든 사이 매일 혼자 울었다.

현장에 가 봐야겠다고 생각했다. 참여연대의 이태호 당시 사무처장과 나중에 세월호참사 진상조사특별위원회 위원장이 되는 이석태 변호사 등과 승합차를 타고 진도로 내려갔다. 처음 가는 진도는 멀고도 멀었다. 팽목항(공식 명칭은 진도항)은 진도에서도 끝이었고, 세월호가 침몰한 곳은 그곳에서도 배로 1시간 반을 가야 하는 해역이었다. 팽목항에 갔을 때 길옆으로 몽골 텐트들이 길고 어지럽게 늘어서 있었다. 정부 관계자와 언론과 종교인들이 뒤엉켜 있는 것 같았다.

세상에서 가장 무거운 공기

실종자 가족들이 머무는 진도 실내 체육관에도 들어가 보았다. 체육관 바닥에는 모포가 깔려 있었고, 그곳에서 실종자 가족들이 주검이 올라오기를 기다리고 있었다. 그러다가 주검을 찾았다고 하면 아직 못 찾은 가족들이 "축하한다"고 말해주는 곳이었다. 그래서인가, 그곳의 공기는 숨이 막힐 정도로 무거웠다. 실종자 가족들에게 감히 말도 못 붙이고 올라왔다.

온 나라가 정지된 것처럼 보였다. 모두가 한마음으로 슬퍼하고, 한 명이라도 구조되기를 바라는 마음이었다. 세월호 참사 초기처럼 사람들의 마음이 일치된 적이 있었을까? 시민사회 운동도 정지되었다. 국가정보원이 대선 기간 저지른 댓글 사건과 서울시 공무원 간첩 조작 사건 관련 투쟁도 중단되었고, 각종 행사가 줄

줄이 취소되었다.

  4월 말 임시 합동 분향소가 차려진 경기도 안산 올림픽기념관에 갔다. 조문 온 시민들의 행렬이 옆 초등학교 운동장을 몇 바퀴 감아 돌고 있었다. 분향소 안, 큰 제단 위 화사한 아이들 얼굴 사진들…. 하마터면 비명을 지를 뻔했다. '이렇게나 많은 학생의 몰살….' 안에서 밀고 올라오는 울음을 억지로 참으면서 겨우 조문을 마쳤다.

  5월 8일, 어버이날 저녁에 안산에서 유가족들이 버스를 타고 여의도 KBS에 항의 방문차 올라왔다. 그 소식을 듣고 방송사로 달려갔다. 5월인데도 밤 날씨가 꽤 차가웠다. 세월호 참사를 교통사고와 비교했다고 논란이 된 보도국장은 보지도 못하고, 사장도 만나지 못하면서 가족들은 경찰차 벽에 가로막혀 있었다. 가족대책위원회 위원장이 "청와대로 가자"고 말했다. 날짜는 바뀌어 5월 9일 새벽 2시께였다. 그들은 광화문 북단 광장에 내려서 자하문 길을 따라서 올라갔다. 옅은 밤안개가 낀 밤길을 모포를 두르고 가슴엔 영정 사진을 안고 걸어가는 행진, '유령들의 행진'이라고나 할까. 너무도 슬픈 행진이었다.

  청와대로 가는 길은 청운동 주민 센터 앞에서 경찰 차벽에 막혔다. 그 앞 아스팔트에 가족들이 주저앉아 밤을 새웠다. 소식을 듣고 달려온 시민들도 가족들을 에워싸고 밤을 지새웠다. 근처에 있던 환경운동연합, 아름다운재단 등의 단체와 시민들이 음식을 가져오고, 필요한 물품들을 가져왔다. 그날 오전 10시께, 스무 명 남짓의 학생들이 찾아왔다. 세월호 생존 학생들이었다. 그들은 유가족 앞에서 고개를 숙였다. 학생 대표가 "우리만 살아와서 죄송합니다"라고 울먹였다. 몇몇 가족들은 그들을 외면했지만, 다수의 가족이 그 아이들을 안아주면서 말했다. '살아와 줘서 고맙다'고. 그 모습을 보고 고개를 돌리고 울 수밖에 없었다. 오후에 KBS 길환영 사장이 찾아와 사과했고, 유가족들은 안산으로 돌아갔다.

프란치스코 교황의 위로

다음 날인 5월 10일에는 안산 문화광장에서 추모 대회를 열었다. 연사마다 울었고, 시민들도 같이 울었다. 마지막으로 무대에 오른 나는 대책 기구를 만들고 있음을 알리고, 같이 손을 잡자고 제안을 했다.

"끝까지 잊지 않을게."

2만 명의 시민이 함께 외쳤다. 5월 22일에는 '세월호참사국민대책회의(이하 국민대책회의)'를 발족했고, 나는 대표 격인 공동운영위원장을 맡았다. 유가족들과 함께 발맞추어서 "진상 규명, 책임자 처벌, 안전 사회 건설"을 목표로 활동하겠다고 대책 기구의 방향을 밝혔다. 이 목표는 유가족들이 만든 대책 기구에서 먼저 제시한 방향이었다. 국민대책회의에는 나중에 약 800개 단체가 참여했다.

국민대책회의의 첫 번째 사업은 '세월호 참사 진상 규명, 책임자 처벌 특별법 제정을 위한 천만 서명운동'이었다. 유가족들의 서명운동을 이어받아 전국적 차원에서 서명운동을 벌였다. 5월 말부터는 유가족들과 함께 버스를 타고 전국으로 내려갔다. 거리에서 만나는 시민들도 적극적으로 호응해 주었다. 노동조합과 공공기관에서도 자발적으로 서명운동을 벌였다. 이런 덕분에 7월 중순에는 실제로 350만 명의 서명지를 국회에 접수할 수 있었다. 시민사회 운동 역사상 가장 빠른 시간 안에 이룬 성과였다. 이때부터 유가족들과 시민사회는 한 몸처럼 움직였다.

7월 12일, 안산에서 버스를 타고 올라온 가족들이 국회 본청 앞으로 들어가 눌러앉았다. 국회 본청에서 국회의원이 아닌 시민들이 농성한 첫 사례가 되었다. 이틀 뒤인 7월 14일, 광화문 이순신 장군 동상 앞에서 유가족 가운데 '아빠들' 5명이 눌러앉았다. 민주노총의 한석호 당시 사무부총장이 광화문으로 가자고 할 때 난 동의했다. 그곳이 중요한 투쟁 거점이 될 것으로 예상했다. 광화문은 시민들을 만나기 유리한 장소였다. 곧 텐트가 설치되었고, 하나둘 텐트가 늘어났다. 시민들은 이곳에 모여서 노란 리본을 만들었고, 시민 상주를 자처했다. 이곳에 온 아빠 유가족들은 단식 농성에 돌입했다. 그중에는 유민 아빠 김영오 씨도 있었다. 그는 46일 동안 단식 농성을 했다.

8월 16일 천주교 교황으로는 25년 만에 방한한 프란치스코 교황이 광화문광장에서 '윤지충 바오로와 123위 동료 순교자들' 시복식을 열었다. 이때 가톨릭 신도 100만 명이 모인 광장에서 교황은 차를 타고 한 바퀴 돌던 중에 세월호 참사 유가족들을 발견하고 차에서 내렸다. 그날로 33일째 단식 중인 김영오 씨는 교황과 악수를 했고, 교황의 가슴에 세월호 노란 리본 배지를 달아드렸다. 교황은 방한 중에 "고통에는 중립이 없다"는 말로 세월호 참사 유가족들에게 깊은 위로의 말을 남겼다.

끔찍한 혐오를 이겨내고

이런 교황의 위로와는 달리, 6월 지방 선거 후 세월호 유가족들과 국민대책회의에 대한 혐오 표현이 쏟아졌다. '자식 팔아서 돈을 더 받으려는 유가족' '빨갱이들이 유가족들을 선동한다'는 등의 말이 대표적이었다. 단원고 교복을 입고 '어묵'을 먹는 사진을 올리는 이들도 있었다. 단식 농성이 막바지로 접어들 때는 '일베'들이 단식 농성장에 들어와 일명 '폭식 투쟁'을 했다. 그들은 치킨을 뜯고, 피자 파티를 벌였다.

유가족들과 국민대책회의는 여론을 움직여야 했다. 시간이 지날수록 옅어지는 특별법 제정 운동을 독려하는 차원에서도 전국의 시민들을 직접 만날 필요가 있었다. 그래서 전국의 단체들이나 노동조합들을 찾아가 간담회를 벌였다. 나는 호성 엄마 정부자 씨와 짝을 이루어 간담회를 다녔다. 호성 엄마는 처음에는 사람들 앞에서 울기만 했다.

"호성이가 나한테 숙제를 내줬어요. 호성이가 왜 죽었는지를 나는 알아야 하고, 우리 아들 죽인 책임자들을 처벌해야 숙제를 하는 겁니다."

호성 엄마의 마음은 세월호 유가족들의 마음이었다. 간담회가 끝나면 사람들이 서로 와서 유가족들을 안아주면서 다짐을 했다.

"끝까지 함께하겠습니다."

그런 힘 덕분이었을까? 여러 차례 난항 끝에 11월 7일, 국회에서 '4·16 세월호 참사 진상 규명 및 안전 사회 건설 등을 위한 특별법(약칭 세월호진상규명법)'이 통과되었다. 전국에서 이때까지 650만 명 이상이 서명에 동참했다. 이제 특별법에 따라 특별조사위원회가 설치되어 진상 조사 작업을 시작할 수 있게 되었다.

4·16 세월호 참사 2

꽃비가 서럽게도 내린 삭발 행진 날

　세월호 참사 직후 안산은 도시 전체가 깊은 슬픔에 잠겼다. 화랑유원지 옆에 자리한 경기도미술관 앞 주차장에는 정식 정부 합동분향소가 차려졌다. 경기도미술관을 등지고 세워진 분향소에 들어가면 긴 제단 위에서 어린 학생들의 영정 사진이 꽃 속에 파묻혀 있었다. 방명록에 서명하고 제단 앞에 서면 눈물이 차올라 제단 위의 사진들을 제대로 볼 수 없었다. 겨우 분향을 마치고 나와서는 담배만 길게 피워댔다.
　분향소를 가운데 두고 양옆으로는 컨테이너를 잇댄 공간들이 있었다. 정면을 바라보고 오른쪽에 유가족 대기실이 있었다. 그곳을 단원고 희생 학생의 부모들이 반별로 돌아가면서 교대로 지켰다. 대기실 한쪽에는 엄마들의 공간이 있었다. 나중에 '4·16 공방'이 된 그 공간에서 엄마들이 서로 얘기도 하고, 뜨개질도 하고, 매듭으로 리본이나 나비, 고래 등을 만들었다. 그곳에 가면 다른 사람 눈치를 보지 않고 맘껏 아이들 얘기도 하고, 울고 싶을 때 울고, 웃고 싶을 때 웃어도 되었다. 사람들은 유가족들이 웃으면 아이를 잃고 웃는다고 비난했고, 밥을 먹고 있으면 자식 잃고도 밥을 먹는다고 눈을 흘겼다. 집 안에 틀어박혀 울고 있던 엄마들이 그곳으로 하나둘 나왔다. 서로의 아픔을 나누면서 그들은 한 가족이 되어 갔다. 아빠들의 공간인 '4·16 목공소'도 그곳에서 출발했다.

단원고 존치교실과 기억교실

경기도 안산에서 분향소만큼이나 사람들이 많이 찾아가는 곳은 단원고 '존치교실'이었다. 희생된 단원고 학생들이 쓰던 교실 10개와 선생님들이 쓰던 교무실 한 개가 보전되어 있었다. 교실에 들어서면 '얘들아, 지각이다. 빨리 돌아와' '○○야, 사랑해' 같은 글귀들이 가득 적힌 칠판이 먼저 눈에 들어왔다. 책상에는 꽃들이 놓여 있고, 사진도 있고, 추모 글을 적을 수 있는 노트들도 있다. 그런 자리는 희생된 학생들의 자리였다. 그 옆에 드문드문 아무것도 없는 책상이 있었다. 그런 자리는 생존 학생들의 자리였다. 살아 있는 학생들이 돌아오지 못한 학생의 자리에 고개 숙이고 앉아 있는 모습도 보았다. 친구일까? 후배일까? 30명이 수학여행을 갔는데, 1명만 살아온 반도 있었다. 3반 교실에 들어가면 벽에 달력이 걸려 있었는데, 4월 15일부터 18일까지 '수학여행'이라고 쓰고 하트 표시를 해 놨다. 4월 18일에 돌아와야 하는데, 그들은 돌아오지 못했다. 무려 250명이 한꺼번에 사라졌다. 11명의 선생님과 함께.

하지만, 그 교실을 단원고에 계속 둘 수가 없었다. 재학생 부모들의 반대가 완강했다. 재학생들에게는 방해되지 않게 출입문을 다르게 내자는 안을 내기도 했지만, 끝내 학교에서 교실을 빼기로 했다. 2016년 8월 20일, 학생들의 물품을 담은 박스를 밖으로 들어냈다. 그 박스를 싸면서 유가족들은 많이도 울었다. "왜 우리 애들이 쫓겨나야 하는데." 그런 울부짖음 속에 안산교육지원청으로 옮겼다. 단원고 실종자 6명은 그대로 있다가 2018년 2월에 옮겼다. 현재는 안산 고대병원 건너편에 있는 '4·16 생명안전교육원' 안에 '기억교실'이라는 이름으로 복원되어 있다. 단원고 교실 그대로의 모습이 재현되어 있어서 많은 사람이 찾는 곳이다.

팽목항 못 떠난 실종자 가족과 연대

2015년 6월 28일에 창립된 '4월 16일의 약속 국민연대(약칭 4·16연대, 세월호참사 국민대책회의의 후속 단체)'는 2014년 6월부터 국민대책회의가 운영하던 '기다림과 진실의 버스'를 이어받아 2015년 7월부터 마지막 주 토요일에 팽목항으로 내려갔다. 오전 9시 서울 대한문에서 버스를 타고 팽목항으로 내려가서 실종자 가족들을 만나고, 세월호 인양을 기원하는 문화제 등의 행사를 함께

한 뒤 밤 11시에 버스를 타고 서울로 돌아왔다. 무박 2일의 버스 여행이었다.

팽목항에는 2014년 11월 11일로 수색이 종료된 다음에 실종자 가족들이 머물고 있었다. 그때까지 돌아오지 못한 9명의 이름을 어두운 밤 방파제에 나가서 불렀다. 단원고 학생 조은화, 허다윤, 남현철, 박영인, 단원고 교사 양승진, 고창석, 일반인 승객 이영숙, 권재근, 권혁규의 이름을 부르고, 빨리 돌아오길 기원했다. 그럴 때마다 실종자 가족들은 하염없이 울었다. 실종자 가족들은 너무 지쳐 갔고, 고립되어 있었다. 이렇게 한 달에 한 번이라도 버스를 타고 내려가 위로하는 일이라도 해야 했다. 실종자 가족들은 세월호가 인양되어 뭍으로 올라온 2017년 3월까지 이곳에 머물렀다.

지금 팽목항에는 '세월호 팽목기억관'이 여전히 유지되고 있다. 낡은 컨테이너로 만들어진 기억관에는 희생된 단원고 학생들의 얼굴 사진을 담은 대형 펼침막이 걸려 있다. 지금도 여전히 사람들이 그곳을 찾아온다.

"너무 늦게 찾아와서 죄송합니다."

이런 글을 남기고 가는 추모객들도 있다. 그곳에는 식당도 있고 회의실 겸 숙소로 쓰는 공간도 있다. 그곳은 사건이 나고 나서 주검을 수습했던 현장이라서 유가족들은 작은 기억공간을 하나 만들자고 했다. 유가족들의 요구를 줄곧 정부나 진도군은 외면했었는데, 이재명 정부 이후에는 정부가 나서서 이곳에 기억공간을 만드는 일이 시작되었다. 그런 곳을 유가족과 진도 시민들, 그리고 광주 시민상주모임에서 번갈아 가면서 지켜왔다.

　붉은 등대가 서 있는 방파제에는 타일로 만든 추모 벽이 조성되어 있다. 방파제 난간에는 노란 깃발들이 펄럭인다. 깃발은 매년 주기가 되면 4·16 연대에서 새로 교체해서 단다. 하지만, 바닷바람이 워낙 센지라 깃발은 온전하지 않다. "잊지 않겠습니다"라고 쓴 깃발에는 "잊지"만 남아 있고, "진상 규명" 깃발은 "규명"은 바람에 날아가고 "진상"만 남아서 펄럭인다.

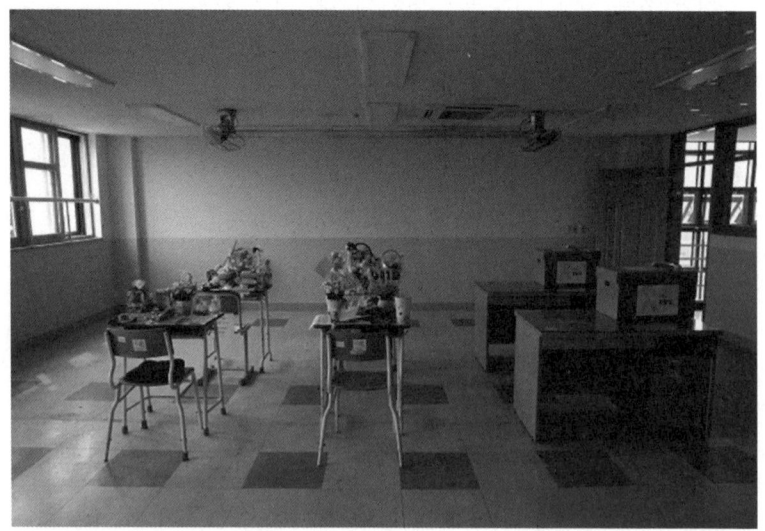

기억교실로 옮겨지지 않은 미수습 학생과 교사들의 유품이 남아 있던 안산 단원고 존치교실의 모습.
ⓒ《한겨레》

집단 삭발한 유가족들의 행진

전국에 여러 기억공간이 있겠지만, 세월호 참사 초기에는 서울 광화문 '4·16 광장'이 중심이었다. 앞서도 말했지만, 2014년 7월 유가족들의 단식 때부터 확보된 공간이었다. 이곳은 세월호 참사 관련한 투쟁의 중심지 역할을 하기도 했다.

세월호 참사 100일을 맞아 2014년 7월 23일, 유가족들은 안산에서부터 광화문까지 1박 2일간 행진해서 올라왔다. 참사 100일에 시민들의 시선이 집중되는 것을 막기 위해서였을까? 7월 22일, 갑자기 전남 순천의 한 과수원에서 청해진해운의 실소유자로 알려졌던 세모그룹 전 회장 유병언 씨 주검이 발견된 사실이 보도되었다. 경찰과 군까지 동원해서도 찾지 못한 유병언이 갑자기 백골 시신이 되어 나타난 것이었다. 여러 의혹이 제기되는 상황에서 100일 행진에 유가족들이 나섰다. 7월 24일, 비가 억수같이 내리는 가운데서도 시청 광장에서는 추모 문화제가 열렸다. 문화제가 끝나고 나서 유가족들은 광화문 농성장으로 행진했다. 경찰은 세종대로에 차 벽을 세워서 시민들이 유가족 행진에 합류하는 것을 차단하고자 했다. 그러다가 유가족들이 박근혜 대통령에게 항의하러 간다고 청와대 방향으로 길을 잡자 경찰이 교보문고 앞에서 유가족들을 가로막았다. 거기서 새벽까지 퍼붓는 빗속에서 경찰과 대치했다.

2015년 4월 2일, 유가족들 50명이 집단 삭발식을 했던 곳도 광화문 4·16 광장이었다. 유가족들은 그해 1월 26일부터 2월 14

일까지, 안산에서 팽목항까지 행진을 진행한 적이 있었다. 그때의 요구는 '세월호 선체의 온전한 인양'과 '진상규명특별조사위원회의 조속한 발족'이었다. 정부는 세월호 인양을 약속하지 않고 있었고, 세월호진상규명특별법이 제정되었으나 시행령도 만들지 않아서 특별조사위원회 발족이 늦어지고 있었다. 3월 27일이 되어서야 정부는 시행령안을 공개했지만, 그 시행령안은 여러 면에서 특별법 제정 취지를 무시하고 진상 규명 작업을 하지 못하게 하는 내용이었다.

이에 분노한 유가족들은 기자회견을 통해서 엉터리 시행령을 폐기할 것과 세월호 선체의 온전한 인양을 요구했다. 그러면서 "돈이나 더 받아내려고 떼쓰는 유가족으로 매도하지 말 것"을 정부에 촉구했다. 그런데 정부는 유가족의 이런 간절한 요구를 무시했다. 정부는 갑자기 희생자들과 유가족들에게 거액의 보상금을 주겠다고 발표했다. 여행 보험에서 지급하는 돈과 국민 성금으로 나눠주는 것까지 포함해서 한껏 부풀린 금액을 언론에 보도자료로 내보냈다.

그런 처사에 유가족들은 격분했다. 집단 삭발을 한 유가족들은 4월 4일, 행진에 나섰다. 상복을 입고 아이들의 영정 사진을 가슴에 든 유가족들이 걸어가는 길에 벚꽃이 활짝 피었고, 꽃비가 서럽게 내렸다. 그런 길을 걸어서 4월 5일 광화문 4·16 광장에 들어왔다. 세월호 참사 1주기는 대정부 투쟁으로 갈 수밖에 없었다.

4·16 세월호 참사 3

종종 죽은 이들이 보인다

세월호 참사 1주기가 다가오자 시민들은 정부가 그 어떤 약속도 지키지 않았음을 다시 상기했다. 시간은 자꾸 흐르는데, '4·16 세월호 참사 특별조사위원회(이하 세월호 특조위)'는 구성조차 못 하고 있었고, 정부는 세월호 인양도 약속하지 않았다.

2015년 4월 16일, 유가족들은 경기도 안산 합동 분향소 앞에 박근혜 대통령과 정부 관계자들, 여야 국회의원들의 자리를 만들어 놓고 기다리고 있었다. 그날 낮에는 비도 오락가락하고 하루 종일 흐렸다. 그런데 박근혜 대통령은 유가족들이 기다리는 안산에는 오질 않고 엉뚱하게도 아무도 없는 팽목항을 찾아갔다. 거기서 세월호 선체 인양을 약속했다. 유가족도 시민도 없는 바람 부는 팽목항 방파제에서, 기자들 앞에서 한 약속이었다. 그러고는 해외

순방을 떠났다. '4·16 세월호참사가족협의회'는 그날 안산에서 진행하기로 한 '4·16 합동 분향식'을 취소하고 서울로 올라왔다.

나는 참사 1주기를 맞아서 대표단 단식 농성을 하고 있었다. 4월 11일에는 '대통령령(세월호진상규명특별법 시행령안) 폐기와 세월호 인양 촉구 총력 행동'에 참석하고, 4월 15일 참사 해역 선상 추모식에도 참석했다. 참사 해역은 그때 처음 가 보았다. 그곳에는 노란 부표 외에 아무것도 없었다. 바다 아래 가라앉아 있는 배의 선수와 선미를 표시한 노란 부표 주위를 배가 선회했고, 유가족들은 바다로 뛰어들 듯이 위태로웠다. 유가족들의 울음소리는 사람이 내는 소리가 아니었다. 애끊는 소리였다. 바다 위에 던진 국화꽃이 출렁이는 물결에 둥둥 떠갔다.

이게 나라입니까?

4월 16일 저녁, 서울시청 앞 서울광장을 사람들이 가득 메웠다. 나는 대표자의 한 사람으로 무대에 올라서 외쳤다. 단식 열흘째였음에도 온 힘을 다해서 큰 목소리로 외쳤다.

"이 나라에 대통령이 있습니까? 이 나라에 정치가 있습니까? 이게 나라입니까?"

그리고 광화문광장 분향소에 추모의 국화꽃을 들고 행진해 가자고 제안했다. 시민들이 세월호 참사 희생자들의 분향소가 있는 광화문 4·16 광장으로 움직였지만, 경찰이 막아놓은 차 벽에 가로막혔다. 그날은 광화문광장에 접근할 수 없었다. 그날 밤에 경복궁 광화문 앞까지 간 유가족들은 그 자리에 눌러앉았고, 곧 경찰은 그 앞을 에워싸 시민들의 접근을 막았다.

4월 18일은 토요일이었다. 오전부터 경찰이 유가족들 앞을 차벽으로 막았다. 경찰 버스 위에까지 올라가 항의하던 김영오 씨를 비롯한 아빠 몇 명이 경찰에 연행되었다. 오후 3시부터 시청 앞 서울광장에서 범국민대회를 열고, 청와대로 행진했다. 대회가 끝나기도 전에 경찰은 광화문 사거리부터 경복궁과 광화문 앞까지 6중의 차 벽을 설치했다. 그런데 이날은 시민들과 민주노총 조합원들의 행동이 빨랐다. 차 벽을 젖히고 광화문 4·16 광장으로 들어설 수 있었다. 세종문화회관 앞의 차단벽도 넘어서 광화문광장 북단 차 벽으로 몰려갔다. 그러고는 경찰 버스에 밧줄을 걸어 당겼고, 버스의 방향을 틀어서 만들어진 틈으로 경복궁 앞 도로까지 진출할 수 있었다. 그러자 경찰이 물대포를 쏘고, 캡사이신을 쏘아댔다. 유가족이라고 봐주지 않았다.

밤이 늦어졌지만 도저히 경찰차 벽을 넘어서 청와대로 행진할 수는 없었다. 그러다가는 더 많은 사람이 다칠 것 같았다. 국민대책회의의 집행부들을 불러 모아서 현장에서 회의를 진행하고, 그날의 투쟁을 정리하기로 했다. 경복궁 앞에 있는 유가족들을 집행부에서 데리고 나오기로 했다. 드디어 틈이 벌어진 그 사이로 유가족들이 광화문광장으로 들어와 시민들과 만나서 얼싸안았다. 그 모습이 너무 아름답다고 느꼈다. 현장에서 시민들과 유가족들 앞에서 즉석 연설을 했다.

"오늘은 아름다운 밤입니다. 우리의 투쟁은 오늘로 끝나지 않습니다."

　다시 투쟁할 것을 결의하고 나서 사람들을 해산시킬 수 있었다. 왜 싸우지 않고 해산하느냐고 여러 사람으로부터 항의를 받았다.

　5월 1일에는 노동절 대회 뒤에 노동자, 시민들과 함께 인사동 방향에서 청와대로 항의하러 가기 위한 투쟁을 벌였다. 청와대로 가는 길은 이미 경찰에 의해서 완전히 봉쇄되어 있었다. 그날 밤을 인사동 사거리에서 경찰들의 물대포와 캡사이신을 맞으면서 유가족들이 목에 밧줄을 걸고 버티고, 노동자와 시민들이 합세하면서 완전 밤샘 투쟁을 했다. 다음 날 아침에 해가 환하게 올라온 다음에야 싸움이 끝났다.

　약 한 달 동안 계속된 투쟁의 주요 요구는 '세월호진상규명특별법의 엉터리 시행령안 폐기'와 '세월호의 온전한 인양'이었다. 국민대책회의가 거리에서 투쟁하는 동안에 세월호 특조위 이석태 위원장과 특조위 일부 위원들이 4·16 광장에서 농성을 벌였다. 시행령안을 철회하고, 특조위와 논의하여 새롭게 시행령을 만들어야 하며, 세월호 특조위가 일을 할 수 있게 예산을 배정하라는 요구였다. 하지만 이런 당연한 요구조차 들어줄 정부가 아니었다. 시행령안은 약간의 수정을 거쳐서 시행되었고 예산은 그해 8월에나 집행되었다.

다섯 번째 구속

경찰과 정부는 약 한 달간의 1주기 투쟁으로 경찰 차량이 파손되었고 경찰이 부상을 당했다면서, 관련자들을 색출하여 엄단하겠다고 발표했다. 맨 처음 타깃은 한상균 민주노총 위원장이었다. 불법 시위를 주도한 혐의로 수배를 받게 되었고, 그 뒤 6개월 동안을 민주노총에서 밖으로 나오지 못하고 갇혀서 지내야 했다. 그리고 경찰은 내가 공동운영위원장으로 있는 국민대책회의(그때는 '4월 16일의 약속 국민연대'로 조직 전환 중이어서 언론에는 4·16연대 상임운영위원으로 보도되고는 했다. 4·16 연대는 2015년 6월 28일에 정식 창립되었다)에 대해 집중 수사를 벌였다. 경찰을 비롯한 정부 윗선에서 나를 구속한다는 방침이 정해졌다는 소식이 들려왔다.

6월 18일에 공안 검사 출신 황교안 씨가 국무총리가 되었다. 그러자 바로 다음 날 경찰이 국민대책회의 사무실과 나와 김혜진 씨의 단체 사무실 등에 압수 수색을 실시했다. 우리 두 사람이 '1주기 불법 시위'를 주동했다는 혐의를 씌웠다. 가만히 있을 수는 없었다. 청와대 앞 청운동 사무소에서 항의 기자회견을 했다. 그 자리에서 나는 마이크를 잡고 압수 수색을 할 곳은 국민대책회의가 아니라 청와대라고 강도 높은 발언을 했다.

"(세월호 참사 당일인) 4월 16일에 7시간 동안 뭐하고 있었나? 혹시 마약 하고 있던 거 아니냐? 청와대 압수 수색해서 마약 하고 있었는지 한번 확인했으면 좋겠습니다. (중략) 보톡스 맞으면 당장 움직이지 못하니까 7시간 동안 그렇게 하고 있었던 거 아닌가 그런 의혹도 있습니다."

이 발언을 《조선일보》가 보도하고, 모든 언론이 따라서 보도했다. 엄마부대봉사단은 4·16 광장 앞 건너편 도로에 와서 기자회견을 했다. 그들은 지도자에게 막말한다면서 "박래군을 쳐 죽여도 괜찮지 않을까요?" 같은 살벌한 팻말까지 들었다. 보수 단체들의 고발이 있자 검찰은 영장을 청구했다. 7월 16일 영장실질심사를 받고, 나는 구속되었다. 다섯 번째 구속이었다.

구치소에서 지낸 세월호 차례

구속되고 나서 처음에는 잠이 쏟아지고 기운을 차릴 수가 없었다. 돌이켜 보면 세월호 참사 뒤에 유가족들과 농성, 행진 등으로 몸이 너무도 지쳐 있었다. 서울구치소에서 죽어라 운동을 했다. 한 달간 운동을 하니 몸이 살아났다. 밖에서는 나를 위해 석방 문화제 열고, 많이 애를 썼다. 모교의 교수, 졸업생, 재학생들도 석방 촉구 서명을 벌였다.

그해 추석은 9월 27일이었다. 그날 아침 미리 준비한 과일이며, 아침밥으로 나온 밥과 음식들을 골판지 밥상 위에 차려서 올렸다. 감옥에서 마련할 수 있는 최선의 차례상이었다. 세월호 참사로 돌아가신 304명, 특히 돌아오지 못한 9명의 실종자를 기억하면서 차례를 지냈다. 두 번 절을 하고 일어나는데, 그때 나는 그들이 내 초라한 차례상으로 찾아왔다는 강렬한 느낌을 받았다. 그 느낌은 어떻게 말로 옮길 수가 없다. 종종 죽은 이들이 보이곤 한다. 세월호 희생자들이 그날 그렇게 내게로 다녀갔다.

4·16 세월호 참사 4

내가 한 약속의 끝은 어디일까

 서울구치소 11사동 상층은 독방만 있는 곳이었다. 입구에서부터 스물두 번째 방이 내 방이었다. 내 방 안쪽으로도 방이 세 개 더 있었으나, 모두 빈방들이었다. 나는 구치소가 내게 특별한 대우를 해준 것으로 생각했다. 나만의 공간이 생긴 것이었다. 1.5평의 독방은 적막했다. 그곳에서 나는 2015년의 한여름을 지내고, 가을을 맞았다. 한 달 동안 칸막이 쳐진 운동장에서 매일 한 시간씩 운동하고, 방에 들어와서도 운동을 하니 몸이 다시 살아났다. 그 즈음부터 밖에 두고 온 사람들과 일들이 생각났다. 세월호 참사 이후의 일들도 많이 생각났다.
 그랬었다. 가방을 멘 학생들만 봐도 눈물이 났다. 앉기만 하면 아이들 이야기하던 엄마들도 생각났다. 안산에서 진도까지 행진 때 한 아버지가 진도대교를 넘어가면서 아들의 이름을 목 놓아 부르던 소리를 들었다. 대답 없이 바람에 흩어져 버렸던 그 이름이 누구였더라 생각해 내려고 애썼다. 특히 누구보다 위태로워 보이던 세월호 유가족들, 그리고 힘들어도 내색조차 하지 못하는 형제자매들도 생각났다.

"니 맘 다 안다"

그럴 때 송창식의 '푸르른 날' 노래가 들려왔다. 구치소에서 틀어 준 음악 방송이었다. 점심을 먹고 화장실에서 설거지를 하던 중에 "눈이 부시게 푸르른 날은 그리운 사람을 그리워하자"는 가사가 들리는 순간, 갑자기 목이 메었다. 급기야 "내가 죽고서 네가 산다면"에서 참았던 눈물이 터졌다. 1988년 동생을 잃었을 때 내 마음이 그랬고, 세월호 유가족들의 마음이 그럴 것이었다.

그리고 2015년 5월 17일 광주 금남로가 생각났다. 5·18 광주민중항쟁 35주년 전야제가 열렸다. 나는 세월호 유가족과 그 자리에 참석했다. 전야제가 종반으로 치달아 갈 때 도청 쪽 무대에는 5·18 유가족들이 흰색 치마저고리를 입고 올랐고, 반대편 무대에는 세월호 유가족들이 노란색 점퍼를 입고 섰다. 무대가 서서히 당겨져 양쪽 무대가 닿을 무렵 5·18 유가족들이 세월호 유가족들을 끌어안았다. 세월호 유가족들은 5·18 유가족들 품에 안겨서 너나없이 울었다. 그 모습을 지켜보던 시민들도 같이 울었다. 어떤 백 마디 말보다 "니 맘 다 안다"는 한 마디의 말이 모두를 울렸다.

적막한 독방에서 죽은 이들이 자꾸 생각났다. 내가 장례를 치러주었던 이들, 내가 사건을 해결하려고 뛰어들었던 사건의 당사자들, 그리고 유가족과 피해 당사자들과 관계를 맺은 수많은 이들이 생각났다. 세월호에서 구조받지 못하고 최후를 맞은 이들의 얼굴 위로, 예전에 장례식장 안치실에서 보았던 주검 안치대 위에 놓인 주검과 그에 고인 핏물의 모습이 겹쳐 보였다. 장례를 오래도록 치르지 못한 주검일수록 그런 핏물이 많이 고여 있었다. 그런 주검을 나는 참 많이도 보았다.

여기서 처음 말하지만, 몇 년 전부터인가 불판 위에서 구워지는 쇠고기를 먹지 못했다. 육즙이 맛있다고? 사람들에게는 "소띠인 내가 어떻게 동족인 소를 먹겠냐"고 둘러댔지만, 솔직히 육즙이 배어 나오는 쇠고기에서 주검 안치실의 핏물이 떠올랐다. 나는 안 그런 것 같았는데, 나의 깊은 곳에 트라우마가 자리 잡고 있었던 것 같다. 나는 인권운동을 하면서 너무도 많은 주검을 보고 살아왔다. 모두 억울하고 서러운 사람들이었다. 나는 그들의 억울함을 푼다고 약속을 했지만, 얼마나 그 약속을 지키고 살고 있는 것인가? 다시 지키지 못할 약속을 세월호 유가족들과 시민들 앞에서 하고 있는 것은 아닐까?

'끝'이란 말만큼 무서운 말은 없다. 사람들과의 약속, 그 끝은 어디일까?

"끝까지 잊지 않겠습니다. 끝까지 함께하겠습니다."

이런 다짐을 하는 사람들은 어디가 끝이라고 생각하는 것일까? 광화문 '4·16 광장'에서 유민 아빠 김영오 씨의 단식이 한 달을 넘어가자 시민들은 "유가족 죽일 작정이냐"며 내게 거칠게 항의하면서 하던 말도 "진상 규명될 때까지, 끝까지 싸우겠습니다"였다. 수천 명의 시민들이 릴레이 단식에 참여했다. 영화배우, 작가 등 문화예술인 1만 명은 진상 규명 특별법 제정을 촉구하는 선언에 참여했고, 교사들도 동참했다. 이 일로 문화예술인 일부가 블랙리스트에 올랐고 교사들은 징계를 받았다. 시민들은 각자의 위치에서 자신들이 약속한 바를 실천에 옮기고 있었다.

귀뚜라미가 보낸 응원, '살아라'

그런데 정말로 그 끝은 어디일까? 10년이면 끝나는 싸움일까? 나도 모르고, 누구도 모르는 싸움이었다. '4·16 세월호 참사 특별조사위원회(이하 세월호 특조위)'가 8월부터 활동에 들어갔지만, 위원회의 앞날은 험난할 것이었다. 그 위원회가 진상 규명을 못 한다면 그다음은 어떻게 해야 할 것인지, "4·16 이후는 이전과 달라야 한다"는 생명 존중과 안전 사회를 향한 우리의 투쟁은 어디로 가야 하는지 나는 걱정이 많았다. 그 모든 운동을 나는 '4·16 운동'이라고 생각했다. 광주민중항쟁 이후의 민주주의를 위한 운동을 '5·18 운동'이라고 하듯이, 진상 규명-책임자 처벌 운동과 생명 존중-안전 사회 운동을 '4·16 운동'이라고 할 수 있지 않을까 생각했다. 세월호에서 억울하게 죽어 간 사람들의 죽음을 헛되이 하지 않게 싸워서 만들어내는 세상은 분명 달라야 한다. 나는 무엇을 해야 할까? 그런 고민을 하면서 여름날을 보냈다.

모든 눈물에는 온기가 있다

정리되지 않는 고민을 거듭하던 어느 날 밤에 귀뚤귀뚤 귀뚜라미 우는 소리가 아주 가깝게 들렸다. 어디로 들어왔는지 앙증맞을 정도로 작은 귀뚜라미가 방바닥에 앉았다가 폴짝폴짝 뛰면서 내는 소리였다. 나만 있는 공간에 생명체가 들어온 것이다. 그 작은 곤충이 '나도 여기 살아 있으니 너도 살아라' 하고 응원하는 것만 같았다. 나희덕의 시가 떠올랐다.

> 차가운 바닥 위에 토하는 울음,
> 풀잎 없고 이슬 한 방울 내리지 않는
> 지하도 콘크리트 벽 좁은 틈에서
> 숨 막힐 듯, 그러나 나 여기 살아 있다
> 귀뚜르르 뚜르르 보내는 타전 소리가
> 누구의 마음 하나 울릴 수 있을까.
> ―나희덕의 시 〈귀뚜라미〉 중에서

그때 마침 송경동 시인이 석방촉구 문화제에서 읊었다는 〈세상에서 가장 아름다운 시〉를 얼굴도 모르는 한 활동가가 붓글씨로 한지에 적어서 보내주었다.

> (전략)
> 전두환 때도 끌려가고
> 노무현 때도 끌려가고
> 이명박 때도 끌려가고

박근혜 때도 끌려간

그의 고단한 삶을 위로하는

정말 아름다운 시를 써주고 싶다

(중략)

이 돼먹지 않은

시대와 정권을 가만히 두지 않겠다는

세상에서 가장 뜨거운 시를

세상에서 가장 전위적이며 불온한 시를

그러나 세상에서 가장 아름다운 시를

그에게 주고 싶다

―송경동의 시 〈세상에서 가장 아름다운 시〉 중에서

다시 광화문으로

그런 응원들에 힘입어 비로소 감옥에서도 일을 해 보려고 했다. 밀린 글도 쓰고, 갈피를 못 잡는 생각들도 정리하려고 했다. 그런데 2015년 11월 4일 늦은 오후에 갑자기 보석 결정이 떨어졌다. 어둠이 내린 구치소 정문을 나서자 아내가 보였다. 세월호 유가족들 몇 명도 나와 있었다. 그 길로 광화문 4·16 광장으로 달려가서 분향소에 국화꽃을 올렸다. 110일 만에 나는 다시 세상 속으로 돌아왔다. 끝까지 함께 가야 할 사람들 곁으로.

11월 14일, 민중총궐기가 있었다. 그날 수배 중이던 민주노총 한상균 위원장이 사무실을 나와서 노동자 대오를 지휘했다. 광화문 사거리에는 경찰차 벽이 버티고 있었다. 그날 그 차 벽 앞에서 백남기 농민이 물대포를 집중적으로 맞고 쓰러졌다. 쓰러진 백남기 농민 위로도 물대포의 흰 물줄기는 계속 쏟아졌다. 그 길로 백남기 농민은 서울대병원 중환자실로 옮겨졌다. 차 벽은 헌법재판소에서 위헌 결정이 나왔음에도 경찰이 시위 군중을 막는 주요한 수단으로 여전히 사용하고 있었다.

세월호 인양 업체로 중국의 구조 전문 업체인 상하이샐비지가 선정되었고, 선체 인양을 위한 기초 조사 작업에 들어갔다. 2015년 11월 23일, 세월호 특조위는 세월호 참사 당일 7시간 만에 나타나 엉뚱한 발언을 했던 박근혜 대통령의 행적을 조사하기로 논란 끝에 의결했다. 이에 반대해서 여당 쪽 위원들이 사퇴했고, 극우 단체들이 세월호 특조위 사무실 앞에 몰려와서 시위를 벌였다. 정부, 여당의 비협조와 방해 속에서 세월호 특조위는 청문회 준비에 들어갔다.

4·16 세월호 참사 5

진실은 침몰하지 않는다

2015년 12월 14일부터 16일까지 서울 명동 YWCA 대강당에서 세월호 특조위 1차 청문회가 열렸다. 이날 청문회에는 해양경찰청 지휘부와 이주영 해양수산부 장관 등이 참석했고, 수감 중이던 이준석 세월호 선장 등이 불려 나왔다. 이들은 세월호 참사의 핵심 증인들이었지만, 대부분 "모른다" "기억이 나지 않는다" 등 성의 없는 답변으로 일관했다. 이런 모습에 울분을 참지 못한 세월호 생존 화물 기사 김동수 씨가 자해하는 소동을 벌였다. 이때 참석한 김관홍 잠수사는 "저희는 그 당시 생각이 다 나요. 잊을 수 없고 뼈에 사무치는데, 사회 지도층이신 고위 공무원께서는 왜 모르고 기억이 안 나는지…"라며 탄식했다. 단원고 희생자 정동수 군의 아버지 정성욱 씨는 해경으로부터 받았던 아들의 주검 사진을 공개했다. 그 자리에 참석했던 유가족을 비롯한 모든 사람이 울었다. 그 뒤로 2016년 3월과 9월에 2차, 3차 청문회가 열렸다. 청문회 때마다 일부의 사실들이 새로 확인되는 성과가 있었다.

청문회가 열리는 장소 밖에서는 어버이연합, 의혈단, 고엽제전우회와 같은 극우 성향 단체들이 극성맞게 방해 시위를 했다. 나중에 밝혀진 바로는 당시 박근혜 정부 청와대가 전국경제인연합(현 한국경제인협회)의 돈으로 68억 원을 이들 단체에 지원했다.

"감추려는 자가 범인이다"

선체 인양도 신뢰할 수 없는 과정의 연속이었다. 인양 업체인 상하이샐비지의 공법 자체도 문제였는데, 두 차례 인양 시도를 했지만 선체에 걸었던 쇠줄이 파고 들어가면서 선체만 훼손하고 실패했다. 유가족들은 세월호 침몰 현장이자 인양 작업이 바로 내려다보이는 동거차도 산등성이에 감시 초소를 만들었다. 마을에서 지게로 물과 먹을 것을 지고 오르내렸다. 이 감시초소는 세월호가 인양될 때까지 유지됐다. 가족들이 번갈아 가며 감시 초소를 지켰고, 가끔 나를 비롯한 4·16연대 회원들이 합류해서 밤을 지새웠다. 세월호 유가족들은 소형 선박을 사들여서 '진실호'라 명명하고, 수시로 세월호 인양 작업을 하는 곳에 나가서 감시했다.

이렇게 피해자들이 감시하는 것을 알게 된 상하이샐비지는 어떻게 하든 작업하는 장면이 보이지 않도록 애를 썼다. 낮을 피해 밤에 작업을 하거나, 큰 선박과 구조물로 현장이 보이지 않도록 가렸다. 세월호 참사는 매 순간 감추려는 자와 밝히려는 자의 긴장된 싸움의 연속이었다. 4·16 연대는 "진실은 침몰하지 않는다"와 함께 "감추는 자가 범인이다"라는 말로 정부를 규탄하는 행동을 이어 갔다.

이런 답답한 상황에서 20대 총선이 2016년 4월 13일에 치러졌다. 더불어민주당이 123석을 차지해서 제1당이 되었다. 총선에 출마한 '세월호 변호사' 박주민 씨는 서울 은평에서 국회의원에 당선되었다. 그는 세월호 참사 초기부터 유가족들과 함께했다. 유가족들은 그런 박 변호사를 신뢰했고, 총선에서도 적극적으로 지원했다. 단원고 희생자 오영석 군 아버지 오병환 씨는 큰 곰 인형 탈을 쓰고 그의 유세를 도왔다. 민간 잠수사 김관홍 씨는 박 변호사의 운전기사를 자처했다.

김관홍 씨는 세월호에서 292구의 시신을 수습한 25명의 민간 잠수사 팀의 일원이었다. 민간 잠수사들은 무리한 잠수로 골괴사(뼈로 가는 혈액 공급이 막혀 뼈가 죽는 질환)를 앓고 있었다. 부상이 없다고 해도 트라우마로 인해 일하기 힘들었다. 처참하게 훼손된 시신을 한 명 한 명 가슴에 안아 올려서 수습했던 잠수사들은 "우리 딸들, 아들을 안고 싶어요. 그런데 안 돼요" 하며 괴로워했다.

김관홍 씨도 대리기사 일로 생계를 위한 일을 했지만 불면증에 시달렸고, 자꾸 술에 의존했다. 그는 일 못 하는 잠수사들을 위해서 수영 강습이나 물놀이 안전 교육 같은 일을 할 수 있는 방법이 없느냐고 물어왔다. 나는 송경용 신부의 소개로 김영배 성북구청장(현 더불어민주당 국회의원)을 만나서 이런 문제를 상의했다. 김구청장은 구청이 운영하는 수영장 등에서 일을 할 수 있는 방법을 찾아보자고 했다. 그는 너무 좋아하면서 내게 "형님은 슈퍼맨"이라고 치켜세웠다.

잠수사 김관홍과 백남기 농민의 죽음

그러던 중 2016년 6월 17일 갑자기 그가 세상을 떠났다. 트라우마를 이기지 못한 결과였다. 장례식장에서 초등학교 6학년, 4학년의 딸들과 아직 초등학교에도 입학하지 못한 그의 아들을 보았다. 너무 서러웠다. "관홍아, 네가 술 사달라고 했을 때 바쁘다는 핑계로 차일피일 미뤘는데, 이렇게 떠나면 어떡하냐"고 울어야 했다. 얼마나 힘들었는지, 얼마나 괴로웠는지 제대로 살피지 못한 내가 원망스러웠다. 내 심장에 아픈 이름 하나를 다시 새겨야 했다.

정부는 세월호 특조위 활동 기한이 1년 6개월이므로 조사는 2016년 6월 30일로 종료하겠다면서, 9월 30일까지 사무실을 비우라고 통보했다. 이에 항의해서 이석태 위원장을 비롯한 특조위 위원들이 광화문 4·16 광장에서 단식 농성을 벌이며 항의했지만 막무가내였다. 결국 박근혜 정부는 세월호 특조위 문을 강제로 닫게 했지만, 곧바로 침몰해 갔다.

경찰의 물대포에 쓰러졌던 백남기 농민이 2016년 9월 25일 사망했다. 뇌수술을 받았지만 317일 만에 결국 돌아가셨다. 물대포에 따른 뇌 손상인 것이 너무나 확실함에도 검찰은 강제 부검을 시도했다. 서울대병원에서 시민들과 농성을 벌이며 이를 막아냈다.

그해 10월로 넘어오면서 박근혜 정부는 위기에 몰렸다. 여기저기서 퇴진 얘기가 나왔다. 그러던 중 10월 25일, JTBC가 국정개입을 입증할 '스모킹 건'이었던 최순실(개명 최서원) 씨의 태블릿 PC를 공개했다. 박근혜 정부 내 국정농단이 한순간에 드러났다. 정국은 급물살을 탔다. 10월 29일 비가 내리는 청계광장에 3만 명이 넘는 시민들이 몰렸고, 그들은 광화문광장으로 진출했다. 박근혜 퇴진 투쟁 1차 집회였다. 일주일 뒤인 11월 5일에는 백남기 농민의 장례식에 이어서 2차 집회가 열렸다. 이 집회에 30만 명이 운집해 박근혜 퇴진을 외쳤다.

11월 9일 '박근혜정권 퇴진 비상국민행동(이하 퇴진행동)'이 전국 모든 시민사회 단체가 참여한 가운데 출범했다. 나는 4·16 연대의 대표 자격으로 여기에 참여했다. 퇴진행동 50인의 공동대표였고, 나중에는 5인의 상임대표가 되었다. 여론은 하야에서 퇴진으로, 그러다가 탄핵으로 급진전하였다. 주저하던 더불어민주당을 비롯한 야당들도 이런 흐름을 반영해서 탄핵으로 가닥을 잡아갔다.

돌아오지 못한 그 이름들을 부르며

매주 토요일이면 광화문에 장엄한 촛불 바다가 펼쳐졌다. 겨울바람도 아랑곳하지 않고 시민들이 모였다. 광화문광장 북단에 중앙무대가 설치되었지만 남대문, 서울역까지 스크린과 스피커를 설치했다. 100만 명이 넘는 시민들이 외치는 퇴진 집회의 열기는 한겨울의 추위도 녹일 정도였다. 그 집회의 사회는 주로 박진 다산인권센터 활동가, 김덕진 천주교인권위원회 활동가, 윤희숙 청년연대 활동가가 맡았다. 그들은 '천만 사회자'라고 불렸다.

유명 가수들이 자발적으로 무대에 올라서 노래했다. 시민들도 앞다투어 발언을 신청했다. 나는 가급적 단체 사람들이 아니라 시민들에게 발언 기회를 더 많이 주자는 입장이었다. 규격화되어 있는 활동가들의 말보다 시민들의 발언이 훨씬 더 생동감이 있었고, 그런 만큼 감동과 호응도 컸다. 워낙 많은 단체와 시민들이 발언하려고 몰렸기에 설득하고 조정할 일이 많았다.

매번 집회 때마다 저녁 7시만 되면 촛불을 껐다. 침묵 속에서 그때까지 돌아오지 못한 세월호 실종자 9명의 이름을 불렀다. 1분 동안의 어둠 뒤에 다시 촛불을 켜고 '진실은 침몰하지 않는다'는 노래와 함께 청와대 방향으로 행진에 나섰다. 행진 대오 맨 앞에는 세월호 유가족들이 자리를 잡았다. 세월호 유가족들은 세월호에서 희생된 304명의 얼굴 사진이 박힌 현수막을 들고 걸었다. 그것만으로 눈물을 흘리는 시민들이 있었고, 시민들은 당연하다는 듯이 길을 열어주었다. 그래서 매번 선두는 세월호 가족들이었다.

12월 3일, 전국에서 232만 명이 모였다. 광화문에만 200만 명이 운집했다. 우리나라 역사상 최대 규모 집회였다. 매번 퇴진 집회 때마다 청와대 앞으로 한 발 한 발 다가가다가 이날은 드디어 청와대 앞 100미터까지 들어가 앉았다. 엄마들이 울부짖었다. 박근혜를 만나야겠다고 나설 때마다 경찰에 의해서 막히고, 패대기쳐지던 일이 한꺼번에 생각났다. 인권운동을 해온 나로서도 감격

스러운 일이었다. 시민들의 힘으로 우리의 권리를 확보한 날로 기억한다.

4·16 세월호 참사 6

세월호가 올라왔다

그때 더불어민주당 원내대표는 우상호 의원이었다. 오랜 친구가 원내대표여서 다행이었다. 그는 여당인 새누리당 의원들을 한 명 한 명 만나서 설득에 설득을 거듭했다. 12월 3일 전국에서 232만 명이나 모여 탄핵을 촉구한 촛불집회가 결정적이었고, 새누리당 의원들도 흔들리고 있었다. 그럼에도 나는 초조했다. 국회에서 탄핵소추안이 가결되지 않으면 어쩌나 하는 불안감이 있었다. 우상호 원내대표와 나의 관계를 아는 사람들은 전화를 해서 돌아가는 상황을 알아보라고 채근했다. 그에게 전화를 하면 바쁘다고 끊고 전화도 잘 받지 않았다. 그래서 문자를 보내 놨다.

"이번에 탄핵소추안 가결 못 시키면 죽을 줄 알아라."

거기에 친구들끼리 할 수 있는 육두문자도 좀 들어가 있었다.

그는 그 문자를 지금까지 저장하고 있다. 박근혜 국정농단 사건 초기에 탄핵은 어렵다고 판단했던 우상호 원내대표는 시시각각으로 변해가던 그 상황에서 탄핵밖에 없다는 입장으로 선회했다.

2016년 12월 9일, 국회에서 234표로 박근혜 탄핵소추안이 가결되었다. 나는 울산에 강연이 있어 내려가 있다가 이 소식을 들었다. 국회 본회의장 방청에 갔던 세월호 가족들이 눈물 흘리면서 기뻐하는 모습, 국회 앞에서 사람들이 얼싸안고 환호하는 모습을 영상으로 보았다.

박근혜 탄핵 재판과 '세월호 1000일'

한고비를 넘겼지만, 박근혜정권 퇴진 비상국민행동은 쉴 새 없이 움직였다. 한겨울의 한파가 몰아치는 가운데 매주 주말마다 열리는 탄핵 집회를 치르느라 비상행동 상황실 활동가들이 무척 고생했다. 나는 공동대표와 적폐청산위원장, 시민참여위원장 같은 직책을 맡아서 매일 회의를 하고, 정당들과 연락하고 만나야 했다. 당시 여당이었던 새누리당은 아예 우리의 연락에 응답하지 않았다. 야당들도 비상행동의 요구에 적극적이지 않았다. 그럼에도 우리는 긴급 과제, 30대 우선 과제, 100대 개혁 과제를 여러 차례의 토론을 거쳐서 만들어냈다. 비상행동은 박근혜 탄핵 사유 중의 하나인 재벌 개혁을 위한 활동도 이어 갔다.

2017년 새해 첫 번째 촛불집회는 1월 7일 오후 5시 30분부터 '박근혜는 내려오고 세월호는 올라오라-11차 범국민행동'이란 제목으로 광화문광장에서 열렸다. 이틀 뒤인 1월 9일이 '세월호 참사 1000일'이었기 때문에 집회 전체를 세월호를 기억하는 내용으로 채웠다. 전명선 4·16 세월호참사가족협의회 운영위원장이 시민들께 인사를 드렸고, 실종 학생 허다윤 씨의 아버지 홍환 씨가 "팽목항에는 아직 가족을 기다리는 사람들이 있고, 아직 세월호에서 9명이 돌아오지 못하고 있다"고 호소했다.

이날 집회 중에서 세월호 참사 당시 생존한 학생들이 무대에 올랐을 때가 지금도 기억난다. 생존 학생들이 무대에 올라설 때부터 엄마들의 눈자위는 붉어졌고, 아빠들은 얼굴을 숙였다. 생존 학생을 대표해서 장애진 씨가 편지를 읽어 내려갔다.

"우리는 너희를 절대 잊지 않고 기억하고 있을게. 나중에 너희를 만나는 날이 올 때, 우리를 잊지 말고 열여덟 살 그 시절 모습을 기억해 줬으면 좋겠어."

편지를 읽은 생존 학생들을, 304명 세월호 희생자의 얼굴을 새긴 노란색 깃발을 어깨에 두른 유가족들이 올라가 한 명씩 안아주었다. 무대에서도 울고, 무대 아래에서도 시민들이 울었다. 그날도 매번 했던 것처럼 저녁 7시에 맞춰서 촛불을 소등했다. 어둠 속에서 9명 실종자의 이름을 부른 뒤에 시민들은 청와대, 삼청동 총리공관, 헌법재판소 방향으로 나누어 행진에 들어갔다.

헌재는 매주 2회씩 집중적으로 심리를 이어 가고 있었고, 국정농단 사건의 박영수 특검도 활발하게 수사를 벌이고 있었다. 1월 25일에 최순실 씨가 검찰에 출석해 정신적 충격 운운하면서 "억울하다"고 기자들 앞에서 항변하자, 그 옆에 있던 청소 노동자 임애순 씨는 "염병하네" 하고 되받아서 화제가 되기도 했다. 비상행동은 촛불집회에 그 노동자를 세워서 발언을 듣기도 했다. 최 씨에 이어서 2월에는 삼성전자의 이재용 당시 부회장이 구속되었다.

대통령 박근혜를 파면한다

2월 18일에는 장충체육관을 통째로 빌려서 '2017 대한민국, 꽃길을 부탁해'라는 제목으로 시민 대토론회를 개최했다. 이 토론회는 김제동 씨의 사회로 진행되었고, 2201명이 참여해서 다양한 의견을 쏟아냈다. 그만큼 사회 개혁을 바라는 광장의 열망은 뜨거웠다. 이 토론회에서 나온 의견들이 '50인 성안위원회'에서 두 차례 심화 토론을 거쳐 '2017 촛불권리선언'으로 완성되었다. 나는 그 선언문의 초안을 작성했다.

"불의와 억압이 있는 곳에 우리 시민들의 저항이 있었다. 독립을 위해 목숨을 바친 선열들, 부도덕한 정권에 항거한 4·19 혁명과 5·18 광주민중항쟁, 그리고 87년 시민 항쟁을 우리는 기억한다. 2002년 효순이와 미선이를 추모하고, 2008년 미국산 쇠고기 수입을 거부하며 촛불을 들었던 우리들은 또다시 한겨울의 광장을 지키며 촛불을 들었다"로 시작하는 선언문에서, 나는 1700만 시민들의 새로운 사회에 대한 희망을 담아내려고 했다.

이제나저제나 헌재의 탄핵 결정을 초조하게 기다리던 중 3월 10일로 선고일이 잡혔다. 금요일 오전 11시였다. 우리도 헌재 앞으로 결집했지만 탄핵 반대 세력들도 마찬가지로 모여들었다. 경찰이 양쪽 세력의 충돌을 막기 위해 차 벽으로 막아놓은 인사동 길에서 이정미 헌법재판소장 권한대행의 선고를 들었다.

"피청구인 대통령 박근혜를 파면한다."

그렇게 기다려온 한마디였다. 사람들은 "우리가 승리했다"며 환호했다. 탄핵 반대 시위대가 있던 경찰차 벽 뒤쪽에서는 엄청난 소란이 일었다. 나중에 들은 바로는 그곳에서 경찰차 벽을 향해 돌진하던 와중에 4명이 사망하는 일도 있었다.

아쉬움도 있었다. 4·16 세월호참사가족협의회 유경근 집행위원장은 헌재 결정을 환영하는 간이 무대에 올라서 울부짖었다.

"왜? 왜? 세월호만 안 되는 겁니까?"

헌재는 세월호 참사와 관련해 "많은 국민이 사망하였고 그에 대한 (박근혜) 피청구인의 대응 조치에 미흡하고 부적절한 면이 있었다고 하여 곧바로 피청구인이 생명권 보호 의무를 위반하였다고 인정하기는 어렵다"고 판단해, 탄핵 사유로 인용하지 않았다. 다른 사람들이 환호하는 가운데, 유경근 집행위원장과 세월호 유가족이 울어야 했던 이유다. 세월호 참사에 대한 대통령의 책임을 면해주는 이 결정은 이후 세월호 참사 책임자들에게 면죄부를 주는 근거가 되었다.

마침내 인양된 거대한 무덤, 세월호

헌재 선고 이후 세월호 인양 작업이 속도를 냈다. 실패로 돌아간 인양 방식을 고집하던 해양수산부가 갑자기 공법을 바꿨다. 침몰한 세월호 해저면 바닥을 뚫어서 강철 빔으로 배를 받친 다음에, 강철 빔들에 쇠줄을 걸어서 올리는 방식이었다. 이전에는 직접 배에 쇠줄을 걸어서 끌어올리려다가 선체를 훼손했는데, 방법을 바꾼 것이었다. 3월 23일 세월호가 바다 위로 모습을 드러냈다. 세월호 참사 1073일 만이었다.

3월 31일, 새벽 2시께 안산 합동 분향소에서 목포행 버스에 올랐다. 인양된 세월호를 맞이하기 위해서였다. 새벽 4시나 되었을까? 갑자기 버스 안에서 만세 소리가 터졌다. 박근혜 전 대통령에 대한 구속영장 실질심사 결과가 나온 것이다. "박근혜 구속"이란 자막이 버스 TV 화면에 떴고, 박 전 대통령이 호송 버스를 타고 서울구치소로 이동하는 장면이 나왔다.

버스는 오전 7시께 목포신항에 도착했다. 비도 내리고 바람도 세차게 부는 가운데 천막을 급히 쳤다. 비도 개고, 바람도 잦아들었던 점심 무렵에 예상보다 빨리 세월호가 들어온다는 소식이 들렸다. 해수부 직원들은 세월호가 들어오는 부두까지 가지 못하게 막았지만, 세월호 유가족들을 막을 수는 없었다.

멀리 희미하게 세월호를 싣고 들어오는 게 보였다. 누가 먼저랄 것 없이 엄마들이 통곡하기 시작했다. 부두의 바닥에 주저앉아서 그동안 참았던 모든 울음을 쏟아내는 것 같았다. 각자 아이들의 이름을 부르면서 오열하는 중에 세월호가 다가왔다. 304명의 생명이 죽어간, 거대한 무덤, 세월호가 눈앞에 나타났다. 엄마들의 통곡 소리가 더욱 커졌다.

세월호는 좌현 방향으로 길게 누운 채 항구에 들어왔다. 붉게 녹슬었고, 선체 전체에 따개비가 덕지덕지 붙어 있는 흉한 모습으로 나타났다.

노란 리본의 약속과 4·16재단

2017년 3월 31일 오후 1시께, 침몰 1080일 만에 반잠수정 화이트마린호에 실려서 목포신항에 도착한 세월호는 옆으로 누운 상태였다. 목포신항 부두에 거치된 세월호에 미수습자 수색을 위해서 선내로 진입할 수 있는 통로를 만들었다. 누워 있는 배의 윗부분에서 사각의 구멍을 여러 개 냈고, 선미 부분은 절단했다. 선내에 있던 화물차 등의 차량과 화물들, 배 안에 가득 차 있던 개흙을 빼냈다.

선내에 있던 개흙은 '바스켓'에 담아서 세척대로 보냈다. 세척대에서는 작업자들이 고운 체 같은 것으로 혹여 유류품이나 유골들이 있지 않나 세심하게 살폈다. 세척을 마친 개흙들도 유가족들의 요구로 버리지 않고 긴 포대에 담아서 보관했다.

그때까지 돌아오지 못한 미수습자가 9명이었다. 그 가족들은 팽목항에서 목포신항으로 옮겨와, 컨테이너로 만들어진 부스에서 미수습자 수색 과정 중 돌아오지 못한 가족의 유해가 나오기만을 학수고대했다. 그들 곁을 조계종 사회노동위원회의 스님들이 지켰다. 실종자 수색이 종료되는 그해 11월까지 양한웅 조계종 사회노동위원회 집행위원장이 수고를 도맡아 해줬다.

노란 리본, 소리 없는 아우성

세월호 참사 가족들이 내려온 날부터 노란 리본이 부두 출입구 쪽 철망 펜스에 매일 늘어 갔다. 노란 리본은 바람이 불 때마다 '소리 없는 아우성'을 치는 것 같았다. 목포시는 진도군보다 협조적이었다. 목포 시민들도 처음부터 적극적이었다. 목포 시민사회단체들은 '세월호잊지않기 목포지역 공동실천회의'를 구성해서 활동에 들어갔다. 천막과 컨테이너로 부스를 설치해서 찾아오는 피해자 가족들과 시민들을 맞았다. 수색 작업이 진행되던 시기에는 매일 그곳을 지켜냈다. 세찬 바람과 땡볕 속에서 4·16 연대와 목포 지역 단체들은 새로운 활동을 펼쳐냈다.

영상 팀도 가동되었다. 4·16연대 미디어위원회 박종필 위원장과 그 후배들은 4·16 TV의 지성 아빠 문종택과 팀을 이루어 선체 수색 전 과정을 영상에 담았다. 그들은 가로누워 있는 선체를 기어가면서까지 선체 내부를 촬영했다. 그때의 작업이 너무 힘들었을까? 갑자기 박종필 감독이 현장에서 사라졌다. 소식도 끊어졌다. 무슨 일인지 알 수 없었고, 궁금증만 남았다.

7월 중순의 어느 날, 전장연의 박경석 대표에게 전화가 왔다. "박종필 감독을 찾았어요." 강릉의 한 요양 병원에 있다고 했다. 다음 날 그를 만나러 내려가면서 심호흡을 여러 번 했다. 최악의 경우가 상상되었기 때문이었다. 병상의 그는 갈비뼈가 다 드러날 정도로 말라 있었고, 온몸이 노란 물감을 뒤집어쓴 듯 노란색이었다. 황달기가 온몸에 퍼져 있었고, 병상에서 일어나 앉기도 힘들어했으며, 말도 하기 힘들어했다.

병상을 지키던 후배들은 그가 말도 제대로 못 할 거라고 했지만, 그는 내게 30분 동안 숨을 몰아쉬었다가는 다시 말을 이어 가기를 반복했다. 원래 간경화가 있었는데, 몸이 너무 힘들어서 검사를 받아 보니 간암 말기였다고 했다.

"세월호 가족들이… 모르길 바랐어요. 세월호 일하다가 과로해서… 그랬다면 안 되잖아요. 너무 미안해서요. 내가 너무 미안해요."

미안한 건 나인데, 그는 내게 미안하다고 했다.

세월호 참사 기록한 박종필 감독 별세

"흔들릴 때 경석이 형과 래군이 형 보면서 흔들리지 말고 가자고 했어요…. 형, 고마워요."

그는 세월호 가족들에게는 "늦게 오세요. 진상 규명 다 하고, 책임자 처벌 다 한 다음에 천천히 오세요"라고 말하기도 했다. 그는 대학에서 미술 공부를 했는데, 졸업 뒤에는 카메라를 잡고 민중들 속으로 들어갔다. 노숙인, 장애인, 세월호 참사 유가족들 속에서 영상을 찍었다. 그가 남긴 작품들은 모두 우리 사회의 약자들이다. 4·16연대 미디어위원회 일을 하면서는 다급하게 요청하는 행사 영상을 밤새며 만들었다. 위독하다는 소식을 듣고 4·16연대 승합차를 타고 내려가는 길에 그가 세상을 떠났다는 소식을 들었다. 2017년 7월 28일, 그의 나이 49살이었다.

그의 묘는 마석 모란공원 민주열사 묘역 초입에 있다. 묘비 전면에 '차별에 저항한 영상활동가 박종필의 묘'라고 쓰여 있는 석관묘다. 그즈음에 4·16연대 미디어위원회 1대 위원장이었던 '연분홍치마'의 김일란 감독은 위암 진단을 받아서 수술을 해야 했다. 후배 활동가들의 잇단 암과 사망 소식에 그해 여름은 너무도 괴로웠다. 내가 죄인인 것만 같았다. 피해자의 곁을 지키는 일은 몸과 마음을 갈아 넣는 일이 될 수가 있고, 병이 될 수 있다.

그러는 중 문재인 정부가 5월 10일 출범했다. 그즈음에 4·16재단을 만드는 작업을 재개했다. 2016년 하반기에 시작했다가 탄핵 정국과 세월호 인양으로 잠시 중단했던 작업이었다. 4·16 세월호참사가족협의회의 다수 가족은 국가의 보상을 거부하고, 국가에 대한 손해배상 청구 소송을 제기했다. 1심에서 승소했고, 그에 따른 배상금이 나오게 된 것을 계기로 재단 설립 작업을 시작했었다.

유가족과 시민이 함께 만든 4·16재단

이 기회를 놓치면 재단을 설립할 기회가 없을 것이라고 생각했다. 세월호 참사 이후 2014년에 두 개의 특별법이 만들어졌다. 하나는 '4·16 세월호 참사 진상규명 및 안전사회 건설 등을 위한 특별법'이었고, 다른 하나는 '4·16 세월호 참사 피해구제 및 지원 등을 위한 특별법'이었다. 후자의 특별법 제40조에 "4·16 세월호 참사 희생자를 추모하고 대형 재난사고 재발 방지 등에 이바지하고자 설립되는 재단"에 국가가 출연 또는 보조할 수 있도록 했다. 4·16재단은 추모와 기억 사업, 피해자 지원, 안전 문화 확산 등의 사업

2018년 5월 12일 서울 여의도 국회 의원회관에서 열린 4·16재단 창립대회.
사진 4·16재단 제공.

모든 눈물에는 온기가 있다

을 하는 재단으로 특별법에 규정되어 있다. 이런 일을 누구에게 맡길 것인가? 엉뚱한 사람들이 재단을 만들어 이상한 방향으로 끌고 갈까봐 걱정되었다. 지금까지 세월호 참사의 모든 과정에 피해자가 중심에 있었고, 시민들이 함께했던 것처럼 재단도 피해자와 시민이 같이 만들고 운영해야 한다고 생각했다.

전명선 당시 4·16 가족협의회 운영위원장 등 집행부와 먼저 의논하였다. 경기도미술관 대강당에서 열리는 가족협의회 월례 회의에서 4·16재단에 대해 설명했다. 그게 2016년 하반기였다. 그를 통해서 '재단설립준비단'을 가족협의회와 4·16연대가 같이 만들었다. 민주노총의 한석호, 한신대의 김민환 교수 등은 단원고 유가족들을 반별로 만나면서 설득했다. 가족 중에는 성빈 엄마 김미현, 영석 아빠 오병환 등이 가장 적극적으로 움직였다.

가족들은 생각보다 적극적이었다. 155개 가정이 한 가족당 500만 원씩을 출연하기로 약정했다. 이런 사실을 알리고 시민 발기인도 모았다. 1만 원을 내는 사람도 있었지만, 100만 원 이상 출연하는 사람도 제법 많았다. 이렇게 해서 재단 출연금 10억 원을 모았다. 재단 창립 때 정관 초안은 민변의 김준우 변호사가 작성했고, 전문은 내가 썼다.

2017년 11월 16일, 인양된 세월호 수색 작업에서도 유해를 찾지 못한 5명의 가족들은 목포신항에서 철수한다는 기자회견을 열었다. 실종자 9명 중 일반인 승객 이영숙, 단원고 학생 조은화와 허다윤, 고창석 교사는 수색 과정에서 뼈 한쪽이라도 찾았지만, 단원고 학생 박영인과 남현철, 양승진 교사, 일반인 승객 권재근·권혁규 부자의 유해는 찾을 수 없었다. 유해를 찾은 가족들은 장례를 치른 다음이었다. 11월 20일, 세월호 참사 1315일 만에 안산에서 유해를 찾지 못한 5명의 장례를 합동으로 치렀다. 그들의 유골함에는 소중한 유품들이 담겼다.

  2018년 4월 16일 세월호 참사 4주기 뒤에는 정부 합동 분향소가 철거되었다. 5월 10일에는 목포신항에 가로누워 있던 세월호를 바로 세웠다. 갯벌에 묻혀 있던 세월호의 좌현 부분이 시뻘겋게 녹이 슨 모습이 드러났다. 5월 12일, 4·16재단이 국회에서 창립식을 가졌다. 선체조사위원회는 활동 기간이 끝나 가고 있었다.

4·16 세월호 참사 8

진실은 아직 바다 아래 묻혀 있다

"진실은 침몰하지 않는다." 세월호 참사 이후 피해자와 시민들의 활동은 어둠 속에 묻혀 있는 진실 규명을 위한 지난한 과정으로 요약된다. 이전의 재난 참사 때도 피해자들은 진실 규명과 책임자 처벌을 주장했지만, 검찰의 축소·은폐 수사로 대강 정리되곤 했다. 또 피해자들의 계속된 진상 규명 요구는 여론의 지지를 얻지 못한 채 묻혀 버렸다. 그렇지만 세월호 참사에선 이전과 달라졌다. "4·16 이후는 그 이전과 달라야 한다"는 말, "끝까지 진상 규명"이라는 구호는 피해자와 시민들의 신념이 되었다.

앞서 소개한 것처럼 대한민국에서 재난 참사와 관련해서는 처음으로 진상 규명 특별법이 제정되었고, 이 특별법에 따라 특별조사위원회가 만들어져 활동했다. 이어서 '세월호 선체조사위원회의 설치 및 운영에 관한 특별법'도 만들어져서 선체조사위원회가 2017년 7월부터 2018년 8월까지 활동했다. 그 뒤에는 '사회적 참사의 진상 규명 및 안전사회 건설 등을 위한 특별법'에 따라 설치된 사회적 참사 특별조사위원회(사참위)가 2018년 12월부터 2022년 9월까지 활동했다. 한 사건의 규명을 위해서 세 차례 특별법이 제정되고 한시적 국가 조사 기구가 구성되어 활동한 것은 초유의 일이었다. 이외에도 검찰 특별 수사단, 특검, 국방부 특별 조사단 등도 구성되었다.

세 가지 핵심 요구

피해자들과 시민들이 요구했던 진상 규명은 크게 세 분야로 나눌 수 있다.

첫째, 왜 구조하지 않았는가? 배가 침몰한다고 신고된 뒤에 약 100분 동안 구조할 수 있었다. 구명조끼를 입고 바다에 뛰어내리라고 퇴선 방송만 했어도 많은 사람이 살 수 있었지만, 퇴선 방송조차 하지 않았다. 구조를 위해 출동한 해경 123정도 침몰 해역에 출동한 헬기들도 매우 소극적인 방법으로 구조 작업에 나섰다. 해경 지휘부는 구조 지휘도 하지 못하고, 현장에 맞지 않는 지휘만 했다. 청와대는 'VIP 보고용' 영상을 찍어 보내라고 123정장을 재촉했다.

둘째, 왜 침몰했는가? 세월호는 침몰하면서 그린 항적 자체가 매우 특이했다. 제이(J) 자 형태, 또는 리본 형태로 급선회하면서 침몰한 항적을 믿을 수 있는지부터 왜 빨리 침몰했는지 등이 의문이었다. 세월호를 인양한 뒤에 확인된 정상 각도보다 훨씬 틀어져 버린 스태빌라이저(핀 안정기)와 키의 각도 등도 의문이었다. 세월호가 급격히 침몰하는 데는 기관 고장 등 내적인 요인 외에 외부의 충돌이 있었던 것은 아닌지 등의 의문이 계속 제기되었다.

셋째, 왜 진상 규명을 방해했는가? 박근혜 정부와 당시 여당이었던 새누리당에서는 세월호 참사를 보통의 해상 교통사고 정도로 치부하려고 했다. 단순히 해상 교통사고였으면 있는 그대로 자료를 제시하고, 정상적인 수사와 조사를 진행해야 했음에도 정부 전체가 세월호 참사의 진상 규명을 조직적이고 적극적으로 방해했다. 박근혜 정부에서는 진상 규명을 요구하는 피해자와 시민들을 감시하고, 탄압하는 일에 골몰했다. 세월호 특조위의 조사를 적극적으로 방해했다. 이는 유가족들에 대한 사찰, 유병언 사건으로 시선 돌리기, 진상 규명 선언에 참여한 문화예술인들과 교사들에 대한 탄압 등으로 나타났다.

마지막 조사 기구였던 사참위 문호승 위원장은 조사를 종료하면서 다음과 같이 사참위의 세월호 참사 조사 활동 성과를 요약했다.

"세월호 선체 내부 CCTV 영상을 추가 복원해 참사 당일 세월호 선체 거동을 좀 더 명확하게 확인했으며, 이를 통해 침몰 원인에 한발 더 다가갈 수 있었다. 해경을 비롯한 구조 세력이 제대로 된 구조 활동을 펼치지 않았음을 확인했고, 참사 관련 기본 정보도 피해자에게 전달되지 않는 등 피해자의 고통을 가중시켰음을 확인했다. 참사 이후 당시 정부가 국가정보원과 국군기무사령부를 비롯한 각종 정부 기관을 동원해 광범위하게 피해자와 시민사회단체 등을 사찰한 사실을 밝혀냈고, 정부 차원에서 특조위 활동을 방해하는 등 참사의 진실 규명을 가로막으려는 시도가 있었음을 밝혀냈다. 또한 세월호 참사 피해자들을 폄훼하는 혐오 표현이나 세부 피해 지원 실태를 조사하는 등 피해자를 중심에 둔 지원을 강조하고 대안을 제시하였다."

추가 진상 규명이 필요한 이유

그렇지만, 침몰 원인에 대해서는 사참위 활동이 끝난 뒤에도 논란이 이어지고 있다. 선체조사위원회는 침몰 원인에 관해 두 가지 엇갈린 결론을 내놨다. 논란 끝에 '내인설(세월호가 선체 자체 결함, 특히 조타 장치 비정상 작동, 과재된 화물, 불량한 복원성 등으로 인해 침몰했다는 가설)'과 '열린 안(외부 충격 침몰 가능성을 열어둔 가설, 이후 잠수함 충돌 등 외력에 의한 침몰설로 연결)' 두 가지를 제출하였다. 이전의 정부 발표와 대한조선학회 등은 내인설을 주장하지만, 이를 수용 못 하는 시민들은 열린 안(외력설)을 여전히 지지하면서 새로운 진상 규명을 요구하고 있는 상황이다.

　세 차례 특별법, 그리고 세 차례 조사 기구 구성은 시민들의 적극적인 활동이 없으면 불가능했다. 나는 위의 특별법 제정과 개정 과정, 그리고 조사위원회의 구성과 활동에 직간접적으로 관여했지만, 각 조사위원회의 위원도 아니고 직접 조사에 참여한 것도 아니었다. 하지만 일정 정도 책임을 져야 하는 위치에 있었다. 지금도 침몰 원인을 둘러싸고 나의 견해를 물을 때면 참 곤혹스럽다.

하지만 진상 규명 작업은 앞으로도 더 진행되어야 한다고 생각한다. 여전히 수많은 증거 자료들이 은폐되고 있거나 확인되지 않았다. 예를 들어서 국정원에서 자체 검색한 세월호 관련 자료가 약 67만 건인데 사참위가 확인할 수 있는 자료는 0.3퍼센트에 해당하는 2300건 정도뿐이었다. 또, 봉인된 청와대 자료들은 확인할 길이 없다. 사참위가 해군에 요구했던 세월호 참사 당시의 자료도 사참위 활동이 끝날 때까지 받아내지 못했다. 이들의 기본 자료라도 확인한 다음에야 최종 결론을 낼 수 있다고 생각한다. 그리고 한시적인 임시기구로 진행되는 조사는 한계가 있다. 지금의 조사 기구는 정치적 타협물이다. 독립성도 전문성도 담보하기 어렵다. 구조적 원인을 파악하고 재발 방지 대책을 마련할 역량도 없다. 그래서 필요한 게 상설 독립 조사 기구다. 재난 참사가 발생하면 부랴부랴 특별법 만들고 조사 기구를 만들다 보면 증거는 은폐되거나 사라진다.

사참위는 종합 보고서에서 정부와 국회에 앞으로 이행되어야 할 내용을 권고로 남겼다. 국가 조사 기구가 남긴 이 권고는 특별법에 의해서 이행되어야 한다. 사참위는 첫째로 세월호 참사와 그 후에 이뤄진 국가 범죄에 대해 인정하고 대통령이 사과할 것을 권고했다. 하지만, 윤석열 정부는 이런 권고를 듣지 않았다.

책임자 처벌이 어려운 이유

세월호 참사에서는 책임자들을 찾아내고 처벌하기 위한 피해자와 시민들의 활동도 집요하게 전개되었다. 참사 초기부터 증거를 감추고 은폐하는 일이 빈번하게 드러났던 터였다. "감추는 자가 범인이다"라는 말이 많은 공감을 일으켰다.

초기 청해진해운 김한식 대표이사 등 관련자 9명이 기소되어 재판을 받았고, 대부분 유죄 판결을 받았다. 안전관리·감독을 소홀히 한 한국해운조합의 관련자들도 재판을 받았지만 일부 무죄와 가벼운 형을 받았다. 세월호 선원 중에는 선장 이준석은 무기징역형, 일등 항해사는 12년형을 받아 복역 중인데 나머지 선원들은 형기를 마쳤다. 현장에 출동한 해경 123정장이 3년형을 받은 것 외에 해경 지휘부는 모두 무죄를 선고받았다.

청와대와 정부 관계자들도 무죄를 받거나 가벼운 처벌을 받았다. 그 가벼운 형벌조차 윤석열 대통령이 사면했다. 피해자와 시민사회 단체를 사찰한 기무사(현 방첩사령부) 관련자들도 가벼운 형을 받았거나 형이 확정된 경우에도 사면되었다. 무능은 처벌할 수 없다며 해경 등 윗선 책임자들이 무죄를 받은 것은, 박근혜 대통령 파면 당시 헌법재판소가 '국민 보호 의무'를 탄핵 사유로 인용하지 않은 것과 연결되어 있다. 지금의 사법 구조에서는 지휘부와 같은 윗선은 책임을 묻기 어렵다는 것이 책임자 처벌을 어렵게 하고 있다.

이같은 재판 결과에 대해서 4월 16일의 약속 국민연대는 "국민은 진실을 물었고, 국가는 진실을 묻었다"고 평가했다. 책임져야 할 사람들이 책임지지 않는 무책임의 구조가 공고하다는 게 확인되었다. 그래서 걱정이다.

4·16 세월호 참사 9

이태원 유족을 껴안아준 세월호 유족

코로나19 팬데믹이 본격화했던 2020년 봄부터 약 3년 동안 세상은 달라졌다. 마스크를 쓰는 게 일상이었고, 지하철이나 버스에서 누군가 기침만 해도 불안했다. 식당에서 한 칸 건너 혼자서 밥을 먹는 풍경이 일상이 되었다. 코로나 팬데믹 초기에 대구에서는 병원에서 집단 감염과 사망 사건이 있었다. 대구에는 자신들의 집에 갇혀서 지내야 하는 장애인들도 있었다. 움직이고 이동할 수 없는 장애인들 곁에 활동가들이 한 명씩 붙어서 돌봐야 했다. 장애인 단체에서는 그런 그들의 집에다 매일 식사와 음료 등 생필품을 문 앞에 전달했다.

인권재단 사람에서는 이들을 지원하기 위해서 대구로 내려갔다. 생필품 꾸러미를 만들어서 장애인들과 활동가들이 격리 생활을 하는 집집을 방문하고 꾸러미를 집 앞에 놓아두고는 전화로 알렸다. 서로 연결되어 있다는 것을 알리고 싶었다. 고립이 아닌 연결, 연대만이 살 길이라는 것. 코로나19 팬데믹은 지금과 같은 세계화된 자본주의 체제로는 인류가 살아갈 수 없음을 깨닫게 해줬다.

나는 2021년 5월부터 4·16재단의 상근 상임이사를 하게 되어, 인권재단 사람 상임이사는 후배 인권 활동가 최현모가 맡았다. 그해 7월에 오세훈 시장의 서울시는 광화문광장 남단에 있던 세월호 기억공간 '기억과 빛'을 일방적으로 철거하겠다고 통보했다. 광화문광장 재구조화 공사가 이유였다. 박원순 시장 때인 2019년 3월에는 천막 농성장 대신 목조 건물로 '기억과 빛'이란 기억공간이 들어섰는데 그것을 치우겠다고 한 것이다.

2014년 7월부터 이곳에 유가족들이 농성장을 차렸다. 시민들이 자연스레 찾아와서 노란 리본을 만들었다. '노란리본공작소'에서 시민들이 매일 노란 리본을 만들어 전국에 보냈다. 광장을 찾아온 사람들을 대상으로 서명운동도 벌이고, 세월호 참사를 알렸다. 전국대학민주동문회협의회 등에서는 분향소에 당번을 정해서 상주 노릇을 자처했다. 매일, 매주 작은 문화제와 기도회 같은 행사들이 이어졌다. 그러니까 거점 역할을 톡톡히 해냈다.

그런 기억공간이 사라지게 둘 수는 없었다. 다행히 서울시의회는 민주당이 다수 의석을 차지하고 있었다. 서울시의회와 대화를 통해서 임시 기억공간을 만들기로 했다. 그러나 시의회 마당이 너무 좁아서 애초 광화문에 있던 공간보다 3분의 1로 축소해서 목조 건물이 임시로 들어섰다. 2021년 11월이었다. 2022년 4월 지방선거에서 국민의힘이 서울시의회 다수당이 된 다음부터는 철거 압박이 커졌지만, 시민들의 기억공간 지키기 활동으로 위태롭게 유지되고 있다.

이렇게 만나서는 안 되는 사람들이건만

2022년 5월에 윤석열 정부가 들어선 뒤로는 나라가 전체적으로 망가져 갔다. 검찰이 권력 중심이 되어 갔고, 주요 기관장으로 뉴라이트 인사들이 입성했다. 그 와중에 이태원 참사가 일어났다. 2022년 10월 핼러윈을 앞두고 서울 이태원에 인파가 몰릴 것이라는 뉴스가 언론에 이미 보도되었던 터였다. 예상대로 인파가 몰렸고, 이태원역 1번 출구 해밀톤호텔 옆 골목에서 사람들이 뒤엉켜 압사하는 참사가 발생했다. 예전처럼 인파 관리만 되었어도 일어나지 않았을 인재였다.

"너무 아파서 숨도 못 쉬겠어. 그날처럼 너무 힘들어."

세월호 참사 유가족들은 자기 일처럼 아파했다. 사건이 일어나고 나흘 뒤에 이태원 인근 녹사평역에 차려진 이태원 참사 희생자 분향소에 세월호 참사 유가족들과 같이 찾아갔다. 그런데 분향소가 이상했다. 영정 사진도, 위패도 없이 꽃으로만 장식된 제단 앞에서 국화꽃을 올리고 고개를 숙였다. 사건 장소인 골목에도 가 봤다. 폭 3~4미터의 좁은 골목에 수백 명이 몰려서 엉켜버리다니 너무 기가 막혔다. 게다가 이후 분향소를 찾아갈 때마다 신자유연대나 극우 유튜버들이 이태원 유가족들을 향해 막말과 혐오 발언을 하는 것을 봐야 했다. 어떻게 저럴 수 있나, 탄식이 나왔다. 가족을 잃고 우는 사람들 앞에 대놓고 혐오 발언을 쏟아내던 극우 유튜버들은 세월호 단식 농성 때 폭식 투쟁을 하던 일베들을 생각나게 했다.

윤석열 정부는 유가족들이 모이지 못하게 막았다. 유가족들이 연락처를 알려 달라고 했지만, 파악이 안 되었다고 말도 안 되는 핑계를 대었다. 유가족들이 모일 수 있는 공간을 제공해 달라는 요구를 서울시는 외면했다. 결국 참사 100일 행진을 한 유가족들이 서울시 옆에서 천막을 기습적으로 설치하면서 모일 공간을 확보했다(현재는 경복궁역 6번 출구 쪽 적선현대빌딩 1층에 '별들의 집'이라는 이름으로 기억공간이 있다).

민변과 참여연대 같은 단체로, 그리고 우리 4·16재단으로도 이태원 참사 유가족들이 연락을 해왔다. 유가족들은 유골함이 안치된 납골당을 찾아갔다가 사망 날짜가 2022년 10월 29일이면, 포스트잇으로 연락처를 남겼다. 그렇게 해서 유가족끼리 연락을 했다. 결국 12월 10일에서야 100명 넘는 유가족들이 민변 사무실에 모여서 '10·29 이태원 참사 유가족협의회'를 출범시켰다. 유가족들을 지원해온 시민 단체들도 '10·29 이태원 참사 시민대책위원회'를 발족했다. 이태원 유가족들은 세월호 참사 때와 마찬가지로 '진상 규명과 책임자 처벌'을 요구했다. 그런 이태원 유가족들에게 권성동이란 자는 "이태원이 세월호와 같은 길을 가서는 안 된다"고 훈수해서 비난을 샀다.

이태원 유가족들은 답답한 마음으로 세월호 유가족들을 찾아서 안산에 왔다. 그들을 세월호 유가족들이 안아주고 눈물을 흘렸다. '이렇게 만나서는 안 되는' 유가족들이었다. "세월호 때 내가 더 열심히 참여하고 함께했더라면 이태원 참사가 없었을까요?"라고 묻는 이태원 유가족들의 손을 잡아주는 세월호 유가족을 보는 마음이 참 아팠다. 이후 서로의 아픔을 보듬는 두 참사 유가족들의 모습을 자주 보게 된다. 노란색 옷을 입은 세월호 유가족과 보라색 옷을 입은 이태원 유가족의 모습은 슬픈 풍경이 아닐 수 없다.

나는 이태원 분향소에 찾아갈 때마다 그곳 제단에 올려 있는 얼굴 사진들을 본다. 그러면서 1997년생을 찾아본다. 세월호 단원고 희생자 대부분은 97년생이었다. 이태원 참사 159명의 희생자 가운데, 그곳 제단엔 8명의 97년생이 있었다. 그리고 딱 97년생은 아니더라도 그 전후 나이의 희생자들이 많았다. 그 세대는 자신들을 '저주받은 97년생'이라고 부른다. 97년 전후 세대들은 광화문 세월호 기억공간에 와서 스스로를 '4·16 세대'라고 했다. 이들은 또다시 '10·29 세대'가 되었다. 그들의 마음은 어떨까? 그들에게 기성세대들은 무엇을 물려주고 있는 것인가? 다시는 세월호 참사 같은 비극을 만들지 않겠다며 10년을 싸웠는데 우리는 여전히 제자리인가 하는 생각이 들어서 울적했다.

모든 죽음은 위로받아야 한다

2023년 4월 16일, 세월호 참사 9주기였다. 코로나 팬데믹 기간엔

추모 행사도 여러 제한으로 어려움이 있었다. 팬데믹이 끝나고 제한이 풀린 가운데 처음 맞는 주기였다. 이날 멀리 참사 해역에서는 선상 추모식이 열렸고, 오전 11시에는 인천 추모관 앞에서 일반인 희생자 추모식이 개최됐다. 오후 3시 안산 화랑유원지 제3주차장에 마련된 '기억식'에 많은 사람이 몰렸다. 그날 기억식 마지막에는 4·16 합창단이 노래를 부르고 막판에 304명의 이름을 적은 피켓을 올렸다. 무대를 가득 채운 304명의 이름들을 보면서 세월호 참사 때 저리 많은 사람이 한순간에 사라졌음을 상기했다.

이날 기억식에는 단원고 희생자 이영만 군의 형 이영수 씨가 무대에 올랐다. 그는 써온 편지를 담담하게 읽어 갔다.

"이례적인 일은 사실 언제나 이례적이지 않다는 걸. 너희를 보내고 남은 우리가 해온 건, 슬픔의 강요가 아니라는 걸. 너희의 죽음만 특별하게 기억하려는 게 아니라, 반대로 모든 죽음이 위로받을 일이고 모든 생명이 귀함을 알아주길 원했다는 걸. 나라는 언제나 사람들의 삶과 안전을 담보로 서 있다는 걸. 그리고 대규모 참사는 그 약속에 뚫린 큰 구멍을 보여주는 일이란 걸. 여기에 '놀러 가서 죽었는데' '적당히 해야 하는데' 같은 말은 들어올 자리가 없다는 걸."

혐오와 모욕을 견뎌온 이태원 참사 유가족들까지 생각하는 내용이었다. 9주기 직후인 2023년 5월 말, '세월호 참사 10주기 위원회'를 구성하고 활동에 들어갔다.

4·16 세월호 참사 10

걸어왔고 걸어갈 그 길이 희망이다

세월호 참사 10주기의 열쇠 말은 "진실·책임·생명·안전"이었다. 10년 동안 유가족들을 비롯한 피해자들, 그리고 시민들은 "가만히 있지 않았다." 세월호 참사가 난 뒤에 피해자들과 시민들은 서로 간에 했던 약속이 있었다. "세월호 이후는 그 이전과 달라야 한다"는 것이었다.

이전에는 없었던 재난 참사 앞에서 주저앉아 우는 피해자들이 아니라 적극적인 행위자로 나선 유가족과 피해자들이 있었다. 그리고 그 곁에는 늘 함께하는 활동가들과 시민들이 있었다. 10년이 지나도록 여전히 자신의 지역과 마을에서 그리고 멀리 해외에서 '세월호 참사의 진상 규명과 책임자 처벌, 안전 사회 건설'이라는 구호를 잡고 활동해왔다. 지금까지 우리 역사에서는 볼 수 없

모든 눈물에는 온기가 있다

던 일이었다. 광주 5·18 이래 이토록 집요하게 한 사건을 잡고 활동을 한 일이 있었을까?

'10년 동안 했으면 됐어'라거나 '아직도 세월호냐'고 하는 사람들도 있었고, '진상 규명도, 책임자도 처벌하지 못했다. 아무것도 변한 게 없다'고 말하는 이들도 있었다. 정치권은 보다 빨리 세월호 참사를 놓고 싶어 했다. 조사 기구를 세 차례나 만들었는데 결과가 뭐냐고 타박하는 분위기가 역력했다. 그런 속에서 세월호 참사 10년이니 다시 힘을 모으자고 나서야 하는 상황이었다.

기억의 연대가 꾸린 세월호 10주기

그런 고민을 품고 전국시민행진을 시작한 게 2024년 2월 25일이었다. 이 행진의 제목은 "안녕하십니까?"로 정했다. 윤석열 정부에서 결코 안녕하지 못한 삶을 살아가고, 늘 불안과 위험 속에서 사는 우리들이 서로 의지하고 연대하자는 의미였다. 4·16 연대의 이태호 상임집행위원장의 제안으로 만들었는데 지금 생각해도 참 적절한 슬로건이라고 생각한다.

제주도 성산 일출봉에서 전국시민행진의 시작을 알리는 기자회견과 행사를 열었다. 10년 전 단원고 학생들의 수학여행 코스였던 이곳에서 그들을 생각하면서 출발을 알린 것이다. 이날 바람이 세차게 불었지만 '세월호를 기억하는 제주 청소년 모임(세제모)'의 학생들이 발랄한 율동을 펼쳤다. 기자회견을 마친 뒤 제주도청 앞에 모여서 제주항까지 행진한 후 배를 타고 진도 팽목항으로 넘어왔다. 그 뒤로는 도시와 도시 간은 버스로 이동하고, 시내에서는 행진과 간담회, 문화제를 진행했다. 20박 21일의 코스는 '제주→전남(팽목·진도, 목포, 광주)→경남(진주·창원, 부산, 밀양·울산)→경북(대구, 구미·안동)→전북(전주, 정읍, 군산)→충청(대전, 청주, 천안)→강원(원주·춘천, 속초·강릉)→수도권(수원, 인천, 안산, 서울)'이었다. 마지막은 경기도 안산에서 행진을 시작해 3월 16일에 서울시의회 앞에서 문화제를 갖는 것으로 마무리했다. 21일간의 행진에 4·16 연대의 김선우 사무처장과 활동가들이 함께했다.

가는 곳마다 시민들은 곳곳에서 성심성의껏 행진단을 맞아주었다. 그리고 노란 옷을 입은 세월호 참사 유가족만이 아니라 보라색 옷을 입은 이태원 참사 유가족들도 참여했다. 10년 사이에 활동을 접었거나 모임만 유지하고 있던 지역에서도 이 행진을 계기로 다시 모이고, 다양한 추모 행사를 기획했다. 시민들은 여전히 세월호 참사를 잊지 않고 있었다. 우리가 고마웠는데, 그들은 도리어 우리에게 고맙다고 했다. 10년의 세월을 견뎌주고 포기하지 않아서 고맙다고, 그리고 미안하다고도 했다.

10주기위원회 사업 중에 가장 활발하게 펼쳐진 기획 사업은 '4160인 합창단'이었다. 2023년 11월부터 합창단을 모집하기 시작했는데, 시간이 지날수록 시민들이 자발적으로 합창에 참여했다. 〈가만히 있으라〉 〈네버 엔딩 스토리〉 〈화인〉 〈진실은 침몰하지 않는다〉 〈잊지 않을게〉 〈한 그리움이 다른 그리움에게〉 등 4·16 합창단이 주로 불렀던 6곡의 노래를 메들리로 엮어서 12분 동안 부르는 미션 프로젝트였다. 학교, 교회, 성당, 노동조합, 사회 단체에서 모여 합창했다. 국외 동포들도 합창한 영상을 보내주었다. 이미 10주기 이전에 4160명이 넘어서 숫자는 의미가 없어졌다.

4·16 합창단의 박미리 지휘자가 전국을 돌면서 합창 지도를 했다. 4·16 안산시민연대는 물밀듯이 들어오는 참가 신청을 받고, 안내하느라 정신이 없었다. 드디어 2024년 4월 16일, 안산 10주기 기억식 현장에만 700명 넘는 이들이 참여했다. 큰 무대가 모자랐다. 무대 전면에는 지금까지 전국에서, 국외에서 보내온 영상들을 노래에 맞춰서 틀어주었다. 무대와 영상에서 하나의 목소리로 노래를 부르는 장면은 큰 감동이었다.

사실 10주기 사업의 첫 출발은 '생명안전버스'였다. 4·16재단은 전국에서 재난 참사 피해자들의 연대를 만드는 데 부심했다. 2023년 2월 18일 대구 지하철 화재 참사 20주기에 매년 참석하던 세월호 참사 유가족들만이 아니라 삼풍백화점 붕괴 사고, 씨랜드 화재, 공주사대부고 병영 체험 캠프 참사, 가습기 살균제 사건, 인천 인현동 화재, 스텔라데이지호 침몰 참사의 유가족들이 모였다. 그로부터 각 참사의 주기마다 생명안전버스를 운행했다. 이 사업을 10주기위원회가 이어받았다. 그 결과로 2023년 12월에 '재난참사피해자연대'가 결성되었다. 나중에 '6·9 광주 학동 참사' 유가족들이 합류해서 현재는 9개 단위가 모여서 공동의 활동을 펼치고 있다. 2024년 1월에는 '재난피해자권리센터 우리함께'가 4·16재단 부설 기구로 발족했다.

그 외에도 10주기 행사는 풍성했다. 전시회, 책 발간, 음악회, 토론회 같은 행사들이 10주기를 전후해 다양하게 펼쳐졌다. 10주기위원회의 공식 행사보다 시민들의 자발적인 행사들이 주로 진행되었다. 해마다 4·16 재단이 진행했던 캠페인은 '기억은 힘이 세지'였다. 세월호 참사를 기억하는 수많은 사람들 덕분에 다른 재난 참사처럼 흩어지지 않았고, 지워지지 않았다. 도리어 더 넓어지고, 더 깊어지는 게 아닐까 생각한다. 종종 세월호를 기억하는 청년들을 만난다. 그들은 자신들의 삶에서 세월호 참사가 얼마나 깊이 들어와 있는지를 말하곤 한다. 마치 내가 5·18을 기억하고, 그로부터 민주주의를 배웠듯이 청년들은 세월호 참사로부터 국가와 사회를 알게 되었고, 행동에 나서게 되었다.

세월호, 재난 보는 시선 바꿨다

10주기 사업의 마지막은 '국제 심포지엄'이었다. 6월 20~21일 이틀에 걸쳐서 안산 문화예술의전당 국제회의실에서 진행된 심포지엄에는 일본, 프랑스, 영국의 재난 참사 전문가와 피해자들도 참석했다. 그 자리에는 세계적인 평화운동가 더글러스 러미스 선생님도 노구를 이끌고 참석했다.

나는 이 자리에서 참사 10주기를 맞아 나누고 싶었던 고민을 담아서 기조 강연에 나섰다. 나는 세월호 참사가 '사고 프레임'에서 '사건 프레임'으로 재난 참사를 바라보는 관점의 변화를 가져왔다고 강조했다. 그래서 보상과 치료에서 그치는 게 아니라 진상규명, 책임자 처벌, 피해자와 공동체의 치유, 이를 통한 재발 방지 대책의 마련이 중요해졌다. 이런 관점과 문제의식에 시민들이 눈을 폈고, 직접 활동에 나섰다. 시민들은 끝까지 행동하겠다는 약속을 지금까지 실천하고 있다.

그러므로 '존엄과 안전에 관한 4·16 인권 선언'에서 찾았던 피해자의 권리가 법적인 권리로 수용되는 단계에 접어들었다. 지금은 '생명안전기본법' 제정을 시작으로 재난의 예방, 대비, 대응, 복구의 전체 체계를 바로잡는 운동으로 나아가고 있다.

세월호 참사를 기억하는 공간으로 인천의 세월호 일반인 추모관이 운영 중이고, 안산에는 '4·16 생명안전공원'이 공사 중에 있다. 목포에 올라와 있는 세월호는 영구 보전되면서 추모와 교육의 공간으로 거듭 태어나려고 한다. 서울에는 서울시의회 앞에 작은 기억공간이 있고, 진도 팽목항에도 여전히 기억공간이 유지되고 있다. 또 이런 공간에 다녀가는 많은 사람들이 있다. 이는 세월호 참사 이전에는 볼 수 없던 일이다. 트라우마 치유를 위한 '국립 안산 마음건강센터'도 2025년 초 개관하여 운영 중이다.

이 모든 것이 처음 있는 일이다. 시작은 어려웠으나, 이제는 그 길이 분명해졌다. 그 길을 따라서 피해자들과 시민들이 손잡고 걸어왔고, 앞으로도 걸어갈 것이다. 그들이 만들어갈 그 길이 희망이라고 생각한다.

차별금지법

'나중에'는 너무 늦다

《한겨레》 연재가 끝나갈 무렵에 그동안 놓친 주제들을 몇 가지 찾아서 적어보았다. 그중 가장 먼저 생각나는 것이 차별금지법 제정 싸움이다. 인권운동가들은 2007년부터 19년째 차별금지법 제정을 위한 투쟁을 지속해왔다. 18년 동안 외쳤고, 안 해 본 것 없이 다하면서 싸워왔는데도 다시 '나중에'로 미뤄지고 있는 과제다. 오랜 시간 싸웠는데도 안 된다면 포기해야 할까?

    2024년 12월 3일 비상계엄 선포 이후 "윤석열 퇴진"을 외치면서 시민들이 광장에 모였다. 8년 만에 다시 열린 대통령 탄핵 광장이었다. 2025년 4월 4일 헌법재판소가 만장일치로 "대통령 윤석열의 파면"을 결정하기까지 전국의 1700여 시민사회 단체가 모여 구성한 '윤석열즉각퇴진·사회대개혁 비상행동'(헌법재판소 결정

이후에는 '내란종식·사회대개혁 비상행동', 이하 비상행동)은 주말마다, 비상한 상황이 펼쳐지던 시기에는 매일 서울 여의도와 광화문, 남태령, 한남동 등에서 집회를 이어왔다. 한겨울의 폭설과 한파를 이겨내면서 싸운 결과는 대통령을 탄핵하고, 조기 대선 국면을 만들어낸 것이었다. 조기 대선에 따라 새 정부가 들어섰다.

사회 대개혁 1순위 과제, 차별금지법

비상행동의 온라인 공론장인 '천만의 연결'에서 가장 많이 나온 사회 대개혁 요구는 '차별금지·성평등·인권·소수자 권리(25.9퍼센트)'였다. "모든 사람이 차별받지 않고 존엄하게 살아가는 사회"에 대한 열망이 가장 뜨겁고 빈번하게 나타났고, 구체적으로 '포괄적 차별금지법 제정'이 필요하다는 의견으로 응축되었다. 그다음으로 많이 나온 과제는 '정치 개혁과 민주주의·정치 참여(25.8퍼센트)' '노동권과 노동환경 개선(10퍼센트)' 순이었다. 광장에 참여한 청년들의 조사에서도 '평등하고 다양성이 존중되는 포용 사회'가 가장 먼저 꼽혔다. 광장의 무대에 오른 시민들의 발언에서도 가장 많이 언급된 요구이기도 했다.

그렇지만, 21대 대선에서도 '차별금지법'은 민주노동당 권영국 후보만이 적극적으로 제정해야 한다고 했을 뿐이었다. 이재명 대통령은 후보일 당시 '사회적 합의'가 안 되었다는 이유로 다시 '나중'의 과제로 미뤘다. 안 하겠다는 얘기로밖에 안 들렸다. 18년 동안 지긋지긋하게 들어온 말을 유력 후보에게 들어야 하니 참담한 심정이었다. 지난 2022년 국가인권위원회의 여론조사에 따르면 67.2퍼센트가 차별금지법 제정에 동의했다. 세 명 중에 두 명이 찬성했다는 얘기다. 그렇다면 이미 오래전에 사회적 합의는 끝난 것이 아닌가?

차별금지법 제정을 위한 활동은 2007년으로 거슬러 올라간다. 그해 국가인권위원회의 권고를 받아서 법무부가 차별금지법안을 발표했다. 그렇지만 그 법안에는 국가인권위원회 권고 시안에 있었던 '병력, 출신 국가, 언어, 가족 형태 또는 가족 사항, 범죄 및 보호처분의 전력, 성적 지향, 학력' 등 주요 차별 금지 사유가 삭제되어 있었다. 법무부의 이 법안에 당연히 인권 단체들은 반대했다. 이를 계기로 차별금지법제정연대의 전신인 '반차별공동행동'이 출범했다. 하지만 2013년에 차별금지법안을 발의했던 김한길, 최원식 의원이 보수 기독교계의 반대를 이유로 법안을 철회했다. 19대 국회 때의 일이었다. 이런 법안 철회는 보수 기독교계에 용기를 주었을 것이다. 이로부터 혐오 세력의 힘이 커지기 시작했다.

차별금지법제정연대는 휴지기를 보내다가 2017년 3월 22일 100여 개 단체가 참여하면서 재출범했다. '박근혜 퇴진 투쟁'의 성과로 박 전 대통령이 탄핵당하여 물러난 뒤였다. 차별금지법 제정을 위한 10만 국민동의청원, 전국으로 가는 '평등버스', 부산에서 서울까지 30일간의 도보 행진, 미류·이종걸 인권활동가의 장기간 단식 농성, 각종 토론회, 간담회 등을 활발하게 전개했다. 이런 활동으로 전국 15곳에서 지역별 차별금지법제정연대가 만들어졌다.

21대 국회에서는 차별금지법안 발의가 가장 활발했다. 국가인권위원회가 평등법안을 권고했고, 정의당의 장혜영 의원, 더불어민주당의 이상민·박주민·권인숙 의원이 각각 법안을 발의했다. 한 차례 법제사법위원회 법안소위에서 공청회가 이뤄지기는 했지만 더 이상 나아가지는 못한 채 21대 국회가 종료되었다. 22대 국회에 들어와서는 아직 법안 발의가 이뤄지지 않고 있다. 지역구 의원들은 지역의 교회를 많이 의식했다. 그만큼 혐오 세력의 조직적인 압력이 작용하고 있다는 말이다.

나는 차별금지법제정연대 공동대표로 2021년 5월에 서울에서 부산까지 자전거로 국토 종주를 하면서 자전거에 '차별금지법 제정 국민동의청원' 깃발을 달았다. 노오란 금계국 꽃이 낙동강 칠백 리 길을 달려가는 내내 지천으로 피어 있었다. 자전거 종주 마지막 날은 5월 23일, 경남 김해 봉하마을에서는 노무현 전 대통령 12주기 추모 행사가 열렸다. 같이 갔던 친구가 "노무현 대통령이 '스카이(SKY)' 못 나왔다고 엄청 무시당했지"라고 말했다. 나는 대통령조차 학력 차별을 당하는 나라에서 "강남역 살인사건도, 구의역 김 군 사건도 모두 5월에 일어났다. (중략) 어디 여성과 비정규직 노동자들뿐인가. 자신들이 당하는 차별을 어디에 호소도 못 하고 사라지거나 숨어버리는 수많은 존재들은 또 얼마나 많은가"라고 연재 중인 언론사 칼럼에 썼다. 차별금지법 제정은 뒤로 미룰 일이 아님을 강조하고 싶었다.

10여 년 전에 경희대학교에서 인권 수업을 할 때 학생들에게 물었다. "차별당한 경험이 있는 사람, 손들어 보세요." 아무도 손

차별금지법제정연대 공동대표인 박래군 저자는 지난 2021년 5월 서울에서 부산까지 자전거로 국토 종주를 했다. 자전거에 '차별금지법 제정 국민동의청원' 깃발을 달고 금계국이 핀 낙동강 칠백 리 길을 달렸다. 사진 저자 제공

드는 사람이 없었다. 30명의 학생 중 누구도 차별을 당하지 않았다니 놀라운 일이 아닐 수 없었다. 그래서 차별에 관해 설명했다. '직접 차별, 간접 차별, 괴롭힘, 성희롱 등'과 같은 차별을 설명하니, 그제야 학생들이 자신이 여성이라는 이유로, 지방 출신이라는 이유로, 가난하다는 이유로 억울했다는 얘기들을 풀어냈다. 그 학기가 끝났을 때 한 학생이 메일을 보내왔다. "교수님 덕분에 학교에 다닐 수 있었습니다." 대학에서 교수와 시간강사의 차별이 엄연한데도 학생들은 내게 교수라고 불렀다. 그 학생은 성소수자였

모든 눈물에는 온기가 있다

다. 수업 시간에 손들고 성소수자로 겪은 차별을 말하고 싶었지만 말하지 못했다고, 성소수자를 긍정하는 교수님이 있어서 고마웠다는 메일이었다.

차별에서 혐오로, 증오 범죄로

달라진 게 없어 보이지만, 시민들의 차별에 대한 감수성은 한결 높아졌다. 지난번 탄핵 광장에서는 "민주주의를 지키기 위해 이곳에 선 우리가 누군가를 향해 여자라는 이유로, 동성애자라는 이유로, 트랜스젠더라는 이유로, 장애가 있다는 이유로, 학교를 다니지 않는다는 이유로, 이주민이라는 이유로, 일하지 않는다는 이유로, 결혼하지 않았다는 이유로, 질병을 겪고 있다는 이유로 (중략) 차별하거나, 혐오해서는 안 된다"고 약속했다(비상행동, '평등하고 민주적인 집회를 위한 모두의 약속' 중에서),

UN 인권조약기구를 구성하는 위원회 중 인종차별철폐위원회, 사회권규약위원회, 여성차별철폐위원회, 아동권리위원회, 자유권위원회, 장애인권리위원회 등은 2007년부터 정부 보고서를 심의할 때마다 포괄적 차별금지법 제정을 권고했다. 한국은 무려 14차례 권고를 받았다. 그뿐만 아니라 UN 인권이사회 국가별 인권상황 정기 검토UPR 때도 벌써 4차례나 권고를 받았다. 대형 교회 목사들이나 혐오 세력이 주장하는 차별금지법 제정 반대 이유는 모두 인권에 반하는 것들이다.

혐오는 차별에서 나온다. 사회적 편견은 혐오 표현을 낳고, 차별로 발전하고, 증오 범죄와 집단 학살로까지 이어진다. 지금 우리 사회는 혐오 표현과 차별이 만연한 사회다. 이를 방치한다는 것은 혐오 세력에 사회를 파괴할 기회를 준다는 말과 같다. 혐오 표현이나 차별에 대한 인식을 높여줄 기준을 정해주는 법이 차별금지법이다.

광장에는 '윤석열 없는 나라'와 함께 '차별금지법 있는 나라'라고 쓴 깃발과 손팻말을 든 청년들이 많았다. 이제 탄핵광장의 힘으로 새 정부가 들어섰다. 새 정부는 내란을 종식하고 민주주의를 정착시켜야 한다. '새로운 민주주의는 차별금지법과 함께'여야 한다.

차별금지법제정연대 홈페이지

탈시설 운동

모든 사람은 집과 마을에서 살아야 한다

인권운동을 하면서 장애인 시설 문제를 접하게 된 것은 1996년부터 시작된 평택의 에바다 투쟁이나 1998년의 양지마을 사건으로부터였다. 우리 사회에서 사회복지법인들이 운영하는 수용 시설(요즘은 주거 시설로 부른다)의 인권침해가 매년 몇 건씩 충격적으로 보도되던 때였다. 앞의 두 사건에 깊이 관여하게 되면서 내가 속해 있던 인권운동사랑방에도 시설에서 일어나는 인권침해에 대한 제보가 들어왔다.

2003년 10월, 장애우권익문제연구소 인권센터와 내가 속해 있던 인권운동사랑방 활동가들은 충남 연기군의 '은혜사랑의집'을 공동으로 조사했다. 철문 두 개를 열고 들어가니 ㅁ자의 마당을 가운데에 두고 수십 개의 방이 빙 둘러 있었다. 곳곳에 감시 카메라가 있고, 옥상에는 감시 초소가 있었다. 서너 평의 방에 5~6명이 생활하고 있었다. 대부분의 방마다 곰팡이 냄새가 났다. 쇠창살로 질러진 방도 두 개 있었다. 경찰서 유치장의 모습이었다. 그곳에 버젓이 포승줄 같은 게 걸려 있었다.

심각한 불법 시설 문제

방을 대충 다 둘러봤는데 오직 한 방만은 시설 쪽에서 열지 않고 버텼다. 한창 실랑이 끝에 문이 열리자 맨 앞에 있던 활동가가 구토를 했다. 의아해서 방을 들여다보는 순간, 어둠 속에서 역한 냄새가 쏟아져 나왔다. 그런 곳에 여성 장애인이 있었다. "규율을 어겨서 벌을 받는 중"이라고 했다. 빛 한 점 들어오지 않는 곳에 가둬두고 그곳에서 배설물 처리도 하지 않은 상태였다. 하지만, 은혜사랑의집만 특별히 나쁜 시설이 아니었다.

그곳에 다녀온 뒤에 제2회 전국인권활동가대회에 참가했고, 그 자리에서 장애우권익문제연구소 인권센터, 인권운동사랑방, 천주교인권위원회 등 세 단체와 김칠준 변호사가 결합해서 각 단체에 제보된 사건들에 대해 공동 조사와 대응을 하기로 했다. 이에 따라 그해 11월 26일, '조건부신고복지시설 생활자 인권확보를 위한 공동대책위원회(준)(이하 조건부시설공대위)'를 만들었다.

조건부 신고시설은 사실상의 불법 시설이었던 미신고 시설을 보건복지부가 나서서 신고시설의 기준에 부합하도록 지원하여 전환해 주기로 한 시설이었다. 은혜사랑의집도 조건부 시설이었다. 보건복지부가 2003년 1월에 조사한 자료에 따르면, 미신고 시설은 전국 1008개였고, 거주인은 1만 7000여 명이었다. 2년 뒤인 2005년 1월 복지부의 조사 자료를 보면, 미신고 시설 326개, 신고시설로 전환 직전인 조건부 시설은 883개로 나타났다. 전체 1209개 시설 중에 신고시설 기준에 부합한 조건부 시설이 73퍼센트라고 본 것이다. 그런데 이곳 시설들의 거주인은 약 2만 2000명이나 되었다. 정부가 나서서 신고시설로 전환해 준다고 하니 도리어 시설도 늘고, 거주인도 늘어난 상황이었다.

조건부시설공대위는 그 뒤 몇 년 동안 집중적으로 전국의 시설들을 조사했다. 주로 종교의 외피를 쓰고 예배와 기도 외에는 다른 프로그램이 전무한 경우가 대부분이었다. 학대와 폭력이 일상인 시설들에서 주로 기독교 목사, 장로, 전도사 등이 이런 시설들을 운영했다. 새벽 4시부터 일어나서 예배를 보고, 아침, 점심, 저녁, 취침 예배까지 하루에 5번의 예배를 드리는 곳도 허다했다. 수용자의 가족들에게 매달 돈을 받아 가면서 장애인들을 시설 운영자들의 집에 데려가 청소며 식사 준비까지 시켰다. 농장이나 공장에서 일을 시키는 일도 허다했다.

그런 곳에 수용된 사람들은 표정부터 생기가 없었다. 눈빛은 흐렸고, 전체적으로 무기력했다. 외부 사람들의 접근을 두려워했다. 똑같은 색깔의 트레이닝복과 짧게 깎은 머리는 그들에게 옷 입고, 머리 할 자유마저 없다는 걸 보여주었다.

"겁이 나서 말 못 해요. 걸렸다가는 징벌방에 갇혀요."

"여기서 언제 나갈 수 있을까요? 죽을 때까지 여기 있어야 하는 거죠?"

 그러니까 그곳은 지옥이었다. 시설 조사를 다녀온 뒤에는 폭음을 했다. 돌봄에 지친 가족들, 국가와 사회, 그리고 사회복지시설의 카르텔에 의해서 한 인간의 인생이 시설에 갇히는 일이 버젓이 사회복지의 이름으로 행해지고 있었다.

탈시설을 천명하고 탄생한 '발바닥'

2005년에 장애우권익문제연구소에서 나온 활동가 5명(박옥순, 박숙경, 여준민, 임소연, 김정하)이 시설 문제를 전담하기 위한 단체, 바로 '장애와인권발바닥행동(이하 발바닥)'을 만들었다. 발바닥은 강령에서 다음과 같이 단체의 방향을 천명했다.

"우리는 집단생활이 가져오는 불가피한 인권침해를 '어쩔 수 없다'고 강요하는 시설을 해체하고 지역사회에서 사람답게 살기 위한 운동을 실천합니다. 이러한 우리의 활동은 자본과 권력으로부터 벗어난 품위 있는 인간성을 살려낼 것이며, 유행어가 되어버린 사랑, 나눔, 우정, 연대, 공생, 인권 등이 갖고 있는 소중한 가치를 삶에서 뿌리내릴 것입니다. 개인 삶의 역사가 풍요롭게 흘러갈 수 있는 장소 그곳은, 시설이 아닌 집과 마을이 되어야 합니다. 탈시설-자립생활운동은 인권을 보장하는 삶의 체계로의 방향 전환임을 다시금 확신하며, 그 길에 공감하는 모든 이들과 함께할 것입니다."

나는 발바닥을 만들 때 그들을 격려하고 도움도 주었다. 발바닥은 창립 당시에는 2005년에는 '사회복지시설 민주화와 공공성 쟁취를 위한 전국연대회의'도 결성해내면서 당장은 시설의 민주적 운영과 인권 보장을 시급한 과제로 세웠지만, 곧바로 탈시설의 방향을 분명히 했다. 하지만 나는 탈시설이라는 그들의 방향에는 동의하면서도 반신반의했다. 탈시설이 이루어지려면 지역사회도 준비되어 있어야 하는데, 그러기에는 사회가 장애인들에 대해 우호적으로 바뀔지 알 수 없었기 때문이다. 2001년에 시작된 이동권 투쟁이 지금까지도 해결되지 않아서 지하철 투쟁을 해야 하는 상황이니만큼, 어려운 일로 여겨졌다.

그런데 발바닥은 그런 일을 해냈다. 부지런히 시설을 조사하고 다니더니 시설 수용인들과 관계를 만들어냈고, 발바닥 활동가들을 신뢰한 장애인 당사자들이 아직 준비가 안 된 지역사회로 탈출하기 시작했다. 2006년의 성람재단, 2007년의 석암재단 투쟁을 계기로 서울시가 시설 수용인의 '퇴소 욕구' 조사를 했다. 이에 응한 시설 생활인들의 57퍼센트가 퇴소, 즉 탈시설을 희망하는 것으로 나타났다. 2009년에는 석암재단에서 나온 8인의 장애인들이 서울 대학로 마로니에 공원에서 33일간 노숙 농성을 하고, 국가인권위원회에서 62일간 농성을 전개했다. 그 뒤에 서울시가 미미한 수준으로나마 정책적으로 탈시설을 수용하기 시작했다. 2013년 서울시를 시작으로 대구, 부산, 경남, 광주, 인천, 경기 등 전국의 지자체에서 탈시설 계획을 세워 나가기 시작했고, 2020년대에 들어서는 서울과 부산시에서 탈시설 조례가 만들어졌다.

2012년부터는 형제복지원 사건공동대책위원회 사무국도 맡으면서 시설 문제의 연원에 대해서도 파고들었다. 형제복지원이 나오니 그 뒤를 따라서 선감학원, 서산개척단, 영화숙, 재생원과 같은 과거의 문제 시설들이 세상에 모습을 드러냈다. 시설 문제가 어제오늘 생겨난 게 아닌 뿌리 깊은 역사를 갖고 있음이 드러나는 중이다.

탈시설이 이루어진 세상은 어떤 모습일까

발바닥은 문제가 된 석암재단을 프리웰(현 대표이사 김정하)로 바꾸고, 재단이 운영하던 '향유의집' 시설 문을 닫은 다음 그 자리에 '여기가家'라는 장애인 자립 지원 테마형 매입 임대주택을 짓고 있다. 김포에 들어서는 여기가는 "최중증 장애인을 위해 보편적 설계를 적용한 한국 최초의 소셜 믹스형 지원 주택으로, 장애인 가구 12세대, 미·비혼 양육 가구 8세대, 1인 가구 8세대, 모두 28세대가 함께 살 예정"이라고 한다.

발바닥은 한발 더 나아가 '모두를 위한 탈시설 행동연대'도 결성했다. 장애인만이 아니라 아동 청소년, 노인, 홈리스, 이주민까지 탈시설하자는 취지다. 나아가 비인간 동물들까지 지역사회에서 같이 살자는 운동을 시작했다. 시설에서 고립된 생활을 하다가 생을 마감하는 게 아니라 지역사회에서 더불어 인간의 권리를 누리면서 함께 사는 삶을 꿈꾸는 것이다.

2025년 6월로 창립 20년을 맞은 발바닥, 시설의 존재를 당연한 것으로 알던 세상에 문제를 던지고, 탈시설의 꿈을 현실로 바꾸어온 발바닥이 앞으로 만들어낼 세상은 어떤 모습일까? 나는 그게 궁금하다.

장애와인권발바닥행동 홈페이지

지속 가능한 인권운동

광장 달궜던 그 뜨거운 마음이 이어지기를

"'열군'이 8월에 이사를 해야 하는데요, 사무실 공간 괜찮은 곳 좀 알아봐주실 수 있을지요?"

닷새 전, 열린군대를위한시민연대(열군) 대표인 박석진 후배가 텔레그램으로 보내온 메시지다. "보증금 2000만 원, 월세 80만 원"에 15평 정도의 사무실을 구하려고 하는데, 지금 쓰는 사무실보다 작은 공간도 월세 100만 원 이하는 없다는 내용이었다. 나라고 뾰족한 수가 없으니 여기저기 전화를 걸어보았지만, 마땅한 곳은 없었다.

열군은 '한국군을 인권과 민주주의, 평화를 위한 군대로 변화시킨다'는 목표를 세우고 2014년 4월에 창립했다. 군을 감시하고 한국의 국방 정책을 비판하는 평화 단체다. 한국은 전쟁을 겪었고, 남북이 분단된 나라이지만 평화 단체가 지속적으로 활동하기 매우 어렵다. 나는 창립 때부터 열군의 공동대표를 맡았다가 2024년, 10주년때 대표 자리에서 물러났다. 400명을 겨우 넘긴 후원회원들의 회비로 운영하는 단체다. 그러니 2명 활동가의 상근비도 모자란다. 열군의 박석진은 처음 단체를 만들어 후원회원을 늘리는 일에도 자신 없어 했다. 일부러 자락을 깔아주고 후원회원 가입서를 내밀라고 해도 쭈뼛거리기 일쑤였다. 단체 활동이나 사업에는 적극적으로 뛰어드는 활동가지만, 돈 달라고 하는 데는 영 자신 없어 했다.

활동가에게 모금이란?

인권 단체 활동가이든 평화 단체 활동가이든, 시민사회 단체 활동가는 모금 활동가이기도 하다. 아니, 모금 활동가여야 한다. 모금을 못 하면 단체를 유지·존속하기도 힘들다. 그러니 후원회원을 늘리고, 회비를 증액하게 하고, 후원의 밤 행사도 기획해서 치러내고, 그래도 안 되니까 후원 주점을 벌인다. 우리 단체가 주최하는 후원 주점에서 다른 단체가 티켓을 팔아주면, 나중에 그 단체가 후원 주점을 할 때는 우리 또한 그만큼 티켓을 사주어야 한다. 언론에도 이름이 자주 오르내리고, 이슈를 주도하는 소수의 단체를 제외하고 상근 활동가 두세 명으로 버텨내는 작은 단체들의 재정 상황은 언제나 위태롭다. 어떤 때는 활동가들 스스로 활동비를 깎는 결정을 해야 한다. 그러면 생활이 더 빠듯해진다.

내가 몸담았던 인권운동사랑방에서는 오랜 논의를 거쳐서 1999년에 운동 원칙 선언(일명 '독립군 원칙')을 만들어 실행한 적이 있다. 이 원칙의 핵심은 "자생력을 갖는 활동가가 되자는 것, 과도기적 조치로 나이·직급에 관계없이 활동비를 지급하되 상근 활동가가 아니라 보다 많은 사람의 참여 속에 이루어지는 운동, (중략) 재정에 맞춰서 활동가를 뽑는 방식을 없애고 인권운동을 하고자 하는 사람은 누구나 활동가가 될 수 있도록 한다는 것 등"이었다. 활동도 하고, 자생력을 갖추기 위해서 경제 활동도 병행한다는 내용이었다. 이런 원칙을 세우자 활동가들은 경제생활을 위해서 별도의 아르바이트를 해야 했다. 가장 쉬운 건 입시 학원에서 단기 강사로 뛰는 것이었다. 대부분의 활동가가 9월께면 대학 정시를 앞두고 서울 강남의 논술학원으로 달려갔다. 석 달 정도 학원 강사로 뛰면 어느 정도 수입을 얻을 수 있었다. 하지만 그 시기에 현장에서는 인권운동사랑방 활동가가 사라졌다.

나는 학원 강사나 과외를 단 한 번도 하지 않았다. 그 대신에 원고를 쓰고, 강연을 나갔다. 아무리 술에 취해도 집이나 사무실에서 밤중에 원고를 써냈다. 그럴 수 있는 활동가는 소수였다. 그 시절 인권운동사랑방에서 받는 활동비(월급이란 말은 맞지 않으므로)는 월 36만 원이었다. 결혼해서 아이가 둘 있으므로 자녀 수당을 합친 활동비였다. 아내의 경제활동에만 의존할 수 없으니 한 푼이라도 더 벌어서 보태야 한다는 생각에 닥치는 대로 원고를 쓰고, 강연을 다녔다. 하지만 이런 원칙은 곧 한계에 봉착했다.

2006년, 인권운동사랑방은 기존 원칙을 현실에 맞게 수정해야 했다. 활동은 노동이고, 노동을 하면 그에 따른 정당한 대가를 받아야 하는 것이 아닌가. 그때부터 최저임금 이상으로 활동비를 지급하기로 했다. 그러기 위해서는 후원회원들을 꾸준히 늘려가야 했다. 가장 풍부한 인맥을 가진 나부터 휴대폰에 저장된 연락처와 명함첩을 뒤져서 후원 요청을 했다. 매년 일정 시기를 정해 놓고 회원들을 늘려 갔다. 한 통의 전화를 하기 전에 머릿속에 수십 가지의 시나리오를 생각했다. '나는 이 운동이 필요해서 하는데 다른 사람도 그렇게 생각할까?' '네가 뭔데 돈 달라고 하냐고 물으면 뭐라고 하지?' 등등을 생각했다. 돈 달라고 하는 말이 쉽게 입에서 떨어지지 않았다. 그래서 가장 만만한 대학 동기부터 찾아서 연락했고, 점차 안면 있는 사람들에게 하다가 교수, 변호사, 기자 등등으로 넓혀 갔다.

최저임금도 못 받는 인권활동가

인권재단 사람에서는 2019년에 '지속 가능한 인권운동을 위한 활동가 조사'를 한 적이 있다. 이 조사에 따르면, "응답자 절반 이상의 단체에서 2인 이하의 상근 활동가가 근무하고 있었고, 월평균 정기 후원금은 약 344만 원이었다. 평균 정기 후원자 수는 약 263명으로 조사되었다." 또, "인권 단체들은 최저임금에 근접한 활동비를 지급하기 위해 노력하고 있지만, 30~40퍼센트 정도의 인권 활동가들은 여전히 최저임금 미만의 활동비를 받고 있었다." 대부분의 인권 단체 활동가들은 인권 활동에 대한 의지를 갖고 있다. 최저임금 수준의 활동비를 받더라도 계속 인권 활동을 하고 싶은데, 단체 재정 상황이 그렇게 안 되니 반상근 활동을 하면서 아르바이트를 하는 경우들도 많이 보였다. 1인 활동가 단체들도 많이 생겨났는데, 이들도 인권운동에 전념하기에는 재정 상황이 너무 열악하다.

특히 인권운동에는 기업들의 기부금은 거의 기대할 수 없다. 인권운동은 기업들의 인권침해를 감시하고, 그런 문제들에 적극적으로 개입해 들어가므로 "기업과 국가로부터 재정 독립"이 원칙으로 서 있기까지 하다. ESG 경영이 확산하는 상황에서 많은 기업이 '인권 경영'을 내걸고 있지만, 인권운동과는 거리를 멀리하고 싶어 한다. 이런 현실을 타개하기 위해서 인권재단 사람이 나름 노력하고 있지만, 인권을 회피하는 기업들의 인식이 쉽게 바뀔 것 같지는 않다.

이런 어려움 속에서도 나는 매년 모금 활동을 해왔다. 잘될 때도 있다. 이슈가 바람을 탈 때는 손쉽게 모금이 된다. 시민들이 십시일반으로 모아주는 기금으로 활동할 수 있을 때는 더할 나위 없이 기쁘다. 그렇지만 꼭 필요한 일인데 기금이 안 모이는 경우는 초조해진다. 가치를 위한 후원보다는 가난을 앞세운 구호성 모금에 더 눈이 가는 것이 사실이지 않은가. 추상적인 가치보다는 구체적으로 손에 잡히는 사건에 더 많은 관심이 가는 것은 당연하다. 그래서 모금을 시작할 때 모금의 이름을 좀 더 명확하게 지으려 애쓰고, 그 사업을 통해서 달라질 현실을 그려서 보여주려고 한다. 인권운동은 1년 농사이거나, 한차례 대박 나는 장사가 아니지 않은가.

시민사회 후원은 좋은 세상을 위한 투자

올해도 나는 모금을 해야 하는데, 바람을 타기가 쉽지 않다. 인권재단 사람이 인권센터 '스테이션 사람'을 건축하는 데 은행 빚을 엄청 졌다. 매월 은행 이자를 감당하기도 힘들 뿐만 아니라 은행 이자로 나갈 돈을 인권 단체들 지원으로 돌리고 싶은데 막막하기만 하다. 2025년부터 맡은 '공익활동가사회적협동조합 동행' 이사장으로 공익활동가 지원을 위한 기금을 확충해야 하는데, 그것도 쉽지 않다. '시민사회단체연대회의'는 전국 400여 시민사회 단체를 연결하는 곳인데 3명의 상근 활동가 활동비도 간당간당하다. 올해 새로 시작한, 생명 안전을 위한 기금 마련을 목표로 만든 4·16 재단의 중·고액 후원자 모임인 '기억의 수호자'는 또 어떤가? 세월호 참사 이후 안전 사회를 염원하지만, 안전 사회를 만들기 위해서는 그 분야의 시민 역량을 키워야 한다. 이런 모든 활동이 돈 없이는 불가능하다.

오늘도 나는 이런 많은 일에 후원금을 모을 방안을 고민하고, 전화기와 명함첩을 뒤져서 연락할 곳을 찾을 것이다. 세상에는 생각보다 선한 양심을 가진 '귀인'들이 많다. 그들에게 이런 좋은 사업을 같이 해 보지 않겠냐고 제안을 해야 한다. 인권 단체를 비롯한 시민사회 단체에 후원하는 일은 좀 더 좋은 세상을 위한 투자다. 그런 투자가, 이런 어려운 시절에 더 활발해지기를 바라는 건

헛된 꿈일까? 광장에 나왔던 시민들이 한 단체라도 후원을 시작하기를 바란다. 그런 작은 후원들이 우리가 바라는 '모두가 인간답게 살 수 있는 세상'의 밑거름이 될 것이다.

내가 만난 유가족들

스스로 낸 새로운 길을 걷고 있는 존재들

2025년 6월 21일, 북한강 변의 한 펜션에서 작은 모임이 있었다. '청년유가협' 모임이었다. 유가협 안에 있는 형제자매들 모임이다. 청년이라고 하지만, 60대 중반인 나도 회원이다. 마치 시골에 가면 60대도 청년으로 불리는 것처럼 유가협의 1세대인 부모님들이 볼 때는 아직 청년들이다.

열댓 명의 회원 가운데 그날은 9명이 모였다. 공통점은 하나다. 민주화운동 과정 중에 형이나 오빠, 동생을 잃은 사람들이다. 모임에 참여한 ㄱ은 그날 환갑을 맞았다. 눈치 있는 동생 ㄴ이 커피를 주문하면서 작은 생일 케이크를 준비했다. 그의 환갑을 우리는 진심으로 축하했다. 21살에 그의 오빠는 서울 구로동 현장에서 구사대에 쫓겨 건물 옥상으로 올라갔다가 몸에 불을 붙였다.

39년 동안 유가족으로 살아왔는데, 지금도 깊은 잠을 자지 못하고 수면제를 달고 산다.

ㄷ의 오빠는 위장 취업을 해서 성남의 공단에 들어갔다. 그리고 한 작은 회사에 노동조합을 만들었다. 26살에 노동조합 위원장이 된 것이다. 그는 노동조합 파괴에 맞서다 라이터로 몸에 불을 붙였다. 분신은 극단적인 선택이었지만, 그 시대에는 종종 있었다.

ㄴ을 처음 만난 것은 1988년 의문사 농성장에서다. 그의 형은 서울 신림동 자취방에서 의문의 전화 한 통을 받고 집을 나섰다가 돌아오지 않았다. 그의 형은 사흘 뒤에 부산 송도 앞바다에서 돌덩이를 매단 익사체로 발견되었다. 그의 부모님은 그때부터 진상규명을 위해 백방으로 노력했지만, 아직도 의문사로 남아 있다. ㄴ이 의문사 농성을 하는 어머니를 찾아왔을 때 그는 초등학생이었다. 농성장의 '꼬맹이'로 불렸다.

너는 왜 죽었냐고 수없이 물어온 세월

나는 유가족으로 그들과 만났다. 그들에게 오빠로, 형으로 불리면서 40년 가까운 세월을 만나고 있다. 부모님의 눈물과 한숨을 보면서 내 안의 슬픔을 말하지 못한 채 우는 부모님을 위로해야 했던 젊은 시절을 같이 보낸 형제이고, 누이들이다. 우리끼리 만나면 부모님 흉도 보고, 걱정도 하고, 그러다가 울기도 하고, 그러다가 서로 웃기도 했다. 서울 창신동에 자리한 유가협 활동 공간인 한울삶에 찾아든 시절, 그때 우리는 젊디젊었다.

모든 눈물에는 온기가 있다

오랜 세월 함께해온 우리는 ㄴ이 메신저에 남긴 말처럼 "같은 삶의 무늬를 가진 가족들이라 함께하는 시간"을 가졌다. 그 시간은 부모님들과는 달랐다. 그래서 그 "자체가 위로이자 행복"한 시간이었다. 청년유가협 회장은 나와 동갑내기 이석주다. 그는 1987년 노동자 대투쟁 시기 거제도 대우조선 노동자들의 파업 투쟁 때 최루탄에 맞아서 사망한 이석규의 형이다. 그는 말했다.

"이제 우리의 시간이 다가오고 있어. 부모님들이 돌아가시고, 병중에 계시고, 유가협을 우리가 책임지고 맡아야 한다."

우리는 알고 있었다. '민주유공자 예우에 관한 법률(민주유공자법)' 제정을 위해 국회 앞에서 천막 농성을 한 지난 4년 동안 열네 분의 유가협 부모님들이 돌아가셨다는 사실, 그리고 남은분들은 앞으로 얼마 못 사실 거라는 것을. 지금도 여든을 훨씬 넘긴 장남수 회장(장현구 열사 부친)을 비롯한 부모님들이 천막을 지키는 게 너무 안쓰럽기만 하다. 그분들이 단식을 하고, 국회 앞에서 오체투지를 하면서 지난해 국회 본회의에서 민주유공자법을 통과시켰는데, 윤석열 전 대통령이 하루 만에 거부권을 행사했다(2025년 12월 현재 이 법안은 신속처리안건으로 지정되어 국회의 법안 처리 과정을 밟고 있다).

민주유공자법은 민주화운동에 헌신한 분들을 국가 차원에서 예우하자는 법이다. 유가족들에 대한 예우나 혜택, 지원은 최소화했다. 부모님들은 이제 몇 분 안 남으셨고, 그나마도 대부분 연로하셔서 오래 사실 수 없다. 직계 가족인 자녀들에 대한 지원 항목도 있지만, 그런 혜택이나 지원을 받을 자녀가 거의 없다. 대부분 20대 청년 시절에 저세상 사람이 되었기 때문이다.

사실이 이런데도 국민의힘이나 보수 언론은 이를 격렬히 반대한다. 그들의 반대는 스스로 민주주의를 지지하지 않는 세력임을 밝히는 것과 같다. 2024년 겨울, 우리는 계엄과 내란을 이기고 민주주의를 지켰다. 계엄과 내란 세력이 민주유공자법을 반대한다. 독립운동을 했던 애국선열들을 기리는 것처럼 민주화운동을 했던 이들을 기억하고 기리는 일은 그만큼 우리나라가 민주주의를 지향하는 국가임을 천명하는 것이다. 지난겨울을 지나고 보니 민주유공자법의 제정이 더욱 절실해졌다. 자식을 잃고 '우리 자식들의 죽음이 헛되지 않게 하는 길'을 부단히 찾아 나섰던 분들이다. 그분들에게 민주유공자법을 마지막 선물로 안겨드리자, 그래야 그분들이 편히 눈감으실 거 아니냐는 이석주 회장의 말에 그 자리에 있던 우리는 공감했다.

처음 만날 때는 초등학생이었고, 고등학생이었고, 20대 초반이었던 이들이었는데 이제 막내가 40이 넘었다. 그 시절에 그들은 유가협 사무국장이었던 내게 물었다.

"우리 형은 왜 죽었어요? 누가 그런 짓을 했을까요?"

"오빠가 그렇게 독한 사람이었을까요? 자신의 몸에 불을 붙이다니…."

수많은 물음에 나라고 똑 부러진 답을 할 수 없었다. 그들과 술잔을 기울이면서 나도 묻고 있었다. '왜 너는 죽었냐? 그 길밖에 없었냐?'고. 아마도 내가 기울인 술잔의 7할 이상은 이런 고통 때문이었을 것이다. 누구에게 탁 터놓고 말할 수도, 티 낼 수도 없는 고통스러운 질문을 안고 살아온 유가족 인생이었다.

피해자의 말을 경청하는 사회를 원한다

어느 누구도 준비된 유가족은 없다. 유가협뿐만이 아니다. 나는 인권운동을 하면서 수많은 유가족을 만났다. 한국전쟁 시기 민간인 학살 희생자의 유가족들, 제주 4·3의 유가족들은 자신의 부모와 형제가 죽어갈 때조차 소리 내어 울지 못했다고 했다. 죽음의 공포 속에 살아남은 이들은, 그러나 침묵만 하지 않았다. 자신이 피해를 입을 수 있음을 알았지만 끝내 그들은 말했고, 그들의 말은 가해자 대한민국의 역사를 바꾸었다.

5·18 유가족들도 그랬다. 감시와 탄압을 뚫고 쉼 없이 증언했고 문제를 제기했다. 그런 결과로 5·18은 명예 회복을 이루었다. 아직도 밝혀지지 않은 죽음들이 있지만 이만큼이라도 진실이 밝혀진 것은 유가족들이 침묵하지 않았기 때문이다. 그들의 용기는 살아남은 이들에게 용기를 주었고, 민주주의를 진전시키는 동력이 되었다.

이제 유가족들의 투쟁은 재난 참사 유가족으로, 산업재해 참사 유가족으로 번져 간다. 세월호 참사 유가족들의 진상 규명, 책임자 처벌 투쟁은 당장은 성과가 없는 것처럼 보였지만 우리 사회의 재난 안전 체계를 들여다보게 만들었다. 우연히 발생한 '사고'가 아니라 필연적으로 발생할 수밖에 없는 '사건'임을, 사건을 묻어두면 우리 사회는 더 위험해질 수 있다는 것을 11년 동안 온몸으로 외치면서 세상에 알렸다. 세월호 유가족이 다른 재난 참사 유가족을 끌어안고 연대체(재난참사피해자연대)를 만들어냈고, 그런 덕분에 생명안전기본법 제정을 위한 힘이 생겨났다. 세월호 유가족들이 만든 길을 따라서 이태원 유가족들이, 제주항공 여객기 참사 유가족들이 움직인다. 이들이 사회에 새로운 길을 내고 있다.

태안화력발전소 김용균[1]의 어머니 김미숙, 이한빛[2] PD의 아버지 이용관 등의 유가족들은 한 달 넘은 한겨울 단식 농성을 통해 중대재해처벌법을 제정했다. 고통스러운 단식 끝에 얻어낸 답이다. 그분들은 흩어져 있던 산재 유가족들을 모았다(산재 피해자 가족 네트워크 '다시는'). 그들은 '내 자식의 죽음을 헛되이 않게 하겠다'는 마음으로 기나긴 싸움을 시작했다. 온갖 비난과 혐오와 모욕을 당하면서도 이 길밖에 없다는 절박함이, '더 이상 내 자식과 같은 죽음이 있어서는 안 된다'는 보편으로 발전한다.

그래서 나는 말하고 싶다. 유가족을 비롯한 피해자들이 아무 두려움 없이 말하게 해야 한다. 그리고 사회는 그들의 말을 경청해야 한다. 가장 고통스러운 일을 당한 사람들의 증언은 우리 사회가 어떤 방향으로 변화해야 하는지를 알려준다. 우리 사회가 피

[1] 1994년 12월 6일~2018년 12월 11일. 충남 태안화력발전소에서 비정규직 노동자로 근무하다 컨베이어 벨트에 끼어 24세에 사망했다. 그의 죽음은 청년 비정규직 노동자가 처한 열악한 환경을 사회적으로 고발하는 계기가 되어 '김용균법(산업안전보건법 개정)' 제정으로 이어졌다.

[2] 1989년 1월 24일~2016년 10월 26일. 서울대학교 정치학과를 졸업하고 tvN 예능국 드라마 PD로 일했다. 2016년 드라마 〈혼술남녀〉 조연출로 일하던 중 비정규직 방송 노동자의 열악한 환경과 부당한 업무 지시에 항거하며 자결했다. 이후 방송 제작 현장의 노동권 문제와 청년 비정규직 착취 문제가 사회적으로 불거지며 한빛미디어노동인권센터 설립 등 제도 개선 운동으로 이어졌다.

해자의 고통에 더 공감해야 하는 것은 그렇지 않으면 바로 나와 내 가족이 피해자가 되고, 유가족이 될 수 있기 때문 아닐까?

마치며

나의 뒷배는 죽은 자들이다

아버지가 지어주신 이름 박래군朴來群, 그 이름대로 살아온 인생 이야기를 풀어낸 게 이만큼이다. 이렇게 많이 써냈는데도 어떤 일은 건너뛰어야 했고, 어떤 이야기는 충분하게 풀어내지 못한 것 같다. 아쉬움이 많이 남지만 이번의 긴 글은 우선 이렇게 끝낸다.

이번 책은 20대에서부터 60대의 오늘까지 대략 45년, 그러니까 나 스스로 정한 인생 3막 가운데 2막 시기의 이야기였다. 1막은 출생부터 문청의 꿈을 안고 대학 들어가던 21살 시기까지였다. 가난한 농민의 아들로 태어나 촌놈으로 컸던 시절부터 문학에의 꿈, 더 정확히는 소설가가 되겠다는 꿈을 안고 들어갔던 대학에서 내 인생은 전혀 생각지도 못한 방향으로 흘러갔다. 2막은 짧았던 학생운동과 노동운동의 시기를 거쳐서, 동생의 죽음 뒤에 인권운

모든 눈물에는 온기가 있다

동의 길로 이어져 지금까지 살아온 시간이다. 2막이 아직 진행 중이니 인생 3막은 시작도 못 하고 있다.

인생 2막의 나는 한국 인권운동의 2세대 인권운동가로 살아왔다. 한국에서 인권운동이 본격적으로 펼쳐질 때 인권운동에 입문했고, 새로운 인권의 길을 개척하는 일들을 많이 해왔다. 과거의 국가 범죄와 국가 폭력을 고발하고 해결하기 위해 애쓰는 한편으로, 사회권이나 평화권과 같은 운동에도 뛰어들기도 했다. 그러다가 2014년 세월호 참사 이후에는 스스로 '생명안전운동가'로 산다고 말한다.

사람을 살리는 인권운동의 길

나는 인권운동이 '사람을 살리는 운동'이라고 생각한다. 처음 나는 억울하게 죽어 간 사람들의 일로부터 인권운동을 시작했다. 의문사를 당한 사람들, 고문당한 사람들의 일이 내가 풀어야 할 일들이었다. 그러다가 죽은 이들이 있는 현장으로 달려갔다. 서른 즈음에 나는 유가협의 사무국장으로 '재야의 장의사'란 말을 들을 정도로 참 많은 죽음들을 보았고, 그들의 장례를 치렀고, 억울함을 풀기 위한 투쟁들로 바빴다. 요즘은 '기억'이란 말이 더 많이 쓰이지만 그 시절에는 '정신 계승'이라는 말로 대표되었던, '죽음을 헛되지 않게 해야 한다'는 생각이 컸다.

한강 작가가 "죽은 자가 산 자를 도울 수 있는가?"라고 물을 때, 나는 현장에서 죽은 자가 산 자를 도울 수 있게 하기 위해서

부단히 애썼다. 죽어 간 이들은 '같이 죽자'가 아니라 '나는 죽지만, 살아남은 당신들은 더 나은 세상에서 살기를 바란다'는 뜻을 분명히 했다. 나 역시 그런 마음으로 울고 있는, 살아남은 자들의 곁으로 갔고 지금까지 그들 '곁'을 지키며 살아왔다.

지금도 그렇지만, 죽은 이들이 불쑥불쑥 나타날 때가 있다. 꿈속에서가 아니라 현실에서도 나타난다. 헛것을 보는 것일 텐데, 기일이 가까워진 시기에는 더 자주 그런다. 죽은 이들이 '귀신'으로 나타나 자신을 잊지 말라고 하는 것 같았다. 왜 자꾸 헛것이 보이나 걱정도 했고, 어떤 때는 무섭기도 했다. 그런데 생각해 보면 그들이 귀신이 되었다 한들 나를 괴롭힐 것 같지는 않았다. 그들을 위해서 장례도 치러주고, 그들을 기억하고, 억울함을 풀어주기 위해 애썼는데, 귀신이 나한테 해코지할 리가 없었다.

생각이 거기에 미치자 나는 '죽은 이들과 같이 산다, 귀신들이 나를 도와줄 거다'란 생각으로 바뀌었다. 그런 다음부터는 때가 되었는데도 그들이 나타나지 않으면 서운하다. 그러므로 나의 뒷배는 죽은 자들이다. 그들을 생각하면 없던 용기도 샘솟는다. '목숨 걸고 싸우다 죽기까지 한 사람도 있는데, 이깟 것' 하는 마음이 생기는 것이다.

사람이 죽기 전에 움직이자는 다짐

그러므로 나의 인생은 죽은 이들과 더불어 사는 것이다. 그런데 그게 나만 그럴까? 살아가는 사람들 모두 앞서 죽어 간 이들에 대한 기억을 안고 살아가는 것 아닌가.

돌아보면, 내가 해온 인권운동은 죽은 자들이 죽어 가면서도 외쳤던 '유언'을 현실에 접목해서 구체화하는 일이었다. 물론 갑자기 닥친 죽음 앞에서 한마디 유언조차 남기지 못한 이들도 있다. 그렇지만, 우리는 그들의 간절했던 바람을 안다. 그 바람 또한 유언일 것이다. 그들의 유언에는 표현의 자유, 신체의 자유, 정치적 권리, 경제적 권리, 사회적 권리, 문화적 권리 등에 대한 개념이 이미 들어 있었다. 존중받는 삶과 자유롭고 평등한 관계를 누릴 권리가 억압되고, 유보되고, 은폐되는 현실의 벽을 부수려다 죽어 간 이들의 유언 아닌가. 때로는 본인의 의지로, 때로는 불의의 사고나 사건에 의해서. 내 싸움은 앞서 죽어 간 이들이 가르쳐준 인간 존엄의 길을 따라왔던 것이다. 달리 길이 있지 않았다.

그런데 세월호 참사 이후에 '지금까지는 사람이 죽고 나서 움직였다. 그것이 잘못된 것은 아니지만, 이제는 사람이 죽기 전에 움직이자. 그래야 더는 억울하게 죽는 사람이 없을 것 아닌가' 하는 고민에 이르렀다. 억울하게 죽는 사람이 더는 없는 세상을 만들기 위해서는 어떻게 해야 할 것인가? 고민을 하면 할수록 지금의 체제, 시스템을 바꾸어야 한다는 생각으로 이어졌다. 매일 산업 현장에서 많은 이들이 목숨을 잃고, 재난 참사로 인한 죽음들이 이어진다. 거기에 유난히 높은 자살률이 더해진다. '운이 좋아서' 살아가는 너무나도 위험한 사회 시스템, 그 안에서 힘없는 자들끼리 각자도생을 위해 치열하게 경쟁하면서 사는 시스템이 근본적인 문제라고 생각하게 되었다.

내가 인생 2막을 살아오는 동안 세상은 '폭력의 시대'를 넘어 '문화의 시대'로 바뀌었다. 과거의 집회·시위 현장을 생각해보자. 최루탄이 자욱하게 깔린 거리에서 백골단, 기동대가 쇠 파이프와 날카로운 방패로 위협하면서 공격하던 게 그리 오래전 일이 아니다. 차 벽 앞에서 물대포에 맞아 백남기 농민이 사망한 게 불과 10년 전 일이다. 하지만 이제 시위 현장에는 촛불과 응원봉이 등장한다. 대중가요 리듬에 맞춰 구호를 외치고, 떼창을 한다. 마치 콘서트장에 와 있는 것 같다. 이런 문화적인 요소가 강조되다 보니 집회·시위를 하다가 연행된다는 생각은 멀어졌다.

문화의 시대에도 여전히 폭력은 있다. 구조적 폭력도 있다. 눈에 보이지 않는 직접 폭력만 사라졌을 뿐이다(물론 아직도 시민들의 시선이 미처 미치지 못하는 곳에서는 직접 폭력 장면을 어렵지 않게 볼 수 있다). 물리적인 공격과 방어가 필요한 때가 아니라 문화적인 방법으로 차별과 혐오, 폭력을 넘어가야 하는 때다. 문화 시대에 맞게 생명안전운동(다른 말로는 4·16운동)을 어떻게 발전시켜 갈까? 4·16운동은 세월호 참사 이후에 제기된 운동이니, 새로 생겨나고 발전하는 운동이다. 이제 시작된 이 운동을 꽃피우기 위해 아직 할 일이 많다.

모든 눈물에는 온기가 있으니

나의 인생 2막을 정리하면서 자랑할 것은 없다. 신문에 연재한 글을 충실하게 읽어주신 독자분들이 묻고는 한다. "어떻게 그 많은 일을 했어요?" 경이롭다는 그 표정 앞에 당황하곤 한다. 하지만, 그 많은 일들은 나 혼자 한 게 아니었다. 지금까지 이야기한 많은 일들은 뜻을 이해해 주고, 자원봉사도 하고, 후원금도 내어주고, 기어이 현장에 나와 자리를 지켜준 시민들이 있었기에 가능했던 일들이다. 나를 이해하고 지지해 준 가족들, 단체의 활동가들, 나를 믿어준 수많은 사람들 덕분에 나는 오늘 여기에 서 있을 수 있다. 그러니 내가 잘나서 이룬 것이란 착각에 빠지지 말아야 한다.

그래도 잘한 일이 있다면? 눈물 흘리는 이들의 곁을 떠나지 않고 지키려 했고, 그 눈물의 온기를 기억하려고 애썼던 일일 것이다. 살아 있는 존재가 흘리는 눈물에는 온기가 있기 마련이다. "모든 눈물에는 온기가 있음을 잊지 말자." 그래야 사람으로 살 수 있으니까.

이제 마쳐야 할 때다. 못난 글, 힘든 글을 놓지 않고 읽어주신 독자들에게 진심으로 감사드린다. 마지막으로 지금까지 그래왔던 것처럼 저세상으로 서둘러 떠난 동생에게 묻는다.

"래전아, 이 형이 잘하고 있는 거냐?"

동생이 말없이 고개를 끄덕여주는 것 같다.

부록

박래군 인권운동 45년의 길

한국 인권사 | 박래군 개인사

4·19 혁명
4월, 이승만 정권의 독재와 부정부패, 3·15 부정 선거에 항거해 일어난 민주주의 혁명. 대한민국 역사상 시민의 힘으로 독재 정권을 무너뜨린 최초의 혁명으로 이후 민주화운동의 초석이 되었다.

1960년

1961년 — 5월 1일, 경기도 화성군 서신면 상안리에서 태어나다.

1963년 — 4월 17일, 경기도 화성군 서신면 상안리에서 동생 박래전이 태어나다.

인혁당 사건
박정희 정권이 정부 비판 세력을 탄압하기 위해 벌인 공안 조작 사건. '인민혁명당'이 북한 지령에 따라 국가 변란을 기도했다며 혁신계 인사 수십 명이 구속, 유죄 판결을 받았다. 피해자들은 2015년, 진실화해위 조사와 재심을 통해 무죄가 확정되었다.

1964년

전태일 열사 분신
11월 13일, 서울시 청계천 평화시장 앞에서 비인간적인 노동 착취와 열악한 환경을 고발하며 전태일 열사가 분신했다. 이 사건은 민주노조운동의 기폭제가 되었다.

1970년

모든 눈물에는 온기가 있다

인혁당 재건위 사건
박정희 정권의 유신 체제에 반대하는 시위가 발생하자, 배후에 북한의 지령을 받은 지하 조직(인민혁명당 재건위원회)이 있다는 이유로 관련자들을 구속하고 8명의 사형을 집행했다. 2007년 서울중앙지방법원은 재심에서 희생자 8인에게 무죄를 선고했다.

1974년

형제복지원 사건
1975년부터 1987년까지 부산의 민간 사회복지시설인 형제복지원에서 무고한 시민들을 강제로 감금하고 노역, 폭행, 성폭력을 자행하며 심지어 사망에 이르게 하는 등 심각한 인권 유린이 자행되었다. 형제복지원 사건은 대한민국 최악의 국가 폭력 사건 중 하나로, 전체 피해자는 약 4만 명에 이른다.

1975년

부마민주항쟁
10월 16~20일, 부산과 마산 지역에서 박정희 유신 체제에 항거한 대규모 민주화운동. 유신 정권을 무너뜨리는 결정적인 계기가 되었으며, 4·19 혁명, 5·18 민주화운동, 6월 항쟁과 함께 4대 주요 민주화운동 중 하나로 평가된다

1979년

5·18 민주화운동
5월 18~27일, 광주 시민과 학생들이 전두환 신군부 세력의 권력 장악 및 비상계엄 확대에 맞서 민주주의를 요구하며 대규모 항쟁을 벌였다. 이에 계엄군은 시민군에 대한 무자비한 진압 작전을 펼쳤다.

1980년 — 수원 수성고등학교를 졸업하다.

1981년
3월, 연세대학교 국어국문학과 입학하다. 연세문학회에 들어가 문청의 길을 걷는다. 1학년 새내기 때 교내 문학상인 연세문화상을 수상하며 등단을 꿈꾸다.
11월 25일, 교내 격렬한 시위 중 연행된 선배, 동료들의 강제징집 소식을 듣고 갈등하다 학생운동에 참여하다.

1983년

국문과 학회장(학생회장)을 맡다. 4·19 혁명 23주년 시위에 참여했다가 경찰에게 붙잡혀 4월 28일 강제징집을 당하다. 강원도 양구 21사단에 배치되어 복무를 시작하다.

1985년

민주화실천가족운동협의회(민가협) 창립
12월 12일, 민주화운동에 참여했다가 구속된 이들과 양심수들의 가족이 모여 민가협을 결성했다. 오늘날 대한민국의 대표적인 사회운동 단체로 양심수 석방, 국가보안법 폐지, 인권 개선을 위한 운동을 펼쳤다.

구로동맹파업
6월 24~29일, 서울시 구로구의 여러 민주노동조합이 연대해 전두환 정권의 노동 탄압에 맞서 대규모 파업 및 투쟁을 벌였다. 주도자 44명이 구속되고 700여 명의 노동자가 해고되었다. 최초의 지역 단위 동맹 파업이자 정치 파업으로 한국 노동운동사의 중요한 분기점으로 평가받는다.

8월 1일, 무사히 제대하다. 인천 부평 지역에서 노동운동을 시작하다.

1986년

전국민족민주유가족협의회(유가협) 창립
전두환 군사 정권의 공권력에 의한 사망, 의문사, 시위 중 희생된 이들의 유가족들이 모여 서로의 아픔을 달래고 민주화운동의 뜻을 이어 가기 위해 8월 12일, 유가협을 만들었다. 희생자들의 진상 규명 및 명예 회복, 추모 사업 등에 집중하고 제도 개선을 통한 개혁에 앞장서왔다.

인천 목장갑 공장에 위장 취업하다. 이후 해고되어 인천민주노동자연합 산하 해고자투쟁위원회로 활동하다.
5월 3일, 인천 5·3 항쟁에 참여해 화염병을 운반하다.
5월 30일, 노동자의 목소리를 알리기 위해 열린 영등포 한미은행 점거 시위에 참여하다. 생애 처음으로 구속, 징역 2년 6개월을 선고받다.

모든 눈물에는 온기가 있다

박종철 고문치사 사건
1월, 서울대학교 학생 박종철이 경찰의 물고문으로 사망하고 경찰이 이를 은폐·조작하려 한 사실이 천주교정의구현전국사제단에 의해 폭로되면서 전두환 정권에 대한 국민적 분노가 폭발했다.

이한열 열사 사망
6월 9일, 연세대학교 학생 이한열이 시위 도중 경찰이 쏜 최루탄에 맞아 사망했다. 이는 6월 항쟁의 도화선이 되었고 시위는 전국으로 확산되었다.

6월 항쟁
6월 10~29일, 전두환 군사 정권의 독재에 맞선 대규모 민주화운동. 군사독재 통치를 종식시켰으며 국민의 힘으로 대통령 직선제 개헌을 쟁취하는 등 대한민국 민주주의 발전의 결정적인 전환점이 되었다.

노동자 대투쟁
7월부터 9월까지 약 3개월 사이에 전국에서 노동자들이 파업을 벌였고, 전국노동조합협의회를 필두로 전국에서 1300여 개의 민주노조가 건설되었다. 전노협은 1995년 민주노총 창립으로 이어졌다.

○ **1987년**

4월 13일, 항소심에서 징역 2년을 선고받고 대전교도소로 이감되다. 감옥 생활 중 갖가지 구타와 고문을 당하다. 7월, 가석방 출소하다. 인천지역 노동자 파업투쟁에 연대하고, 양심수 석방 활동을 전개하다.

서준식 석방
5월, 비전향 장기수로는 처음으로 서준식이 석방되었다.

○ **1988년**

3월, 숭실대학교에 복학한 박래전이 인문대 학생회장에 당선되다.
6월 4일, 박래전이 '광주학살 원흉 처단' 등을 요구하며 학교 학생회관 옥상에서 분신, 6월 6일 사망하다.
8월, 박래전 유고 시집 《반도의 노래》가 출간되다. 이소선 어머니의 제안으로 민주화운동유가족협의회(유가협) 활동을 시작하다. 이후 의문사 가족들의 농성 활동을 도우며 인권운동에 입문하다.

문익환 목사 방북
3월 말, 문익환 목사 일행이 방북하여 김일성 주석을 만나고 귀국, 국가보안법으로 구속되었다. 이후 6월에는 임수경이 평양 학생축전에 대학생 대표로 참석해 방북했다. 분단 종식을 위한 통일운동이 활발히 전개되었다.

사회안전법 폐지
1975년 박정희 정권 때 제정된 사회안전법은 주로 반정부 인사를 장기 구금하기 위한 수단이었다. 심각한 인권침해 논란으로 1989년 폐지되었으나 후신인 보안관찰법, 사회보호법이 제정·유지되었다가 2005년에 최종적으로 폐지되었다.

1989년

8월 12일, 제4차 유가협 정기총회에서 초대 사무국장으로 임명되다.
12월, 유가협이 서울 종로구 창신동에 한옥을 구입해 유가족들의 집 '한울삶'을 만들어 집들이를 하다.

1990년

2월, 연세대학교 국어국문학과를 졸업하다. 배우자가 되는 유가협 간사 정종숙을 만나다.

분신 정국
4월 26일, 명지대생 강경대가 시위 중 백골단의 폭행으로 사망하는 사건이 발생했다. 이 사건을 계기로 6월까지 대학생들의 분신이 이어졌다. 노태우 정권 퇴진 운동이 전개되었다.

1991년

4월 27일, '고 강경대 열사 폭력살인 규탄 및 공안통치종식을 위한 범국민대책위원회'가 결성, 영안상황실장을 맡다. 유가족들을 돌보고 경찰의 강제부검을 막는 역할을 하다.

UN 세계인권대회
6월, 오스트리아 빈에서 UN 세계인권대회가 개채되었고 '비엔나 선언' 등을 채택했다.

인권 단체 '인권운동사랑방' 설립
2월, 기존의 인권운동 방식에 한계를 느낀 인권운동가들이 설립했다. 명칭에는 용기와 헌신으로, 인권운동의 감수성과 상상력으로, 세상을 바꾸고 싶은 누구라도 문턱 없이 찾아올 수 있는 곳이 되자는 바람이 담겼다.

1993년

6월, UN 세계인권대회에 한국 대표단으로 참가하다. 폭넓은 인권의 영역을 확인하고, 국제 기준과 너무도 동떨어진 한국의 인권 상황을 깨닫다.
9월, 유가협 사무국장을 사임하고 유가협과 한울삶을 떠나다. 이후 김거성 목사의 요청으로 충무로 컴퓨터 대리점에 일하면서 고문 피해자 지원 사업에 관심을 갖다.
10월, 고문 피해자 모임 '문국진과 함께하는 모임'을 발족하고 총무를 맡다.

모든 눈물에는 온기가 있다

성소수자 인권운동의 시작
2월, '친구사이', 11월 '끼리끼리'가 대학 내에서 결성되며 성소수자 인권운동이 가시화되었다.

시민 단체 '참여연대' 창립
9월 10일, 진보적 학자·인권 변호사·학생운동가 등이 모여 '참여와 인권이 보장되는 민주 사회 건설'을 목표로 창립했다. 시민의 자발적 참여를 통해 정치·경제 권력을 감시하고 사회 개혁을 위한 구체적 정책과 대안을 제시하고 있다.

1994년

8월 1일, 컴퓨터 대리점을 그만두고 인권 단체 '인권운동사랑방' 상근 활동가로 합류하다.

5·18 특별법 제정
5.18 민주화운동의 명예 회복과 진상 규명을 위한 5·18 민주화운동 등에 관한 특별법이 제정되었다.

1995년

1월, 인권 전문 팩스 신문 《인권하루소식》 편집인을 맡다.

1996년

11월 2일, 《인권하루소식》 창간 3주년을 기념해 이화여대에서 제1회 인권영화제를 개최하다.

1998년

4월, 인권운동사랑방에서 경찰의 무분별한 불심검문을 거부하는 '법대로 하자! 불심검문' 캠페인을 시작하다.
7월, 충청남도 연기군에 위치한 부랑인 재활 시설 양지마을에서 벌어진 인권 유린 사건을 조사하다(햇볕 작전).

1999년

경기도 평택에 위치한 장애인 복지 시설 에바다학교에서 각종 인권 유린과 비리가 자행되어왔음을 파악하고 '에바다 정상화를 위한 연대회의' 집행위원장을 맡다.

2000년

의문사진상규명특별법 제정
1월 5일, 민주화운동과 관련해 발생한 의문의 죽음에 대한 진상을 규명하여 국민 화합과 민주 발전에 이바지하고자 제정되었고 10월 17일부터 시행되었다. 의문사진상규명위원회 1기가 출범해 2002년 10월까지 활동했고, 2기는 2003년 7월 출범해 2004년 6월까지 활동했다.

12월, '국가보안법 폐지, 국가인권위원회 설립, 부패방지법 제정'을 촉구하는 명동성당 단식 농성단의 상황실장을 맡다.

2001년

9·11 테러
9월 11일, 미국 뉴욕에서 9·11 테러가 발생해 전 세계에 충격을 주었다. 이후 국내에서도 테러방지법 제정 움직임이 가속화되었다.

국가인권위원회 출범
10월 25일, 인권단체와 시민사회의 지속적 노력 끝에 국가인권위원회가 출범했다.

1월, 인권운동사랑방 부설 인권운동연구소의 첫 상임연구원이 되다.

2002년

미군 탱크 여중생 압사 사건(미선이·효순이 사건)
11월 30일, 경기도 파주에서 두 여중생이 미군 탱크에 깔려 숨지는 사건을 계기로 이에 항의하는 촛불집회가 열렸다.

4월, 의문사진상규명위원회 조사3과장에 임명되어 군 의문사 사건을 조사하다.
12월, 제1기 의문사위 활동이 종료되어 인권운동사랑방으로 복귀하다. 인권 현장을 지키는 운동가로 살겠다고 다짐하다.

2003년

교육부의 나이스(NEIS) 시행 반대 운동, 사회보호법 폐지 운동, 이라크 파병 반대 투쟁에 참여하다.

2004년

8월, 국가보안법폐지국민연대가 재발족되어 상황실장을 맡다.

모든 눈물에는 온기가 있다

진실·화해를위한과거사정리위원회(진실화해위원회) 출범
진실화해위원회는 전쟁 범죄·학살·암살·의문사·고문·구금·사건 조작·인권 탄압 등 과거사 속 반자유·반민주·반인륜적 사건들의 진상을 규명하고 재평가하는 업무를 수행했다.

여의도 농민대회
11월, 농민기본법 제정 등을 촉구하며 열린 여의도 농민대회. 진압 과정 중 경찰의 폭력에 의해 전용철 농민 등 2명이 사망했다.

2005년

6월, 다산인권재단(현재 인권재단 사람) 상임이사와 인권 전문 월간지 《사람》 편집장을 맡다.
11월, 여의도 농민대회에서 벌어진 폭력 진압과 농민 사망 사건을 조사하고 진상을 폭로하다. 인권침해감시단 활동을 인권단체연석회의 차원에서 진행하기 시작하다.

대추리 투쟁
정부는 평택 미군 기지 확장을 위해 일방적으로 대추리와 도두리 등 285만 평을 군사시설 보호구역으로 설정했으며, 5월 4일에는 군인과 경찰이 대추리 투쟁의 거점인 대추분교를 파괴한 뒤 마을로 들어가는 입구를 봉쇄했다. 이에 인권 단체와 주민들이 반대 투쟁을 이어 갔으나, 더 이상 버틸 수 없었던 주민들은 결국 2007년 3월 대추리를 떠나 집단 이주하게 되었다.

2006년

2월, 《인권하루소식》을 종간하다.
대추리 투쟁을 벌이다 구속되어 20년 만에 인생에서 두 번째 수감을 겪다. 석방 후 '평택미군기지확장저지 범국민대책위원회' 공동집행위원장 겸 대변인을 맡다.
7월, 285리 평화 행진 중 연행되어 세 번째로 구속, 20일 후 석방되다.

호주제 폐지
한국의 호주제는 가부장적 제도로 남성 중심 사회에서 여성에게 차별적 요소로 작용했다. 2005년 2월 3일에 헌법재판소의 헌법불합치 결정을 받았고, 3년의 유예 기간을 거쳐 2008년 1월 1일부터 공식적으로 폐지되었다.

광우병 촛불시위
5월부터 100일간 미국산 소고기 수입 방침에 항의하는 대규모 촛불시위가 전개되었다. 인권 단체들은 '촛불인권침해감시단'을 구성해 경찰의 폭력 진압 등을 감시하는 활동을 펼쳤다.

2008년

5월, 광우병 의심 미국산 소고기 수입에 반대하는 촛불집회와 인권침해감시단에 참여하다.
7월, 장기간 단식 농성 중이던 기륭전자 비정규직 노동자 복직 투쟁에 참여하면서 '비정규직 없는 세상 만들기 네트워크(비없세)'를 결성하다.

용산 참사
1월 20일, 서울시 용산4구역 재개발 사업 현장에서 철거민들의 강제 철거 반대 농성을 경찰이 진압하는 과정 중 발생한 화재로 인해 6명이 사망하고 23명이 부상을 입었다. 국가인권위원회는 이 참사가 공권력의 과잉 진압으로 인해 발생했다고 인정했다.

쌍용자동차 사태
심각한 경영난을 겪던 쌍용자동차가 경영 부실의 책임을 노동자에게 전가하며 약 2500명의 대규모 정리 해고를 계획했다. 이에 노조원들은 5월 22일부터 평택 공장에서 옥쇄 파업을 벌였고 경찰의 강제 파업 진압 과정에서 물리적 충돌이 발생했다. 8월 6일, 노사 합의 끝에 파업은 종료되었으나 이후 정부와 회사는 노조를 상대로 거액의 손해배상 청구 소송을 제기했고, 심리적·경제적 어려움을 겪던 노동자 및 가족 32명이 목숨을 끊었다.

2009년

1월 21일, 진보네트워크 이종회 대표와 함께 '이명박정권 용산철거민살인진압 범국민대책위원회' 공동집행위원장을 맡다.
NCCK 인권상과 들불상을 수상하다.

2010년

1월 9일, 용산 참사 후 355일이 지나서야 장례식이 치러지다. 참사의 진상 규명과 책임자 처벌을 요구하다 네 번째로 구속되어 서울구치소에 수감되다. 4월 30일, 보석으로 석방되다.

김진숙 위원장 고공 농성
부산 한진중공업 85호 크레인 위에서 김진숙 민주노총 부산본부 지도위원이 정리 해고 철회 등을 요구하며 농성을 벌였다.

차별금지법제정연대 발족
법무부가 주요 차별 사유를 제외한 차별금지법 입법 움직임을 보이자 이에 맞서 차별금지법제정연대가 발족되었다.

학생인권조례 통과
12월 19일, 서울시 학생인권조례가 시의회 본회의를 통과했다.

2011년

1월, 한진중공업 구조조정에 항의하고 노동자들을 응원하기 위해 송경동 시인의 제안으로 '희망버스' 활동을 시작하다.

모든 눈물에는 온기가 있다

2012년

밀양 송전탑 갈등
1월 16일, 밀양 송전탑 반대 투쟁에 참여했던 이치우 씨가 분신 자결했다. 향년 74세.

시민·전문가와 함께 인권 정책 추진을 위해 출범한 서울시인권위원회에 부위원장으로 참여하다.

2013년

노란봉투 캠페인 시작
2013년 12월, 쌍용자동차 사태 이후 정부와 회사가 제기한 손해배상 청구 소송 1심에서 47억 원 배상 판결이 나왔다. 이에 시민 배춘환의 제안으로 인당 4만 7000원의 성금을 모으는 '노란봉투 캠페인'이 시작되었다.

4월 29일, 인권센터의 필요성을 느끼고 섬돌향린교회와 3000여 명의 후원을 받아 서울시 마포구 서교동에 인권센터 '인권중심 사람'을 개관하다. 연세민주동문회가 제정한 제1회 참연세인상을 수상하다.

2014년

세월호 참사
4월 16일, 인천에서 제주로 향하는 여객선 세월호가 전라남도 진도군 병풍도 부근 해상에서 침몰해 탑승객 476명 중 304명이 사망하거나 실종되었다. 진상 규명을 위해 4·16세월호참사특별법이 제정되었고 4·16세월호참사특별조사위원회, 세월호선체조사위원회, 사회적참사특별조사위원회 등이 구성되어 활동했다.

2월 26일, 노동자들에 가해지는 가혹한 손배가압류 문제를 풀기 위한 시민단체 '손배가압류를 잡자! 손에 손을 잡고!(손잡고)' 출범해 발기인으로 참여하다. 피해 노동자를 위한 긴급 생활비 지원, 노란봉투법 입법 등에 힘쓰다.
4월, 한국군의 인권과 민주주의, 평화를 지속, 발전시키기 위한 단체 '열린군대를위한시민연대(열군)'이 창립되어 후배 박석진과 공동대표를 맡다.
5월 22일, 진상 규명, 책임자 처벌, 안전 사회 건설을 목표로 '세월호참사국민대책회의'를 발족하고 대표 격인 공동운영위원장을 맡다.
임창순상을 수상하다.

2015년

4·16연대 창립
6월 28일, 세월호 참사의 진상 규명과 책임자 처벌, 생명 존중 안전 사회 건설을 위해 참사 피해자와 시민, 단체가 함께 뜻을 모아 '4월 16일의 약속 국민연대'를 창립했다.

국민대책회의가 운영하던 '기다림과 진실의 버스'를 이어받아 매주 토요일 팽목항을 찾다.
세월호 참사 1주기 추모 집회를 주도한 혐의로 다섯 번째 구속되어 서울구치소에 수감되다. 11월 4일, 보석 결정이 내려져 석방되다.

백남기 농민 사망
2015년 11월 15일, 민중총궐기 현장에서 백남기 농민이 진압 경찰이 시위대를 향해 쏜 물대포에 맞아 큰 부상을 입었다. 이후 사경을 해매다 2016년 9월에 사망했다.

2016년

11월 9일, 4·16연대의 대표 자격으로 '박근혜정권 퇴진 비상국민행동'에 참여해 공동대표를 맡다.

박근혜 대통령 파면
3월 10일, 헌법재판소가 재판관 전원 일치로 대통령 박근혜 탄핵소추안을 통과시켜, 박근혜가 대통령직에서 파면되었다.

세월호 인양
3월 23일, 세월호 참사 발생 후 2년 11개월 만에 세월호가 인양되어 물 위로 모습을 드러냈다. 3월 31일 목포신항에 도착했다.

2017년

2월 18일, 서울 장충체육관에서 시민 대토론회를 열다. 이때 나온 의견들을 심화·발전시켜 '2017 촛불권리선언'의 초안을 작성하다.
11월 23일, '생명안전시민넷' 창립, 공동대표를 맡다.

사회적참사특별조사위원회(사참위) 발족
4월, 가습기 살균제 참사와 세월호 참사에 대한 진상 규명과 안전 사회 대책 마련, 피해자 지원 등을 목적으로 사참위가 발족되었으며 2022년 활동 종료 시 82개의 권고안을 발표했다. 사참위는 특별법에 근거해 설치된 독립적 기구로서, 사회적 참사의 진상과 책임 소재 규명을 위한 포괄적이고 전문적인 조사를 진행하고 마무리한 국내 최초의 사례다.

2018년

4·16재단 창립
5월 12일, 재난 참사가 반복되지 않는 안전한 세상을 만들어 가자는 목표로 재단법인 4·16재단이 창립되었다.

김용균 노동자 사망
2018년 12월 11일, 충청남도 태안화력발전소에서 발생한 중대 산업 재해. 입사 3개월차 비정규직 하청 노동자 김용균(24세)이 혼자서 야간 근무 중 석탄 운송용 컨베이어 벨트에 끼여 숨진 채 발견되었다. 이 사건을 계기로 산업안전보건법 전부 개정안, 일명 '김용균법'이 제정되었다.

모든 눈물에는 온기가 있다

코로나19 팬데믹
2019년 11월 최초 보고된 이후 3개월 만에 전 세계로 퍼져 수많은 감염자와 사망자를 낳았다. 기후위기와 인수공통 전염병에 대한 문제의식이 확산되는 계기가 되었다.

중대재해처벌법
90년대부터 이어져온 가습기 살균제 사망 사건, 2016년 구의역 스크린도어 사고, 2018년 태안화력발전소 사고 등으로 꾸준히 필요성이 제기되어 온 중대재해처벌법이 노동계와 시민사회의 노력 끝에 12월 국회 본의회를 통과했다.

○ 2020년

2021년 ○——— 4·16재단의 상근 상임이사를 맡다. 대한민국 정부, 동생 박래전에게 국민훈장 모란장을 추서하다.

대우조선해양(현 한화오션) 파업
6월, 대우조선(현재 한화오션) 하청 노동자들의 파업에 사측이 노동자를 대상으로 470억 원 규모의 손배소를 청구하며 노란봉투법이 다시금 사회적 이슈로 등장했다.

이태원 참사
10월 29일, 핼러윈데이를 앞두고 서울시 용산구 이태원 세계음식거리의 해밀톤호텔 서편 골목에서 압사 사고가 발생해 159명이 사망하고 195명이 부상을 당했다. 2024년 5월, '10·29이태원참사 피해자 권리보장과 진상규명 및 재발방지를 위한 특별법'이 제정되었고 2024년 9월, '10·29이태원참사 진상규명과 재발방지를 위한 특별조사위원회'가 출범했다.

○ 2022년 ——— 손잡고 대표로 '노조법 2·3조 개정 운동본부' 활동을 시작하고 노란봉투법 입법 활동을 하다.

2023년

12월, 서울시 은평구에 인권센터 '스테이션 사람'을 개관하다.

12·3 비상계엄

12월 3일 오후 10시 27분, 윤석열 대통령이 언론과 출판을 통제하고 시민의 집회와 시위를 막는 등의 내용을 포함한 비상계엄을 선포했다. 오후 11시 57분에는 계엄군이 청사 진입을 시도해 이를 막기 위한 시민들과 몸싸움을 벌이기도 했다. 경찰과 계엄군의 감시를 뚫고 국회 본회의장에 모인 국회의원들은 계엄령 선포 후 약 155분 만인 12월 4일 새벽, 비상계엄 해제 결의안을 통과시켰다.

2024년

2월 25일, 세월호 10주기를 맞아 전국시민행진을 시작하다.
5월 12일, 4·16재단 상임이사 임기를 마치고 반상근 운영위원장을 맡다.
12월, 비상계엄 이후 결성된 '윤석열 퇴진, 사회대개혁 비상행동' 공동위원장이 되다.

제주항공 여객기 참사

12월 29일, 무안공항에서 제주항공 여객기가 활주로를 이탈해 둔덕을 들이받아 179명이 사망하는 대형 참사가 발생했다.

노란봉투법 본회의 통과

간접 고용 노동자의 교섭권을 보장하고 쟁의 행위 관련 손해배상 책임을 제한하는 일명 노란봉투법이 8월 24일 본회의를 통과, 9월 12일에 공포되었다. 6개월의 유예 기간을 거친 뒤 2026년 3월 10일부터 시행된다.

2025년

공익활동가의 지속 가능한 활동을 지원하고 활동가가 존중받는 사회를 만들기 위해 노력하고자 시작된 '공익활동가사회적협동조합 동행'의 이사장을 맡다.

모든 눈물에는 온기가 있다